L'innovation à l'épreuve de la philosophie

Xavier Pavie

L'innovation à l'épreuve de la philosophie

Le choix d'un avenir humainement durable ?

puf

ISBN 978-2-13-078765-5

Dépôt légal – 1re édition : 2018, avril

170 bis, boulevard du Montparnasse, 75014 Paris

Mettre à l'épreuve l'innovation

> « La philosophie n'est pas une doctrine mais une activité »
>
> Ludwig Wittgenstein,
> *Tractatus logico-philosophicus.*

Mettre à l'épreuve quelque chose ou quelqu'un c'est l'exercer, c'est aussi l'expérimenter. C'est évaluer sa résistance, sa solidité face au temps, face à un environnement spécifique. On peut mettre à l'épreuve une chose, un objet que l'on va placer dans des conditions difficiles et évaluer sa capacité à toujours être identique ou mesurer son évolution. Avant de partir dans l'espace, on met à l'épreuve de nouveaux matériaux dans des conditions extrêmes pour s'assurer qu'ils résisteront aux poussées d'Archimède, même avec de fortes pressions. Même chose avec les individus. Mettre à l'épreuve des écoliers avec leurs premiers examens ou mettre à l'épreuve des militaires dans des situations complexes, c'est tester leur résistance, c'est aussi évaluer leurs capacités. Mettre à l'épreuve quelque chose ou quelqu'un est une nécessité car c'est garantir de la bonne marche de ce qui est testé, c'est s'assurer de son bon fonctionnement, de sa durabilité. Le contraire c'est faire un pari, cela revient à prendre des risques, parfois inconsidérés, mettant possiblement en péril l'objet ou l'individu dont les propriétés n'ont pas été évaluées.

Si l'on peut aisément mettre à l'épreuve quelque chose ou quelqu'un, il n'est pas moins possible de tester une idée ou un concept. Une proposition politique peut être suggérée au peuple et ainsi on vérifie sa pertinence, son acceptation ou son rejet. Dès lors que la mise à l'épreuve est un échec, dès lors qu'il y a un refus, il s'agit grâce aux enseignements de la mise à l'épreuve de travailler de nouveau la proposition. Tout comme l'objet qui devra être revu, tout comme l'individu qui échoue, il faudra de nouveau s'exercer pour viser le succès. Car tout l'enjeu de la mise à l'épreuve est bien celui-ci : permettre une évolution de ce qui est testé, rendre possible une amélioration dans le but d'obtenir quelque chose d'accepté et d'acceptable. Que ce soit pour un objet qu'il s'agira de transformer, d'un individu qu'il s'agira d'entraîner ou d'une proposition qu'il s'agira de revoir, la mise à l'épreuve vise à l'amélioration autant qu'à la compréhension.

Néanmoins sous quel regard l'amélioration doit-elle être réalisée ? Car une mise à l'épreuve qui semble échouer dans un contexte ne signifie pas un échec similaire dans une situation différente. D'ailleurs le succès dans une situation donnée nous fait bien souvent ignorer les insuccès préalables ou postérieurs. Ainsi, en cas de mise à l'épreuve infructueuse, il peut s'agir alors d'améliorer l'idée, la proposition, l'individu, soit de confronter celui-ci ou celle-là à un nouvel environnement. Un militaire mis à l'épreuve dans un exercice de parachutisme se retrouvant pris de vertige devra soit travailler sur sa pathologie, soit changer de corps d'armée.

L'innovation à l'épreuve de la philosophie nous entraîne dans un cheminement qui cherche donc à soumettre l'innovation au test de la sagesse. Vaste programme que celui-ci, et c'est pourtant bien l'ambition de cet ouvrage. L'innovation est la proposition, qu'il nous faudra à l'évidence comprendre et correctement déterminer, et nous suggérons de la confronter à la philosophie qu'il ne faudra d'ailleurs pas moins comprendre et déterminer pleinement.

Au regard de ce que nous avons dit précédemment, mettre à l'épreuve l'innovation par la philosophie n'est pas sans enjeu pour celle-ci. À l'issue de l'examen, de l'épreuve, de l'expérimentation, l'innovation devra-t-elle se modifier légèrement, s'améliorer, se transformer profondément ? Et si oui selon quelle modalité et dans quel but ? Cela engagera alors d'autres questionnements non moins fondamentaux : pourquoi l'innovation devrait-elle être mise à l'épreuve par la philosophie ? En quoi cela est-il pertinent, sachant que le contraire aurait pu avoir également du sens ? La philosophie elle-même n'a pas été exempte d'innovations dans sa longue histoire ; elle n'a pas été sans subir des approches innovantes conceptuelles ou non, dans son mode de diffusion et dans son organisation également.

Si l'on regarde en effet l'innovation sous un angle purement commercial, elle semble spontanément détachée de toutes préoccupations ayant de près ou de loin un rapport avec les questions de sagesse. Si cependant l'innovation est regardée comme une modalité propositionnelle, alors la philosophie – comme les sciences et les techniques – peut être un sujet, au même titre d'ailleurs que la politique ou encore la sociologie, l'histoire ou la psychanalyse.

L'enjeu ici est de s'interroger sur l'innovation en adoptant un regard philosophique, plus exactement d'interroger l'innovation par ce regard ; certes en tant que proposition, mais aussi en ce qu'elle concerne les objets ou encore les individus. Interroger l'innovation, c'est mettre à l'épreuve celle-ci ; et cela semble un besoin impérieux dans notre espace contemporain. Quand bien même cette mise à l'épreuve serait conduite par une discipline qui peut lui paraître étrangère, lointaine. Les catégories de la philosophie qu'elles se nomment : bien, mal, responsabilité, respect, éthique, morale, etc. ne sont pas celles qui interrogent usuellement l'innovation contrairement au profit, à la créativité, à la performance. Or, si cela semble un besoin impérieux, c'est parce que l'innovation paraît avoir récemment changé de paradigme. En effet les innovations, depuis un demi-siècle, sont entrées dans une nouvelle dimension : Internet, séquençage de l'ADN, manipulations génomiques, avancées du transhumanisme, nanotechnologies sont, parmi de nombreuses autres, des innovations récentes qui ne sont pas sans soulever des problématiques nouvelles dont les conséquences sont aussi importantes qu'irréversibles.

Les innovateurs semblent s'être libérés de deux contraintes majeures ; la première est technique et scientifique : tout semble désormais possible dans une échelle de temps relativement proche et à n'importe quel endroit de la planète. Par ailleurs, il ne semble plus y avoir de contraintes morales institutionnelles quelles qu'elles soient ; le joug des Églises qui parfois a pu avoir existé – notamment sur les questions du vivant – s'est totalement dissipé. Enfin, tout cela se détermine dans un monde libéral dans lequel chacun des continents et quasiment l'ensemble des pays se sont jetés avec plus ou moins de profondeur, et ne perçoivent globalement dans l'innovation qu'une perspective de croissance. Cette dernière dimension s'associe avec l'évolution du financement de l'innovation qui ne cesse d'être de plus en plus développé par des structures privées. Si le financement des innovations par des fonds publics subsiste, ce n'est pas moins dans une optique d'investissement financièrement rentable, adoptant ainsi le comportement d'un organisme privé, comme n'importe quelle entreprise à la recherche de profit plus que mue par une recherche de bien commun désintéressée de toute rentabilité.

Si c'est bien la philosophie qui doit mettre à l'épreuve l'innovation, c'est parce que celle-ci est de nature profondément humaine. Et, d'une certaine manière, l'innovation aussi est avant tout humaine tant dans sa proposition – l'idée de faire –, dans son dispositif – mettre en œuvre – que dans son but – améliorer l'existence. Si toutefois l'innovation est profondément humaine, dans quelle mesure ne serait-elle pas devenue trop humaine ? Autrement dit, dans quelle mesure n'aurait-elle pas cherché à se dépasser elle-même ou même se dépasser sans le vouloir, sans en avoir conscience ? L'innovation se retrouverait prise dans des pièges où la distance, le recul nécessaire pour l'évolution du monde ne serait plus d'actualité. L'innovateur, puisque c'est bien lui dont nous parlons, doté de grandes possibilités techniques, libéré de toutes contraintes éthiques ou morales, dans un environnement où les États sont soumis au diktat des marchés, se retrouve seul maître à bord. Il est le surhumain, il est ce Surhomme dont la nature égale le divin. Il est au-dessus des hommes, par-delà l'homme du commun. En conséquence de quoi nous pourrions nous demander si c'est l'innovation qui est à l'épreuve de la philosophie ou l'innovateur qui est à l'épreuve de celle-ci. Quels sont véritablement les actes de l'innovateur, ses buts et ses motivations ? Comment intégrerait-il les enjeux fondamentaux de responsabilité qui lui incombent ? C'est d'autant plus vrai face aux avancées récentes qui bouleversent tant l'homme que son écosystème. Si l'homme sait innover, s'il sait s'attribuer les conditions de l'innovation et ses modalités, sait-il pour autant en tirer les conséquences et en évaluer les enjeux ? Si la triade possibilité technique, absence de morale et libéralisme est son seul angle, sa seule ligne, sa seule perspective, alors l'innovation débridée est appelée à continuer à frayer son chemin et à s'engager sur un boulevard qui ne mène peut-être nulle part…

Ce n'est pas une fatalité que l'innovateur soit un être écrasé par cette triade s'il pouvait y réfléchir ou s'il savait y réfléchir. Il n'est pas impossible que l'innovateur puisse être éduqué à ces réflexions, puisse travailler sur lui-même, se développer sur des terrains adjacents qui peuvent lui permettre d'aborder différemment la manière d'innover. Or la philosophie est peut-être l'aiguillon permettant cela, comme elle l'a toujours été. Elle a en effet toujours cherché à aider l'homme à maîtriser ses passions, à faire en sorte qu'il réussisse à se contrôler. Si la philosophie c'est aussi comprendre le monde, c'est avant tout permettre aux hommes de vivre mieux, ou le moins mal possible compte tenu des incertitudes de l'existence, des souffrances, des obstacles et soucis que la vie apporte. Les stoïciens, les épicuriens, les cyniques ont d'ailleurs développé dans cette perspective des « exercices spirituels ». Destinés au travail sur soi, ces exercices cherchaient à aider l'homme à réfléchir sur lui-même, à le faire travailler sur lui-même afin de le modifier, le transformer, le conduire à agir avec sagesse. Faire en sorte que l'innovateur puisse pratiquer des exercices spirituels pour formuler une critique de cette triade dans laquelle il est immergé n'est certainement pas inutile ; c'est peut-être même salutaire. Éduquer l'innovateur afin qu'il puisse non plus être écrasé par son environnement mais être porteur de réflexions pour celui-ci par le biais de l'innovation paraît désormais indispensable.

L'innovation et, de fait, l'innovateur sont face à un embranchement, une route qui se sépare en deux, un *bivium*. D'un côté une voie simple, facile, droite, mais courte. Cette voie c'est de continuer à innover comme avant, comme nous l'avons toujours fait, sans réflexion, sans pensée. C'est alors la continuité de la triade, cette voie d'innovations débridées, sans maîtrise, où l'innovateur est dépassé par lui-même et ses créations. L'autre voie est plus étroite, sinueuse et complexe mais elle va plus loin, plus haut et porte les couleurs de la sagesse. Puisqu'il y a un contexte nouveau où il ne s'agit pas de s'interroger sur la capacité à « faire » mais de « faire ou non », cette voie est indispensable et ce trajet est empreint de philosophie. C'est la voie que l'innovateur responsable et bienveillant est certainement invité à prendre. Par-delà le bien et le mal, l'innovateur a surtout besoin de se construire une citadelle intérieure nécessaire à la réflexion de ce qu'il fait et des raisons pour lesquelles il le fait.

Pour qu'une mise à l'épreuve de l'innovation soit rendue possible, il nous faut comprendre dans le détail ce qui est mis à l'épreuve. La compréhension de l'innovation dans ses complexités constitue dès lors une partie importante de notre projet car elle permet de couper court aux fantasmes que ce terme peut revêtir, et également de ne pas faire d'amalgame avec le terme d'invention par exemple. Enfin, entrer dans les processus permettant l'innovation aide à regarder avec précision à quels endroits ce même processus pourrait être amélioré.

La philosophie devra être regardée avec la même attention. Il s'agit de comprendre la philosophie non pas tant dans son histoire, sa généalogie, sa chronologie mais par les effets qu'elle a toujours cherché à produire, et ce, depuis l'Antiquité. Nous verrons également que la philosophie, dès ses débuts, est avant tout une manière de vivre, de se comporter et d'agir. Et dans ce contexte il devient évident que l'innovation, qui envahit notre quotidien, est un objet sur lequel la philosophie se doit de réfléchir, de produire un discours et même d'évaluer les applications.

Mettre à l'épreuve l'innovation

La philosophie contemporaine n'a pas encore suffisamment compris que son regard doit se porter sur le quotidien des individus, sur ce qu'ils vivent, ce qu'ils font, sur la manière dont ils agissent. Dans l'Antiquité, celle-ci avait pour mot d'ordre d'être une discipline en acte, de produire un discours, la *theôria*, mais qui indubitablement est mis en perspective avec la *praxis*. L'homme du commun se mue dans un environnement composé d'organisations, d'entreprises, d'associations, et son implication dans ces lieux représente une très large majorité de son existence. C'est cette existence que la philosophie doit penser, que cela se nomme la gestion, le management ou l'organisation. En leur laissant le champ libre, ces activités ne sont perçues que comme des organes de productivité, des dispositifs veillant à la seule performance de l'organisation. En cherchant à garder sa pureté de pensée, la philosophie se retrouve prise à son propre piège, elle est reléguée à un second rang dans les lieux où se joue pourtant la majeure partie de l'activité humaine. L'innovation est une composante majeure de ces activités, la plus déterminante comme nous l'expliquerons, et c'est pourquoi elle doit être un objet d'analyse pour la philosophie. Le développement de l'innovation, ses investissements, sa présence dans le quotidien des associations à but non lucratif, dans les partis politiques, dans les entreprises, dans l'éducation nous obligent à cesser de reléguer celle-ci au rang de pensée secondaire et, au contraire, avec la philosophie, à la mettre au premier plan.

Chapitre I

Qu'est-ce que l'innovation ?

> « La seule constante est le changement, un changement continuel, un changement inévitable, voici le facteur dominant au sein de notre société aujourd'hui. Aucune décision ne peut être prise sans prendre en compte non seulement le monde comme il est mais aussi comme il sera. »
>
> Isaac Asimov, *Asimov on Science Fiction.*

Pourquoi innovons-nous ?

L'innovation précède sa notion, car si celle-ci émerge au Moyen Âge, le fait d'innover est antérieur et se trouve inhérent à tout organisme, à toute organisation, à tout organe qui cherche à survivre. Nous innovons pour survivre. En conséquence, il faut changer, évoluer, se transformer, se modifier ; bref, faire tout ce qu'il est possible de faire pour pouvoir survivre. Le terme lui-même d'« innovation » se comprend en ce sens : il nous faut changer, du latin *novare* (changer) et de *in* (à l'intérieur), de quelque chose ou quelqu'un.

Car cet intérieur peut être une structure organisationnelle comme elle peut être un corps. Si le changement est nécessaire pour survivre, ce n'est que pour une seule raison : l'environnement. L'évolution de celui-ci oblige à l'évolution et à la modification ; d'ailleurs sans une évolution du contexte, l'innovation n'est pas une nécessité. La disparition progressive des troisièmes molaires – appelées aussi « dents de sagesse » – en est une parfaite illustration. L'apparition des dents date de plusieurs centaines de millions d'années, dès les premiers vertébrés à mâchoire. Toutefois, c'est chez les mammifères que l'on voit apparaître des dents différenciées. Cela est dû au besoin de capturer, pour s'en nourrir, certaines espèces dotées de carapace. Pour écraser celle-ci puis pour se nourrir, les mammifères vont se doter d'une dentition différenciée – incisives, canines, prémolaires, molaires... Dans cette situation, il est facile de comprendre le rôle indispensable des troisièmes molaires qui, pour les carnassiers que sont les premiers hommes, vont permettre de dépecer des chairs dures, arracher certaines peaux, déchiqueter des racines. Si ce n'est que l'évolution de l'environnement des hommes depuis déjà plusieurs milliers d'années n'oblige plus à un tel attirail dentaire pour pouvoir se nourrir, et donc survivre. Tout est plus ou moins à portée de main, les systèmes d'élevages et de productions délivrent un régime alimentaire « souple » qui a rendu désormais obsolètes nos « dents de sagesse », et il est même désormais recommandé dans certains cas de les extraire au risque de causer des pathologies majeures voire graves et sévères – kystes, infection, dommage aux maxillaires. Ainsi, pour survivre, il est aujourd'hui préférable de se faire ôter des dents de sagesse. Ce que l'on constate depuis plusieurs centaines d'années, c'est que ces troisièmes molaires sont de moins en moins présentes dans le corps humain. En effet, tout le monde ne possède pas de dents de sagesse et parfois ce n'est qu'une ou deux sur quatre qu'il faut retirer. S'il y a une variabilité individuelle, il y a globalement une diminution de la présence des troisièmes molaires dans les populations actuelles. Organe atrophié, la dent de sagesse désormais inutile – elle ne joue aucun rôle masticatoire –, voire gênante, est en train de disparaître. Cet exemple souligne à quel point l'évolutionnisme est fondamental, connu et reconnu ; la capacité d'adaptation n'est pas moins fondamentale. C'est parce que le corps s'adapte à son environnement que celui-ci réussit à survivre et à se développer. Cela ne signifie d'ailleurs pas que toute organisation, organisme ou organe s'adapte ou même s'adapte régulièrement. L'histoire de l'évolution des espèces en est la démonstration : celui qui survit n'est pas nécessairement le plus fort mais celui qui s'adapte le mieux[1]. Le corps humain a donc dû innover au sens latin du terme pour survivre ; il s'est « changé à l'intérieur » afin de pouvoir survivre face à un environnement modifié.

1. Charles Darwin, *L'Origine des espèces : au moyen de la sélection naturelle ou la préservation des races favorisées dans la lutte pour la vie*, trad. fr. Edmond Barbier, Paris, Flammarion, 2008.

Innover, c'est changer

Ce qui est valable pour le corps ne l'est pas moins pour toutes les organisations vivantes et mouvantes prises dans un contexte qui ne cesse d'évoluer. Ainsi, l'entreprise qui voit arriver un nouveau concurrent a l'obligation de se modifier, de se transformer pour survivre. Et ce n'est pas seulement l'aspect concurrentiel qui oblige au changement : une législation nouvelle peut venir redessiner son environnement et la contraindre à se modifier. Une association non profitable n'est pas moins concernée : si une loi change les statuts dont elle dépend ou si son financement évolue d'une manière ou d'une autre, cela lui demande de réfléchir à l'adaptation nécessaire pour continuer à exister. Si d'ailleurs nous préférons être protégés d'une manière ou d'une autre, c'est pour ne pas avoir à nous transformer, ce qui n'est jamais désiré car le changement nous projette dans un inconnu qui est porteur de peurs, de risques et d'incertitudes. Si notre environnement ne change pas, il n'y a aucune nécessité de se changer et il est souvent plus aisé de se battre pour que notre contexte ne change pas plutôt que de s'interroger sur la façon de s'adapter. C'est bien pourquoi on en appelle aux gouvernements pour qu'ils puissent maintenir un statut, une loi, une protection. On en appelle en quelque sorte à un ordre transcendant pour qu'il protège. La situation inverse n'est pas moins vraie : un gouvernement sera critiqué s'il souhaite modifier un contexte qui obligera une organisation à s'adapter. L'ouverture des frontières ces dernières décennies – qu'elles soient physiques ou économiques –, l'intensité de la mondialisation et l'accélération des échanges – qu'ils soient marchands, de matériels ou de données –, le développement inédit des techniques et des technologies a mis sous tension l'ensemble des organisations : entreprises commerciales, organisations non gouvernementales, associations, partis politiques. Et ce n'est pas moins vrai pour les corps, bouleversés eux aussi par l'apparition grandissante de techniques qui interrogent notre rapport à l'humanité alors que bon nombre d'artifices viennent s'implanter ou remplacer nos chairs, nos organes et nos membres. L'ensemble de nos environnements ont changé de manière drastique ces dernières décennies, la moindre parcelle de notre vie est différente de celle des générations précédentes qui n'est que celle de nos parents ou grands-parents. Nos façons de nous nourrir, de voyager, d'apprendre, de nous déplacer, de communiquer, de travailler, d'agir en tant que citoyen ont été bouleversées, parfois de manière radicale sur une période de temps très courte. C'est notamment le cas de la communication dont les techniques ont généré ces deux seules dernières décennies un changement de paradigme dans notre façon d'échanger avec les autres.

Les changements, d'autant plus courts, d'autant plus radicaux, provoquent peurs et rejets. Ce n'est pas tant une opposition au changement qu'une opposition au changement qui « me » concerne. Il est même vraisemblable que tout un chacun soit favorable au changement, y compris pour soi, dès lors que nous en évaluons positivement et immédiatement les bénéfices.

À l'évidence, le changement est surtout accepté dès lors qu'il ne nous concerne pas directement ou qu'il nous est plutôt favorable. Ainsi, une dérégulation qui favorise notre propre situation de consommateur, par exemple, est jugée nécessaire, mais si celle-ci nous oblige à transformer notre organisation, à faire évoluer notre manière de faire, elle est spontanément rejetée ou critiquée.

Il est bien plus confortable en effet d'être protégé par un État, un monopole, une figure paternelle, un environnement qui chaperonne, que de se retrouver à devoir nous modifier, à changer qui nous sommes, d'autant que nous ne connaissons en rien les effets et les conséquences de ces bouleversements. Sans aller jusqu'à penser avec Kant que l'intelligence d'un individu se mesure à la quantité d'incertitudes qu'il est capable de gérer, il va sans dire que celui qui est doté de capacités lui permettant d'accepter le changement malgré l'absence de sécurité, de protection, de résultats à venir clairs et distincts, possède de sérieux avantages qui permettent finalement d'avoir un temps d'avance sur ceux qui restent arc-boutés sur le passé.

Tout est innovation

L'innovation, c'est la marche en avant du monde. Il ne s'agit pas de comprendre cette phrase positivement ou négativement, c'est un simple constat. Le monde et son évolution ne sont ni plus ni moins qu'une somme d'innovations permanentes. Depuis le moment zéro de l'existence, nous ne sommes que le produit de l'innovation comme nous en sommes les parents. Il peut même y avoir un rapport incestueux avec celle-ci puisque nous engendrons des innovations qui, pour certaines d'entre elles, nous posséderont, nous en serons dépendants au point qu'elles nous habiteront et généreront de nouvelles innovations.

Les médecins qui mettent au point de nouvelles méthodes de reproduction comme la procréation médicalement assistée, la gestation pour autrui – les « descendants » du « bébé-éprouvette » – développent des innovations qui génèrent une dépendance dont on ne peut s'échapper. Quand la « méthode naturelle » et l'adoption n'étaient que les seules méthodes pour avoir un enfant il y a encore quelques décennies, les voies sont aujourd'hui multiples. Quelles que soient son orientation sexuelle ou la pathologie dont on peut être affecté et qui rend stérile, on ne peut nier que de nombreuses possibilités sont désormais offertes pour devenir parent. Autrement dit, le « produit » de l'innovation (le nouveau-né dans ce cas précis) procure à ses parents – grâce à l'innovateur-médecin intermédiaire – amour, passion et affection. Sans les innovations médicales dans ce domaine, les parents en puissance n'auraient pas vécu une telle dépendance vis-à-vis de leur enfant. Seule l'innovation a pu les mettre dans cette situation qu'ils apprécient certainement autant qu'ils en sont dépendants.

Cet exemple est également intéressant pour comprendre que la création de besoin n'existe pas – c'est un fantasme que de croire que l'on peut créer des besoins. Ce n'est pas faute d'essayer, et bon nombre d'entreprises en paient le prix. Malgré des lancements à grand renfort d'études et de campagnes de communication, 76 % des nouveaux produits échouent dès leur première année[1]. Le besoin ne se crée pas et les exemples d'échecs célèbres comme le NewtonPad d'Apple, le Bi-bop de France Télécom, les Google Glass ou encore la Kodak Digital camera sont là pour le rappeler. Y compris pour les objets de luxe – les montres de grandes marques par exemple ne sont évidemment pas vendues pour afficher l'heure mais pour « nourrir » une stature sociale. Même chose pour le sac à main d'une marque de haute couture qui n'est pas destiné à être pratique mais à afficher sa « réussite » sociale ; ou une voiture de course qui n'est pas tant achetée pour rouler à vive allure que pour souligner sa « classe » sociale. Si ce besoin d'afficher sa réussite sociale avec une montre, un sac à main ou une voiture de luxe peut être considéré comme ridicule, inutile, superflu par certains, ce n'est pas nécessairement le cas pour d'autres. « Nourrir » un statut social est un besoin qui peut tout à fait être obsédant, voire un mode de vie[2].

Comprendre l'innovation comme marche en avant du monde, c'est comprendre qu'il y a systématiquement quelque chose de produit, de fait, de fabriqué, d'ajouté, de modifié, d'amendé, que ce soit avec des produits, des services, mais aussi avec la pensée, la production intellectuelle par exemple. Tout est innovation autour de nous, comme nous-mêmes sommes le

1. Nielsen Breakthrough Innovation Report 2014.
2. Michel Pinçon, Monique Pinçon-Charlot, *Voyage en grande bourgeoisie*, Paris, Puf, « Quadrige », 2015.

produit d'innovations et cela par au moins trois axes : à la fois par ce qu'elles font de nous, par ce que nous apportons comme innovation dans la Cité et par nos propres développements innovants – pensées, modifications physiologiques, etc. Cela ne nous empêche pas de critiquer certaines innovations que nous ne considérons pas comme « positives » parce qu'elles nous paraissent nuisibles, inefficaces ou inutiles. Il n'empêche qu'elles ne sont pas moins des innovations, qu'on le veuille ou non. Un pesticide, un organisme génétiquement modifié, un pistolet-mitrailleur ne sont pas moins des innovations qu'un vaccin ou un procédé rendant l'eau potable.

Tout est innovation et c'est la seule observation de notre environnement qui nous permet d'en arriver à cette conclusion. L'être vivant n'a cessé d'innover tout au long de son histoire, et c'est bien l'absence d'innovation de certaines espèces qui, à un moment donné, les a fait disparaître. Leurs manques d'adaptation, d'évolution les ont condamnées à s'éteindre. Pour les autres, la continuité n'a pu se faire qu'au prix d'innovations continues. Depuis l'origine de l'être vivant jusqu'au début de l'humanité, les variations, les sélections, les luttes pour survivre ont pris des formes systématiquement différentes ; et de l'homme préhistorique à l'homme contemporain en passant par l'homme moderne, sa continuité d'existence n'est due qu'aux innovations développées, qu'elles concernent l'habitation, l'urbanisation, l'alimentation, la médecine ou la protection. Si l'espèce humaine avait disparu, cela eut été par manque d'innovation pour s'adapter ; et s'il advenait qu'elle disparaisse, là encore cela serait par défaut d'innovation. Pour le dire simplement, la situation environnementale périlleuse que nous connaissons de manière certaine nous oblige nécessairement à innover dans les prochaines décennies. Il est impératif de nous transformer, de changer nos habitudes de vie pour lutter contre le réchauffement climatique et ainsi survivre ; dans le cas contraire, l'espèce humaine disparaîtra à plus ou moins long terme. Une autre voie pour survivre serait de trouver un procédé techno-scientifique permettant d'accroître ou de modifier la couche d'ozone afin que nous n'en soyons plus tributaires. Une autre solution serait de quitter la planète Terre, usée, inhabitable, pour vivre sur une planète permettant de prolonger l'espèce humaine. Enfin, dernière issue, le corps humain s'adaptera à un environnement pollué, aux modifications climatiques et peut-être que sa peau deviendra plus hermétique, que ses poumons prendront une autre forme, que l'ensemble de son système respiratoire sera profondément transformé afin de s'adapter aux nouvelles conditions de vie. Si nous ne changeons pas nos modes de vie, si nous ne trouvons pas une méthode pour ne pas être contraints par la couche d'ozone, si nous ne pouvons vivre sur une autre planète ou si notre corps ne s'adapte pas, alors l'espèce humaine finira par disparaître.

Innover, inventer, découvrir

Innover n'est pas inventer

C'est donc bien le contexte, l'environnement, l'évolution des situations qui vont obliger les organisations à innover pour survivre. C'est parce que d'autres acteurs ont formulé une meilleure proposition pour leurs clients que certaines entreprises doivent proposer quelque chose d'encore plus préférable ; c'est parce que l'environnement a changé qu'il est nécessaire de se transformer. Néanmoins, ce n'est pas simplement une proposition nouvelle qui va permettre la survie ; encore faut-il que cette transformation, cette modification soit pertinente. Pour le dire autrement, il est nécessaire que cette proposition puisse recueillir un certain succès, développer une certaine valeur. Car aussi « géniale » qu'elle puisse paraître, si une proposition ne permet pas la survie, l'organisation en question finira par périr. Et c'est une autre des complexités de la compréhension de l'innovation.

Souvent confondue avec l'invention, l'innovation s'en distingue pourtant très nettement par les conséquences que celle-ci a pour obligation de générer. L'invention, c'est l'idée, la proposition, parfois le prototype. Si une compagnie lance un produit ou un service qui aura coûté de l'investissement d'un point de vue tant financier qu'humain et que celui-ci ne génère aucune valeur, aucun profit, le produit a beau être considéré comme « génial », il ne permettra pas à l'organisation de survivre. Dans ce cas, le produit ou le service reste au stade de l'idée, de l'invention, quand ce n'est pas simplement même de l'intention. L'économiste autrichien Joseph Schumpeter exprime clairement cela, en 1911, en soulignant que l'innovation est l'exploitation industrielle des inventions, leur dissémination et leur importance économique[1]. Cette définition de l'innovation, toujours d'actualité, explique bien que s'il peut y avoir une invention à l'origine de l'innovation, elle n'est pas de fait une innovation. Pour être qualifiée de la sorte l'invention doit être exploitée de manière industrielle, autrement dit ce n'est pas un prototype, ce n'est pas qu'une idée ou une maquette. La production industrielle n'est elle-même pas suffisante, il faut que l'invention soit disséminée, soit diffusée. L'invention doit être d'un volume relativement important pour que l'on puisse parler d'innovation. Enfin, et c'est certainement l'aspect le plus fondamental, l'invention pour être nommée « innovation » doit – dans le cadre d'une organisation – connaître un succès économique. Cette performance économique ne peut se contenter d'être un chiffre d'affaires conséquent ; c'est plus exactement le profit qui sera regardé. C'est bien le bénéfice généré qui permet la survie de l'organisation – sans celui-ci, l'organisation finira par péricliter. Cette compréhension de l'innovation met parfaitement en lumière l'im-

1. Joseph Schumpeter, *Théorie de l'évolution économique*, 1911, rééd. 1926. L'édition utilisée est celle de Joseph Schumpeter, *Théorie de l'évolution économique*, trad. Jean-Jacques Anstett, Paris, Dalloz, 1999.

portance de distinguer trois phases dans la vie d'un produit ou d'un service : une en amont qui concerne son élaboration et une en aval qui se décompose en deux temps, un premier moment où celui-ci est mis sur le marché – il est proposé à l'achat puis commence à avoir de premiers acquéreurs, à développer le chiffre d'affaires ; et un second temps où l'offre recueille un nombre de clients bien plus important et qui devient suffisant pour compenser les investissements qui ont été nécessaires aux développements. Le passage entre les deux phases qui se situent en aval se fait par la traversée de ce qui est appelé le « gap de Moore »[1]. Ce gouffre est le passage obligé pour qu'une nouveauté puisse être appelée innovation. Antérieurement à ce passage on peut parler de « candidat à l'innovation », mais pas d'une innovation, car elle ne permet en rien la survie de l'organisation. Quand l'offre nouvelle passe ce fameux gap, grâce à l'obtention d'un nombre suffisant d'acquéreurs permettant d'avoir plus de recettes que de coûts, alors le produit ou service « candidat à l'innovation » devient bel et bien une innovation.

On comprend donc que l'innovation a un caractère incertain très fort, car nul ne sait si ce gouffre va réellement être franchi. L'organisation fera du mieux possible pour communiquer, distribuer, positionner l'offre, il n'empêche que seuls les acquéreurs font d'une invention une innovation. C'est ce principe qui explique pourquoi l'innovation doit être comprise

1. Geoffrey Moore, *Crossing the Chasm : Marketing and Selling High-Tech Products to Mainstream Customers*, New York, Harper Business, rééd. 2006.

avant tout comme un échec. L'existence de ce gap de Moore, de cette phase inconnue, hors de contrôle, a pour conséquence directe d'accroître autant que possible la phase amont qui concerne le développement d'idées. Car plus il y aura d'inventions, plus il y aura de chances que soit présente parmi celles-ci une possible innovation. Autrement dit, si l'on ne possède qu'une seule invention, l'échec total est quasi assuré.

Découvrir n'est pas innover

Pour bien comprendre l'ensemble du processus d'innovation, il faut s'arrêter sur la phase en amont du processus. Celle qui se présente avant la mise sur le marché, au sein de l'organisation elle-même ; c'est à ce stade que se développent les idées, qu'elles émergent, qu'elles se testent, qu'elles se créent. Pour cela, plusieurs voies sont possibles : interroger des prospects en leur demandant leur avis ou en les observant. Cela peut être aussi en faisant appel à des structures internes ou externes de Recherche et Développement. Comme nous l'avons précisé, les propositions ne signifient pas de fait qu'il y aura innovation, et la R&D n'est en rien garante d'innovations. Elle peut proposer un produit, une technologie très originale, très singulière, si celle-ci, une fois sur le marché, ne trouve pas suffisamment d'acquéreurs et ne parvient pas à générer plus de bénéfices que les coûts investis, elle n'aura servi en rien à la survie de l'organisation. À titre d'exemple, en 2016, les sept premières entreprises en termes de dépenses R&D

sont Volkswagen (13,2 milliards de dollars), Samsung (12,7 milliards de dollars), Amazon (12,5 milliards de dollars), Alphabet (12,3 milliards de dollars), Intel (12,1 milliards de dollars[1]), Microsoft (12 milliards de dollars) et Roche (10 milliards de dollars). Or, lorsque l'on regarde la liste des entreprises les plus innovantes, les sept premières sont : Apple, qui ne dépense « que » 8,1 milliards de dollars en R&D, suivie d'Alphabet, 3M, Tesla, Amazon, Samsung et Facebook. Autrement dit, rares sont les entreprises qui réussissent à être à la fois dans la liste de celles qui dépensent le plus en R&D et dans la liste de celles qui jouissent d'un succès économique grâce à leurs lancements. Le cas d'Apple est particulièrement significatif car la firme de Cupertino dépense 3,1 % de ses revenus en R&D, c'est-à-dire globalement moitié moins que ses concurrents et pourtant se retrouve en tête du palmarès des entreprises innovantes.

Il est ainsi fondamental de bien distinguer invention d'innovation comme de distinguer la R&D de l'innovation ; si l'amalgame est souvent fait entre ces trois termes on comprend facilement qu'ils ne sont pas du tout identiques. Ils peuvent s'articuler, se compléter, mais nullement se substituer l'un à l'autre. Et, en tout état de cause, ce que vise une organisation, c'est bel et bien l'innovation.

1. Strategy &, 2016 Global Innovation 1000 Study.

Le terreau fertile de l'innovation

Cette démonstration prend appui partiellement sur les fondements de l'innovation posés par l'économiste Schumpeter. Elle ne doit pas faire oublier qu'un grand nombre d'économistes mais aussi de sociologues, de philosophes ont également œuvré à l'émergence du concept d'innovation et, pour certains, ont aussi souligné le contexte favorisant l'innovation[1].

Le terme « innovation » apparaît initialement au Moyen Âge, et à ses débuts l'innovation est plutôt en relation avec la notion de changement qu'avec celle de créativité ou de nouveauté. Elle « naît » sur le terrain du droit pour signifier le changement d'un contrat pour un nouveau débiteur. Il s'avère que le terme n'a été que très rarement employé dans les arts et les sciences avant le XXe siècle, la notion de « nouveau » lui étant préférée ainsi que celle de « création » et surtout celle d'« invention ». Ce sont Nicolas Machiavel dans *Le Prince* en 1513 et Francis Bacon dans *De l'innovation* en 1625 qui furent les premiers à consacrer des pages à l'innovation, plus particulièrement pour évoquer, notamment dans la religion au XVIIe siècle, les personnes résistantes à l'innovation, au changement. Pendant cette période, les écrits et les débats autour de l'innovation ont donc toujours été autour de la notion de changement, et non de

1. Benoît Godin, « Innovation : The History of a Category », Working Paper, 2008 (http://www.csiic.ca/innovation.html).

celle de créativité. Et jusqu'au XVIIIe siècle, l'innovation était plutôt un terme reçu de manière péjorative, un « novator » étant une personne dont il fallait se méfier. Ce fut le cas dans les sphères politiques où le changement politique était perçu négativement, et dans les sphères religieuses, à cause de l'orthodoxie, l'innovation était considérée comme hérésie. L'aspect péjoratif se fait également ressentir au XVIIIe siècle, période où les inventeurs ont commencé à gagner de l'argent à partir de leurs inventions.

La première théorie de l'innovation vient d'un sociologue français, Gabriel Tarde, à la fin du XIXe siècle, qui distingua la statique de la dynamique et s'intéressa à expliquer les différents changements sociaux, qu'ils concernent la grammaire, la langue, la religion, la loi, la Constitution, le régime économique, l'industrie ou les arts. S'il diffuse la notion d'innovation comme nouveauté, il ne définit pas de manière explicite cette idée[1].

Dans la sphère économique, et toujours avant Schumpeter, Adam Smith est particulièrement intéressant à étudier. L'économiste écossais, qui n'écrit pas en tant que tel sur l'innovation ni même sur le progrès technique, explique les moyens nécessaires pour que les nations puissent être compétitives dans un environnement – déjà au XVIIIe siècle – concurrentiel. Smith met en évidence le lien entre l'augmentation de la production d'une nation et l'augmentation de la capacité de consommer donc de satisfaire des besoins. Or, l'augmentation de cette production ne peut venir

1. Gabriel Tarde, *Les Lois de l'imitation* (1890), Paris, Seuil, 2001.

que d'une plus grande productivité du travail. Cette productivité peut être créée selon lui par la division du travail qui est génératrice d'un processus de croissance fondé sur la hausse de la productivité et le développement des échanges. Pour expliciter son propos, Adam Smith utilise le désormais célèbre exemple de la fabrique d'épingles et souligne ainsi l'augmentation de la productivité due à une division poussée des tâches élémentaires et à la nécessaire spécialisation des hommes dans ces tâches :

> Dans les progrès que fait la division du travail, l'occupation de la très majeure partie de ceux qui vivent de travail, c'est-à-dire de la masse du peuple, se borne à un très petit nombre d'opérations simples, très souvent une ou deux. Or l'intelligence de la plupart des hommes se forme nécessairement par leurs occupations ordinaires. Un homme qui passe toute sa vie à remplir un petit nombre d'opérations simples, dont les effets sont aussi peut-être toujours les mêmes, n'a pas lieu de développer son intelligence, ni d'exercer son imagination à chercher des expédients pour écarter des difficultés qui ne se rencontrent jamais ; il perd donc naturellement l'habitude de déployer ou d'exercer ces facultés et devient en général aussi stupide et aussi ignorant qu'il soit possible[1].

Si Adam Smith lance la réflexion sur la nécessité de l'innovation pour être compétitif vis-à-vis des autres nations, il est aussi intéressant de souligner que sa proposition va donner forme à une typologie d'innovations que l'on nomme innovation dans les processus.

1. Adam Smith, *Recherches sur la nature et les causes de la richesse des nations* (1776), trad. G. Granger, Paris, Flammarion, 1991, L. II, p. 406.

Entre Adam Smith et Joseph Schumpeter, David Ricardo doit également être évoqué, d'autant qu'il est l'un des premiers économistes à formaliser le concept d'innovation et son rôle dans l'économie, mais sans toutefois le généraliser. L'économiste anglais s'intéresse aussi à l'importance pour les nations de se spécialiser et plus particulièrement là où elles possèdent un « avantage comparatif ». Ainsi, les économies nationales les plus prospères et les plus riches possèdent toujours une ou plusieurs activités économiques qui leur confèrent un avantage comparatif par rapport aux autres nations. Dès lors, elles se positionnent au sein du marché international où elles deviennent incontournables. Si un pays se spécialise avec succès, il va dominer son marché et obtenir un avantage décisif. Il aura même tout loisir de fixer le prix de référence sur les marchés importants. Ainsi, l'Allemagne a particulièrement choisi les segments de la voiture haut de gamme, de la chimie ainsi que de la machine-outil. Pour le premier secteur, ce sont bien les marques allemandes qui fixent le point de référence – que ce soit le tarif, la performance ou la qualité –, et c'est en fonction de celui-ci que les organisations françaises ou italiennes par exemple cherchent à se positionner. Dans un autre contexte, les États-Unis sont leader dans les secteurs de l'armement, du cinéma mais aussi de l'informatique et tout ce qui touche au numérique au sens large. Quelle que soit l'organisation, celle-ci cherche à obtenir une position dominante que ce soit sur le logiciel d'exploitation, sur la machine elle-même ou encore sur le moteur de recherche. Paradoxalement, alors que les États-Unis prônent le libéralisme à outrance et l'ouverture totale de la concurrence, ce n'est qu'un petit groupe d'organisations qui détiennent dans chacun de leur domaine respectif un quasi-monopole. Ainsi, chaque pays se doit d'obtenir cet avantage comparatif pour lequel il sera choisi. On peut encore citer le luxe – des parfums au vin en passant par la haute couture – pour la France ; l'électronique pour le Japon ; et la haute technologie pour la Corée du Sud. Cet avantage à l'échelle d'un pays, destiné à générer un monopole dans tel ou tel secteur, est strictement équivalent pour les organisations : toutes cherchent à posséder un monopole – qu'il s'agisse du café d'exception que l'on peut faire soi-même à domicile, que ce soit le réseau social le plus hégémonique destiné à toutes les couches de la population, que ce soit le réseau social destiné aux professionnels ou encore le véhicule électrique, et ainsi de suite. C'est le monopole, comme le souligne Schumpeter, qui doit être la recherche ultime de toute organisation, celui-ci étant développé à l'évidence par des innovations. Par définition, le monopole se recrée de manière systématique en fonction de la pertinence de l'offre face à la demande. Ainsi, par exemple, l'entreprise qui détenait le monopole du café moulu de grande qualité s'est vu destituer par la proposition d'un café d'une autre nature, préféré par la demande, ce qui a totalement déconstruit le monopole : celui de Nespresso.

Politique et innovation, politique d'innovation

Si l'on comprend bien que la nation doit chercher le secteur innovant qui la portera, cela signifie clairement qu'il y a un lien déterminant entre politique et innovation. Cela s'entend au moins à deux titres. D'une part, et nous l'avons esquissé plus haut : si un gouvernement est plutôt d'essence libérale, il favorisera la concurrence entre organisations, et celles-ci cherchant à survivre auront comme obsession de développer de nouveaux produits ou services. *A contrario*, une politique d'essence socialiste qui protège les positions et acteurs et a tendance à freiner la concurrence ne produira pas d'innovation, non nécessaire dans ce contexte. C'est d'ailleurs l'une des explications – outre la démographie et le développement économique – de la somme importante d'innovations proposées par le continent nord-américain.

Lorsque le *Mayflower* débarque dans ce qui sera la Nouvelle-Angleterre, les Anglais puritains ne sont pas nécessairement les bienvenus sur cette terre déjà habitée. S'ils sont dans un premier temps aidés par le célèbre Indien wampanoag Squanto pour survivre, leur développement n'a pu se faire que par l'exploitation des terres, en faisant pousser des céréales, en développant des cultures grâce à leurs outils et savoir-faire (beaucoup de passagers du bateau étaient des paysans) amenés de leur pays d'origine[1]. Au fur et à mesure, ces techniques seront reprises, déployées, utilisées par tous les habitants du territoire américain avec un passage de l'agriculture communale à l'agriculture privatisée. C'est le début de l'entrepreneuriat américain, l'importance de l'exploitation pour créer

1. Bernard Vincent (dir.), *Histoire des États-Unis*, Paris, Flammarion, « Champs », 1997. Notons que certaines théories remettent en question l'aide véritablement reçue par les Anglais.

de la valeur. Si les Indiens d'Amérique n'étaient pas dénués de savoir-faire, les pèlerins anglais utilisèrent les développements éprouvés dans leur pays d'origine pour s'emparer de territoires. Et si leur conquête s'est faite aussi par des guerres et des confiscations de terrains appartenant aux tribus autochtones, elle ne s'en est pas moins réalisée par le déploiement de techniques agricoles. De l'est vers l'ouest, c'est aussi une conquête technique qui eut lieu au XVIIe siècle aux États-Unis. Ce moment historique n'est pas sans avoir généré un esprit pionnier, un esprit de conquérant. On pourrait également qualifier cet esprit d'individualiste, au sens anglo-américain du terme, plus précisément au sens émersonien du terme.

Contrairement à ce que la notion pourrait laisser à penser en français, l'individualisme n'est pas l'égoïsme. Emerson ne revendique d'ailleurs pas l'individu contre la communauté, mais incite à faire de celui-ci l'expression de l'autre[1]. L'enjeu est bien l'amélioration de l'individu, mais dans une construction itérative avec autrui. Cette amélioration de l'individu est au cœur de la proposition d'Emerson pour qui tout un chacun doit se développer pour exister, pour vivre, pour créer, pour faire. Cela passe par un concept fondamental qui est celui de la confiance en soi. Emerson proclame que « la confiance en soi, c'est l'aversion de la conformité[2] », et donc se dresse contre le

1. Sandra Laugier, « Emerson, la voix, le perfectionnisme et la démocratie », *in* Sandra Laugier (dir.), *La Voix et la Vertu*, Paris, Puf, 2010, p. 368.

2. Cité par Sandra Laugier, *Recommencer la philosophie. La philosophie américaine aujourd'hui*, Paris, Puf, 1999, p. 151.

conformisme qui anéantit l'individu. C'est, pour lui, la société qui est responsable de ce conformisme, celle-ci n'ayant qu'aversion pour la confiance en soi. Par le conformisme, les hommes deviennent des punaises, du fretin, c'est la populace. Par le conformisme, les individus n'existent pas, ils adhèrent à des Églises mortes et votent pour de grands partis politiques[1], précise-t-il régulièrement dans ses essais et conférences.

Pour se sortir de ce conformisme, il s'agit de devenir confiants en nous-mêmes, sans bien sûr nous fier à nous-mêmes tels que nous sommes, car c'est ce qui fait de nous du « fretin »[2]. Il s'agit prioritairement de se dresser contre la conformité, c'est-à-dire effectuer une conversion qui nous éloigne du conformisme, de transformer notre conformité, « comme si nous devions naître à nouveau[3] ». Pour Emerson, il faut créer, imaginer ce qui n'existe pas et, dès lors, s'opposer à tout ce qui est conformité. Il faut refuser tout ce qui peut être habituellement valorisé parce que rationnel, homogène ou cohérent. Au contraire de tout cela, Emerson nous dit : « J'espère que c'est la dernière fois que nous entendons parler du conformisme et de la cohérence[4]. » Ajoutant qu'« une grande âme n'a rien à faire de cet esprit de cohérence. Autant se préoccuper de son ombre sur le mur[5] ».

1. *Ibid.*, p. 94.
2. Stanley Cavell, *Qu'est-ce que la philosophie américaine ?*, trad. Sandra Laugier, Paris, Gallimard, 2009, p. 284.
3. *Id.*
4. Ralph Waldo Emerson, *La Confiance en soi et autres essais*, trad. Monique Bégot, Rivages Poche, 2000, p. 99.
5. *Ibid.*, p. 97.

Emerson est considéré comme le premier véritable philosophe né sur le territoire américain ; son influence sur la pensée américaine, qu'elle soit académique, politique ou citoyenne, est considérable, et ses propositions autour de l'individualisme et de la confiance en soi sont devenues des piliers de l'histoire américaine. En effet, les convictions portées par des formules telles que « *self-made-man* », « *american dream* » – toutes ces idées énonçant qu'un individu peut partir de rien dans la vie, ni argent ni formation, et devenir un homme riche ayant beaucoup de succès – sont issues de l'héritage des premiers colons qui d'une certaine manière ont réussi à conquérir le nouveau continent. À titre d'exemple, la propriété d'un terrain était, pour les colons, fondée sur une philosophie, proche de théories lockiennes, qui consistait à dire que « seule l'exploitation rend quelqu'un possesseur d'un endroit ». Celui qui est propriétaire d'un terrain n'est donc pas nécessairement celui qui y habite – ce qui était le cas des Indiens –, mais plutôt celui qui l'exploite. Ainsi, celui qui fait fructifier un terrain en cultivant des céréales est rendu « propriétaire » de la parcelle exploitée plutôt que celui qui ne fait qu'y vivre.

Il y a donc une idée prédominante dans la pensée américaine, qui consiste à devoir faire quelque chose, à développer, à utiliser, à exploiter, à tester, à entreprendre. Et l'entrepreneur sera toujours celui qui sera encensé car il sera vu comme le pionnier, l'aventurier – comme au temps des premiers colons. L'histoire des États-Unis ne cesse de porter aux nues ceux qui ont fait « quelque chose », les grands inventeurs et innovateurs que sont : Cornelius Vanderbilt, John Morgan,

Alexander Bell, Nikola Tesla, Andrew Carnegie, John Rockefeller, Thomas Edison, etc. L'évolution de l'histoire américaine n'a jamais renié ces fondements et il n'est pas étonnant de voir que, selon l'étude menée par la bibliothèque du Congrès américain et du *Book of the Month Club*, le livre – après la Bible – qui a le plus influencé l'histoire des États-Unis est *Atlas Shrugged*[1]. Ce livre est incontournable pour quiconque veut comprendre la pensée américaine, passée et contemporaine. L'auteur, Ayn Rand, explique elle-même que l'enjeu du livre est de faire comprendre « le rôle de l'esprit humain dans la société », plus exactement l'esprit de ceux qui « font » – les pionniers, les créateurs, ceux qui apportent quelque chose à la société qu'ils soient scientifiques, entrepreneurs, artistes, travailleurs impliqués, etc. Ces individus apportent de la valeur à la société et pour Ayn Rand il faut les protéger de l'interventionnisme de l'État, de ceux qui ne font rien et des parasites, ceux qui profitent du système. Car, interroge-t-elle, que serait une société sans homme d'esprit, sans intellectuel, sans personne pour développer des idées, des propositions, des concepts ? Ce best-seller depuis la fin des années 1950 est lu et relu par les adolescents dans la plupart des lycées américains, dans les cours de politique ; sa pensée est enseignée dans de très nombreuses universités aux États-Unis et des stages sont régulièrement proposés par le Ayn Rand Institute[2]. Devenu la bible des entrepreneurs

1. Étude menée en 1991 par la Library of Congress et The Book of the Month Club.
2. https://ari.aynrand.org/

américains, il fait l'objet d'un grand nombre d'études, quand il n'est pas au centre des débats à l'occasion des élections présidentielles.

Dans cet imposant roman, deux entrepreneurs se retrouvent à devoir mener de front la gestion de leur entreprise et la lutte face aux gouvernants qui ne cessent d'entraver par leur incompétence les investissements et les développements. Toute la philosophie qui transpire de l'ouvrage interroge le rôle de l'individu dans la société et la rétribution que l'on peut en attendre qu'elle soit symbolique, financière ou morale. Autrement dit, il montre en quoi il n'y a pas à avoir honte d'avoir réussi grâce à ses propres idées et non celles des autres, de devenir riche par son travail sans exploiter autrui : il faut être fier d'être reconnu pour ce que l'on a créé sans s'être appuyé sur la société, ses aides et son système d'assistanat. On peut évidemment comprendre en quoi cette philosophie entre particulièrement bien en résonance avec l'histoire américaine des pionniers et plaît encore maintenant aux entrepreneurs, certes d'une nouvelle génération mais non moins défenseurs d'idées libérales voire libertariennes.

Les politiques américaines qu'elles soient démocrates ou républicaines sont toutes d'inspiration libérale. La différence n'est qu'une question de degrés, car il n'y a pas d'opposition socialisme/capitalisme comme cela peut encore être le cas dans les pays du Vieux Continent. Pays de libre concurrence fondé sur une histoire entrepreneuriale, les États-Unis ont naturellement développé des comportements innovants. Que ce soit dans le déploiement de grandes organisations comme de start-up, l'innovation est un fil rouge dans cette nation qui ne se tarit pas.

Cette histoire du développement des États-Unis avec l'entrepreneuriat et l'innovation à partir du milieu du XIXe siècle est à mettre en perspective avec l'émergence des politiques communistes qui eurent lieu notamment dans l'URSS de l'époque. D'un côté, nous avions donc la philosophie émersonienne convaincue qu'une société se développe par la somme d'« individualistes » qu'elle peut posséder, que tout un chacun doit créer son travail, s'éduquer, avoir un rôle actif dans le déploiement de la société et que l'ensemble de ces actions finira par créer une société prospère. Dans la société communiste de l'époque, c'est l'inverse qui est prôné notamment à travers les idées de Marx, où la société est représentée par un État qui organise, régit la société pour les individus[1]. Tout citoyen doit alors recevoir la même éducation, une alimentation similaire, dans un logement identique avec un salaire relativement semblable. Cette philosophie, dont nous voyons facilement les avantages, est de créer une société pleinement égalitaire où l'ensemble des individus pourront ensemble vivre une vie globalement décente et similaire. Il s'avère que ces idées théoriques se sont heurtées à l'impossible application d'un tel système, où les écueils de la nature humaine se sont invités et les enjeux de pouvoir et de corruption ont pris le pas sur cette société idéale. Il n'empêche que si c'est la philosophie américaine qui l'a emporté, elle

1. Karl Marx et Friedrich Engels, *Manifeste du parti communiste*, trad. Émile Bottigelli, Paris, Flammarion, 1999.

n'est pas sans générer un grand nombre d'inégalités et il ne s'agirait pas de défendre la pensée du Nouveau Monde sans souligner que l'écart entre les plus riches et les plus pauvres ne cesse de s'accroître et que les inégalités se ressentent dans les système d'accès aux soins, d'accès à la propriété, à l'éducation, etc. Rappelons qu'Amartya Sen a montré que des individus qui naissent aux États-Unis, dans certaines catégories sociales, ont une espérance de vie inférieure à une personne qui naît en Chine ou dans l'État du Kerala en Inde[1]. Les maladies sexuellement transmissibles, la drogue, la violence quotidienne, le coût de la santé, l'absence de système d'emploi protégeant le salarié creusent autant le fossé de l'inégalité que celui de l'injustice entre citoyens américains.

Si toutefois on ne regarde les États-Unis que sous le seul axe de l'innovation, ainsi qu'il est défini, il est évident que l'on fait face à un pays qui a pensé l'innovation avant l'invention, qui n'a cessé dans son histoire de se préoccuper de la rentabilité de ses développements, d'obtenir du succès dans ses propositions. À titre d'exemple, la Nasa s'est toujours fixé parmi ses objectifs de faire des liens entre ces développements techniques et technologiques et la société civile. Pour les Américains, il ne s'agit donc pas uniquement de conquérir l'espace, mais de voir en quoi la conquête spatiale peut apporter un succès également économique pour l'ensemble des citoyens. Ainsi, le développement des ordinateurs, des langages

1. Amartya Sen, « Health in Development », 18 mai 1999, *Bulletin of the World Health Organization*, 1999, n° 77.

de programmation et des systèmes embarqués doit beaucoup à la conquête spatiale et aux premiers vols habités, en particulier au programme Apollo dans les années 1960. C'est également valable pour la couverture de survie, développée dans les années 1960 grâce au film plastique aluminé en mylar chargé de réfléchir les ondes radio sur le ballon satellite Echo 1. Le textile ignifugé – textile pare-flamme en fibre de kevlar qui protège contre les effets calorifiques du rayonnement thermique – est également une innovation issue de la conquête spatiale. Tout comme le coussin gonflable de sécurité, inventé et mis au point dans le cadre du développement des accéléromètres spatiaux alors qu'en parallèle les industriels de l'automobile faisaient leurs expérimentations. En médecine, l'imagerie spatiale a contribué à l'évolution des images médicales de type IRM. Les couches-culottes ont été conçues pour les premiers astronautes qui revêtaient des combinaisons incluant des matériaux absorbants pour satisfaire leurs besoins naturels. Le revêtement des poêles de nos cuisines provient de matériaux qui étaient initialement destinés à protéger les satellites des chocs de l'espace.

Ces liens entre découvertes scientifiques et société civile sont un principe qui a été développé aux XVIIIe et XIXe siècles par l'Américain John Kay[1]. On comprend évidemment l'importance d'effectuer des liens systématiques entre R&D et société civile, car c'est ce qui va permettre de rentabiliser les investissements et d'en

1. Paul Mantoux, *La Révolution industrielle au XVIIIe siècle*, Société nouvelle de librairie et d'édition, 1906.

développer de nouveaux. Sans réussite économique, les sources d'investissements permettant la continuité de développements pour un État ne peuvent se trouver qu'à travers des impôts sous une forme ou sous une autre. Lorsqu'il n'y a investissements ni par des succès commerciaux ni par des impôts, le développement, dans le cadre des nouvelles conquêtes spatiales par exemple, se fait alors par des organisations privées ainsi qu'on peut le constater en ce début du XXIe siècle[1].

Si la Nasa avait pour objectif l'utilisation dans la société civile des développements qu'elle opérait, cela fut clairement moins l'obsession des Russes dans leur propre conquête spatiale : les dirigeants soviétiques avaient surtout compris les enjeux internationaux et les bénéfices que le régime pouvait tirer des succès de sa politique spatiale. À ce titre, l'URSS est à l'origine de grandes avancées dans la conquête de l'espace : premier objet artificiel dans l'espace avec Spoutnik en 1957, premier être vivant avec la chienne Laïka la même année, première sonde lunaire avec Luna en 1959, premier homme, Youri Gagarine, en 1961, première femme, Valentina Terechkova, en 1963 et première sortie extravéhiculaire dans l'espace pour Alexeï Leonov en 1965. Cependant, ces avancées n'ont pas véritablement bénéficié au développement économique russe.

On ne peut donc décorréler l'innovation de la politique, au sens large, dans laquelle elle se trouve. Le

1. Notons notamment les initiatives de SpaceX par Elon Musk, Blue Origin par Jeff Bezos ou encore Virgin Galatic par Richard Branson.

contexte, l'environnement jouent un rôle déterminant ; et si la Silicon Valley est ce qu'elle est aujourd'hui, c'est tout simplement parce qu'elle est le résultat de situations qui ont favorisé l'innovation. Si le démarrage économique de cette zone revient à William Hewlett et David Packard par l'installation de leur entreprise dans le voisinage de Stanford sur l'impulsion de leur professeur Frederick Terman, c'est surtout lié à la Seconde Guerre mondiale et la guerre du Pacifique. En effet, les années 1940 ont amené le gouvernement des États-Unis à établir sur la côte ouest un grand nombre de contingents militaires, de corps armés qui se déployaient depuis la Californie, depuis Hawaï pour le Japon notamment. Très vite des associations se sont faites avec des chercheurs, des ingénieurs de l'université Stanford. Au fur et à mesure, s'y sont retrouvés les enfants des engagés pour étudier, qui ensemble commencèrent à créer des microentreprises – ce que l'on nomme aujourd'hui des start-up. Les entreprises ont afflué pour bénéficier de l'écosystème, des recherches, et la population de Palo Alto doubla dans les années 1950. Les échanges n'ont cessé de s'alimenter entre la recherche universitaire – avec Stanford mais aussi Caltech ou encore Berkeley – et les jeunes organisations de la « Silicon Valley », notamment le célèbre Honors Cooperative Program créé en 1955, toujours par Terman, qui donnait aux ingénieurs des entreprises de la zone un accès aux programmes de l'université.

Cette évolution montre à quel point l'innovation et le terreau sur lequel elle est située sont liés. Et si aujourd'hui le monde contemporain est globalement d'inspiration capitaliste, il s'avère que certaines nations sont « plus » capitalistes (ou plus libres) que d'autres, en conséquence de quoi, certaines nations sont structurellement favorisées pour faire émerger de plus nombreuses et importantes innovations. Dès lors que le gouvernement empêche, freine une innovation, que la raison soit sociale, éthique, politique, financière, environnementale, la conséquence est sans appel : dans d'autres endroits de la planète, un gouvernement en autorisera le développement. Y compris pour des développements très sensibles comme celui du clonage humain par exemple. À partir du moment où l'avancée technique ou technologique est faite, elle ne peut être refrénée, et si un pays comme la France veille à interdire ce type de recherches, un pays moins regardant sur l'aspect éthique permettra son exploration. Et quand bien même les organisations publiques refuseront ce type de recherches, de nombreuses puissances privées investigueront cette possible innovation. Un proverbe anglais énonce que « lorsque le génie sort de la bouteille on ne peut l'y faire rentrer » : quand une nouvelle idée émerge, il n'est plus envisageable de faire comme si elle n'avait jamais émergé. Si l'on peut l'interdire, ce ne sera que pour quelque temps : elle ressurgira de nouveau, plus tard ou ailleurs – quand l'aide à la fin de vie est interdite en France, à une heure et demie de Paris, à Bruxelles, elle est tout à fait légale.

Toutes les propositions issues de ladite *nouvelle économie* du début du siècle illustrent parfaitement cette situation ; certains gouvernements ont tenté de freiner, si ce n'est d'interdire, les développements qui remettaient en cause les monopoles, que ce soit dans la mobilité, la location, les services d'une manière générale. Cela n'a pas empêché des modèles alternatifs de se développer et d'une façon ou d'une autre les propositions ont fini par ressurgir. Et l'attitude consistant à bannir une innovation dans le but de privilégier la continuité d'un monopole a des conséquences qui dépassent la simple protection d'acteurs en place. Que peut se dire un enfant de 7 ans qui observe devant son poste de télévision les grèves, les violences instituées par une frange de la population pour protéger son monopole, à laquelle le gouvernement cédera en légiférant et en interdisant l'arrivée de concurrents ? Dans quelle mesure cet enfant ne se dira-t-il pas que c'est le gouvernement qui décide des innovations et non lui-même et non les acteurs ? Si l'innovation est dans les « gènes » des jeunes Américains, c'est par le terreau fertile de l'innovation dans la nation que cela est rendu possible. Les marchés libérés, l'intensité de la concurrence, la liberté quasi totale d'entreprendre obligent chacun à systématiquement se réinventer, à proposer de nouvelles solutions, de nouveaux produits ou de nouveaux services, à créer son emploi plutôt que d'en chercher un. Il ne s'agit pas de dire que c'est une situation idéale ni même souhaitable, mais si on ne l'évalue que par le regard de l'innovation, force est de constater qu'elle permet de générer plus de propositions que dans d'autres contextes, européens par exemple, français en particulier. Or, dans un contexte de globalisation où n'importe qui peut devenir le client ou le fournisseur de l'autre, les lieux permettant de générer et développer des innovations de manière massive prennent le pouvoir sur ceux qui ont tendance à étouffer, pondérer ou freiner les innovations. Il ne s'agit pas de croire que l'hégémonie américaine actuelle dans ce domaine a toujours été et que c'est une fatalité à accepter.

Il y a un siècle, la France était l'équivalent de la Silicon Valley et était regardée comme telle. C'était l'époque de grands scientifiques : Louis Pasteur, Pierre et Marie Curie, Henri Poincaré par exemple, de grands inventeurs comme Clément Adler ou les frères Lumière ; de grands entrepreneurs tels Édouard Michelin, Louis Renault ou André Citroën. Sans oublier les avancées politiques avec la loi de 1905 sur la séparation de l'Église et de l'État, proposition tout à fait radicale pour l'époque, particulièrement en avance sur son temps. La pensée intellectuelle n'était pas en reste, puisque c'était l'époque d'Henri Bergson, de Jean Wahl, d'Alain ou encore de Gaston Bachelard. Toutes ces personnalités concentrent en une trentaine d'années toute la richesse française. Et à l'échelle de l'Europe, la puissance intellectuelle et scientifique est d'autant plus importante si l'on y associe Einstein, Freud ou Nietzsche parmi tant d'autres.

Les pays en Europe sont censés mieux travailler ensemble, effectuer des avancées communes en matière de découvertes, d'avancées technologiques. Les pays de cette zone peuvent montrer une puissance, un leadership incomparables dans tous les domaines grâce à leur histoire, à leur expérience, à leur diversité. Or, on peut se demander ce qu'il en est de l'audace qui semblait les caractériser. Qu'en est-il des entrepreneurs du siècle dernier ? Des inventeurs ? Des philosophies qui marquaient un certain esprit pionnier ? Aujourd'hui, en Europe comme en France, un grand nombre d'écoles, d'universités, de centres, d'instituts sont composés des plus grands chercheurs, des plus respectés et renommés prix Nobel. Comment ces savoirs se muent-ils en innovation ?

Autrement dit, le contexte favorisant l'innovation n'est jamais un acquis définitif, l'environnement mouvant impose une surveillance permanente des conditions de l'innovation si l'on veut permettre une continuité de propositions innovantes à l'échelle d'une nation. Et entre le contexte d'une « France Silicon Valley » et la situation actuelle, deux guerres mondiales ont considérablement réduit les recherches, la concentration sur ces aspects d'innovations, d'inventions et de découvertes ; et la mondialisation qui a été comprise tardivement par la France comme d'autres pays européens a laissé s'échapper en tête un grand nombre de pays – les États-Unis et la Chine en premier – qui, eux, avaient compris dès les années 1980 les nouvelles règles mondiales, libérales en train de s'ériger.

Les voies de l'innovation

Les typologies de l'innovation

Comprendre l'innovation nécessite de comprendre ses nombreuses variantes. Car trop souvent l'innovation est réduite au dernier produit vendu, sorti, à la mode ou doté de caractéristiques technologiques nouvelles. Cela ne représente qu'un cinquième de ce qu'elle est. En effet Schumpeter, toujours dans la *Théorie du développement économique*, met l'accent sur cinq catégories de « nouvelles combinaisons productives[1] », expression alors utilisée pour décrire l'innovation.

Premièrement, l'introduction d'un nouveau bien ou « innovation produit » : c'est un objet, une technologie avec lequel les consommateurs ne sont pas encore familiers. C'est la catégorie la plus connue, car c'est tout naturellement la plus visible et marquante, elle correspond au lancement d'un produit ou service nouveau ou légèrement amélioré. Cette définition inclut les perfectionnements apportés aux produits techniques, aux composants et au matériel, aux logiciels également, enfin à la convivialité ou à toute autre caractéristique fonctionnelle. S'il y avait besoin de citer des exemples illustrant ce que sont les innovations de produits et services, il semble que les deux organisations majeures de ces trente dernières années que sont Apple dans les produits et Microsoft dans les services sont particulièrement représentatives.

La deuxième catégorie est l'introduction d'une nouvelle méthode de production ou l'innovation de « procédé ». C'est une méthode encore non utilisée dans un secteur donné. Ce n'est évidemment pas une découverte scientifique, c'est une nouvelle façon de faire. Cette innovation concerne donc essentiellement la création ou l'amélioration d'une méthode de pro-

1. Joseph Schumpeter, *Théorie de l'évolution économique*, *op. cit.*

duction ou distribution. La compagnie informatique Dell par exemple entre pleinement dans cette catégorie. Les micro-ordinateurs de cette société n'ont jamais été reconnus comme particulièrement innovants en termes de produit – microprocesseur, l'écran du moniteur, le disque dur, etc. –, cependant Michael Dell innova sur le procédé de fabrication-livraison des ordinateurs. Il partit du constat que la loi de Moore – qui observe que les composants électroniques voient leur taille se réduire tous les dix-huit mois et que dans le même temps leur capacité est doublée – a pour conséquence d'offrir systématiquement sur le marché un micro-ordinateur dépassé technologiquement. Car entre le *design* du micro-ordinateur dans les bureaux de l'entreprise et la commercialisation auprès des intermédiaires – grossistes, revendeurs, distributeurs –, il peut s'écouler entre un an et un an et demi, moment où de nouveaux composants électroniques arrivent déjà sur le marché, plus petits, plus performants, parfois moins coûteux. Chaque PC arrive donc sur le marché au moment même où celui-ci est déjà dépassé. À cela s'ajoutent des problématiques de stock, car au moment où les ordinateurs sont construits, en fonction des offres qui ont été formulées auprès des clients, arrivent dans les entrepôts les nouveaux composants. Michael Dell a réussi à résoudre ces deux contraintes en innovant sur le procédé de fabrication des ordinateurs qui d'une part se fait à la demande, directement auprès de leurs centres de montage, et qui s'effectue sans intermédiaire. Autrement dit, Dell est en prise directe avec le client qui lui demande le type d'ordinateur qu'il souhaite – taille du disque dur, de l'écran, format du clavier, vitesse du processeur – et l'entreprise va le monter sur demande afin de lui envoyer ensuite directement sans intermédiaire. Ce procédé présente l'avantage de faire gagner un temps considérable entre le design de l'ordinateur et sa livraison auprès de son client, d'offrir un PC qui n'est pas nécessairement innovant technologiquement mais qui n'est pas non plus dépassé ; enfin, Dell peut mieux piloter son flux de stock de composants de différentes générations. L'exemple nous montre bien que l'innovation permet à l'organisation d'être plus performante sans en passer pour autant par un développement de nouveaux produits. C'est uniquement le procédé qui permet de faire différemment de ses concurrents et ainsi développer un avantage compétitif lui permettant de survivre pendant une certaine période, la fin des années 1980 où les acteurs informatiques fusionnaient, se rachetaient ou disparaissaient tout simplement.

La troisième variété d'innovations est la conquête d'un nouveau marché, ou l'innovation dite de « commercialisation », parfois appelée aussi l'innovation dans les *business models*. Celle-ci propose une nouvelle façon de vendre/d'acheter ou d'utiliser un produit ou service. Cela peut concerner l'arrivée d'une industrie dans un pays nouveau, que ce marché ait existé auparavant ou non. L'innovation de commercialisation peut également concerner la création d'un processus de vente qui implique des changements significatifs dans la façon de rendre le produit ou le service disponible à la vente.

Deux exemples illustrent cette forme d'innovation. Amazon a totalement révolutionné l'achat des livres, non pas tant par la distribution à distance que par sa capacité à avoir fédéré autour de lui un très grand nombre d'acteurs lui permettant d'offrir la commercialisation de produits, en l'occurrence des livres, comme nul autre ne l'avait fait auparavant. Sa proposition appelée « *marketplace* » fait de chacun un potentiel libraire en mettant les livres que nous possédons dans notre bibliothèque sur la plate-forme comme le tout petit ou le gros libraire indépendant peut le faire également. En créant cette nouvelle façon de commercialiser, en associant des stocks qui ne lui appartiennent pas, il crée un écosystème où tout acteur est nourri par l'autre, et dans le même temps il développe un *hub* incontournable qui oblige tout le monde à passer par Amazon dès lors qu'on veut avoir la meilleure garantie d'obtenir une proposition en lien avec sa recherche.

L'innovation de commercialisation, c'est aussi le *business model.* Cela concerne en grande partie les organisations industrielles qui, confrontées à une concurrence de plus en plus intense sur les prix, se mettent à innover dans la manière de commercialiser leurs biens. Le ton a été donné dans les années 1980 lorsque le leader de la photocopieuse Xerox se retrouve face à des concurrents émergents tels que les Minolta, Canon, IBM. Ces derniers proposent des machines quasi similaires à des prix inférieurs – la R&D ayant été développée par Xerox, il ne s'agissait pour les derniers entrants que de la copier à la marge. Impossible de fait pour le leader d'ajuster ses prix en conséquence au regard de ses investissements, la seule voie fut donc de redessiner entièrement son *business model.* En s'appuyant sur l'usage plutôt que la possession, Xerox initie ce qui sera nommé par la suite l'économie de la fonctionnalité.

Il ne s'agit désormais plus de vendre l'appareil proprement dit, mais de formuler une proposition qui consiste à déposer la photocopieuse dans l'entreprise cliente et de ne facturer celle-ci qu'à l'usage. Autrement dit à chaque utilisation, à chaque photocopie. L'entreprise est alors facturée à l'unité. De nombreux intérêts sont apparus avec cette innovation, tant pour le client que pour Xerox. Depuis les années 1980, ce modèle n'a cessé de se développer dans un grand nombre de secteurs : citons Michelin avec sa proposition Fleet solutions, Safran avec sa filiale Aircelle spécialisée dans les trains d'atterrissage, IBM avec le mouvement vers IBM Business Services, et de nombreux autres.

Ainsi, l'innovation de commercialisation recouvre des spécificités multiples allant d'une façon de commercialiser différemment à une solution redessinant pleinement le *business model* tant pour les clients que les fournisseurs ; l'économie de la fonctionnalité est pleinement dans cette optique.

Quatrièmement, l'innovation d'« organisation », qui consiste en l'implantation d'une nouvelle méthode d'organisation dans les procédés, le lieu de travail ou même dans les liens extérieurs de l'entreprise. À ces débuts, Google a développé une méthode dite « 70/20/10 ». L'organisation du travail de chacun des employés se découpait ainsi : 70 % de son temps doit être consacré à sa mission, ce pourquoi il a été embauché par l'entreprise ; 20 % du temps concerne le projet d'un collègue dans lequel l'employé s'investit, enfin les 10 % restants correspondent à des missions extérieures à l'entreprise. On comprend bien que la majeure partie de son temps doit être consacrée à ses propres tâches, les 30 % restants ne sont pas négligeables et génèrent un grand nombre d'avantages. Tout d'abord en s'investissant sur le projet de ses collègues, les innovations possibles ne sont jamais le fruit d'un seul individu mais issues d'un processus collectif ; autrement dit, il y a une appropriation naturelle de l'innovation au sein de l'organisation par le simple fait que tout un chacun peut y avoir contribué. Et réciproquement, chaque individu de Google reçoit des contributions de nombreux collègues ce qui permet de voir avancer le projet bien au-delà de ses propres compétences. Cette organisation permet de remettre en cause la filiation que l'on a tout naturellement avec l'innovation, avec son idée et qui n'est pas toujours saine. Il est difficile de se détacher de son idée, de ne pas s'en voir comme le père, le créateur ; pour autant la survie d'une idée, son développement au sein des organisations et son déploiement à l'extérieur ne peuvent passer que par un détachement psychologique vis-à-vis d'elle, et l'organisation proposée ici y oblige naturellement. En d'autres termes, l'idée est proposée dans un écosystème possiblement nourri par l'ensemble des employés et celle-ci n'est pas sans également nourrir les projets de tous de manière directe ou non. Les 10 % restants ne sont eux-mêmes pas négligeables même s'ils ne représentent qu'une partie modeste du temps. Les salariés sont encouragés à consacrer ce temps à des associations à but non lucratif, à s'investir dans des missions sociales par exemple ; cela peut également être des clubs de sport ou des centres scolaires. Google comprend évidemment l'intérêt de voir ses employés s'investir dans la société civile, non pas pour améliorer sa propre image, mais plutôt pour déceler les besoins à venir, comprendre quels sont les besoins de la population auxquels l'entreprise viendra répondre à plus ou moins long terme.

L'innovation d'organisation est donc la recherche permanente de la meilleure façon de travailler au sein de l'entreprise mais aussi avec son réseau extérieur. C'est aussi le cas avec les techniques dites « *open innovation*[1] » dont l'essence est de contrarier les méthodes d'innovation classiques qui consistent à développer ses idées en ne restant que dans l'environnement fermé de son entreprise. L'*open innovation* est au contraire l'ouverture au maximum vis-à-vis de l'extérieur afin de capter les besoins des individus, de nouer des relations avec des fournisseurs qui peuvent participer aux développements des idées, de créer des liens avec des distributeurs permettant ainsi de diffuser au mieux et au plus vite les derniers lancements. Autrement dit, l'innovation d'organisation sert à tisser un réseau dense interne et externe qui permet à l'entreprise d'éviter l'entre-soi et au contraire l'incite à récupérer des compétences, des idées, des propositions visant à mieux réussir sa politique d'innovation.

La dernière catégorie d'innovation concerne la conquête d'une nouvelle source de matières premières. Une catégorie qui n'est désormais plus autant d'actualité qu'elle a pu l'être : d'une part il n'y a plus réelle-

1. Henry Chesbrough, « Open Innovation : The New Imperative for Creating and Profiting from Technology », Harvard Business School Press, 2003.

ment de nouvelles matières premières qui apparaissent et, d'autre part, il est bien montré que les sources actuelles sont épuisables – notamment les énergies fossiles. C'est d'ailleurs pour cela que nous utilisons plus communément les quatre premières formes d'innovation.

Les degrés d'innovation

Les quatre catégories d'innovations majeures sont celles qui permettent de définir le type d'innovation dans lequel une entreprise souhaite investir. Il ne s'agit à l'évidence pas de préférer un type d'innovation par rapport à un autre, mais de savoir le choisir pour y associer les moyens à mettre en œuvre. Cependant, le choix ne s'opère pas simplement sur la forme d'innovation mais également sur son degré d'innovation. Plus précisément, il existe trois degrés d'innovation : le premier degré est l'incrémental, le deuxième le radical ou disruptif et le troisième est le degré dit paradigmatique.

L'innovation incrémentale se concentre sur l'amélioration de produits ou services existants. Ces changements mineurs peuvent concerner l'augmentation de pixels dans la caméra d'un smartphone, la possibilité de suivre son compte en banque sur Internet, le changement de taille d'un véhicule entre la version berline ou break, etc. Innovations parfois marginales, elles permettent cependant de proposer de manière continue des solutions conformes à l'évolution quotidienne des consommateurs. Ces innovations sont régulièrement issues d'organisations qui n'ont pas elles-mêmes lancé l'idée, elles se contentent de copier l'existant, de l'améliorer à la marge pour satisfaire au mieux les clients sans avoir eu à investir en recherches, tests et R&D.

L'innovation dite radicale ou disruptive s'appuie souvent sur une technologie émergente ou utilisée de manière inédite. Derrière ce concept de « disruptif », il y a l'idée de « casser » la façon de faire existante. Ainsi, cette innovation modifie de manière significative un usage, que ce soit par le produit lui-même ou le service rendu possible grâce à un produit ou une technologie. Ainsi, l'iPhone est une innovation radicale dans la mesure où il apporte, *via* un écran tactile notamment, une nouvelle manière d'utiliser un téléphone ; plus précisément, l'appareil redessine les contours de la communication en associant différents usages au sein d'un même accessoire. *A contrario*, l'iPod est moins une innovation radicale que sa plateforme iTunes. En effet, le lecteur MP3 existait auparavant, le premier MP3 possédant un disque dur avait été développé par le Français Archos. Mais, iTunes a été une véritable innovation radicale, tant d'un point de vue technologique que d'un point de vue du service proposé. L'idée de « casser » quelque chose d'existant est bien présente dans la proposition d'Apple qui date de 2003. La façon à la fois de commercialiser la musique, de l'acheter, de la télécharger et de l'écouter n'a plus rien à voir avec ce qu'il se faisait précédemment. Précisément, trois axes ont permis cette innovation radicale : rendre la musique la moins chère possible – les premiers titres étaient à moins de

1 dollar ; faire en sorte que l'achat, le téléchargement et l'écoute soient rendus très simples, ce que iTunes a permis quand le produit Archos Jukebox était d'une utilisation relativement laborieuse ; enfin, avoir un écosystème dense, ce que s'est attelée à constituer la firme de Steve Jobs en nouant des partenariats stratégiques avec les maisons de disques.

La combinaison de ces trois axes – coûts, simplicité et écosystème – est souvent le triptyque utilisé pour remettre en cause un marché. C'est avec la même méthode que Ryanair a innové de manière radicale dans le secteur aérien. C'est la combinaison de coûts très bas, de la simplicité pour réserver un billet d'avion – une seule segmentation, nombre d'options faibles et facilement identifiables –, et enfin d'un écosystème unique avec la création de ses propres aéroports en partenariat avec les régions d'implantation. Autrement dit, l'écosystème, que ce soit pour Apple ou pour Ryanair, c'est aussi repenser l'ensemble du *business model*.

Notons que l'innovation radicale, comme pour les autres degrés de l'innovation, n'est pas réservée au domaine des organisations. Le sport est un parfait exemple de lieu d'innovations radicales. Un des exemples célèbres est celui de Dick Fosbury. Cet athlète de saut en hauteur à la technique éponyme innova de manière radicale en 1968 aux Jeux olympiques de Mexico lorsqu'il décida de sauter en balançant ses épaules en premier vers l'arrière au-dessus de la barre – contrairement à la méthode dite ventrale où les bras passent d'abord – afin que son bassin monte plus haut qu'avec la méthode traditionnelle. S'il n'est pas l'inventeur de ce saut – Bruce Quande l'avait réalisé cinq ans auparavant –, il n'en est pas moins l'innovateur, celui qui introduit la découverte à l'occasion d'une compétition dont il retire un bénéfice direct : la médaille d'or olympique. Il ne s'agit évidemment pas de bénéfice financier dans cet exemple ; il y a pourtant bel et bien de la création de valeur à travers une innovation radicale. Si Fosbury avait accompli son saut grâce à un avantage physique qu'il aurait possédé, une malformation qui lui aurait permis d'accomplir ce saut mais pas ses adversaires dépourvus de cette qualité, alors il n'y aurait pas vraiment eu de création de valeur, et le Fosbury flop serait resté au simple stade d'invention.

En politique, la démarche des suffragettes dans les années 1910 en Angleterre s'inscrit pleinement dans ce cadre également. Ces femmes ne veulent pas changer les méthodes de votes, les améliorer sous une forme ou sous une autre, ce qui pourrait correspondre à une innovation incrémentale. Leur volonté est de changer radicalement le vote en incluant 50 % de plus de votants, c'est-à-dire les femmes. Cet exemple est également pertinent pour comprendre que l'innovation n'est pas forcément commerciale, pas forcément pour la recherche de profit mais bien dans le but de créer une valeur, en l'occurrence sociale, forte. Les grandes innovations sociales du XIXe siècle favorables à la solidarité s'inscrivent pleinement dans cette optique que ce soit l'impôt progressif, le droit au travail ou la Sécurité sociale[1].

1. Juliette Grange, « Au XIXe siècle. La république sociale et ses critiques », *L'Idée de République*, Paris, Pocket, 2008, p. 137-148.

L'innovation paradigmatique, quant à elle, s'intéresse plus particulièrement aux innovations scientifiques et techniques historiques. Proches de la recherche fondamentale, des centres de R&D, également des laboratoires, les innovations paradigmatiques bouleversent de manière définitive les modes de vie. Cela fut le cas de la machine à vapeur ou de la vaccination. Plus récemment, Internet est en un exemple, et il semble que l'impression 3D prenne un chemin équivalent. Forcément très coûteuse avec un temps d'invention, d'exploration, de recherches extrêmement long, l'innovation paradigmatique est rarement une voie sur laquelle les entreprises s'aventurent seules. Elles s'appuient souvent sur des institutions, des centres de recherches comme le Centre national de la recherche scientifique, l'Institut national de la recherche agronomique, en France, ou la National Aeronautics and Space Administration pour les États-Unis. Ces organes d'État peuvent travailler sur un temps plus long sans pression de rentabilité puisque financés par des fonds publics, ce que peu d'entreprises peuvent se permettre. L'innovation paradigmatique, c'est en quelque sorte le Graal que tous les inventeurs ont à l'esprit avec comme parangon Léonard de Vinci qui, s'il a fait progresser la connaissance dans les domaines de l'anatomie, l'optique, l'hydrodynamique par exemple, n'a cependant jamais innové : il s'est « contenté » de faire des propositions sur les avions, les hélicoptères, le sous-marin notamment. Si l'innovation paradigmatique n'a pas pour seule caractéristique la science et la technologie, il s'avère que c'est souvent à travers l'une ou l'autre que la singularité du paradigme émerge, et il peut parfois même les lier comme cela se dessine en ce début du XXIe siècle. La célèbre « grande convergence » des nanotechnologies, des biotechnologies, des technologies de l'information et des sciences cognitives en est l'exemple. Les innovations paradigmatiques issues de cette convergence semblent prendre un essor sans précédent. En associant l'infiniment petit, la fabrication du vivant, les machines pensantes et l'étude du cerveau humain, de nombreuses propositions inédites apparaissent avec des implants cérébraux destinés par exemple à aider les personnes souffrant de déficiences pour restaurer certaines fonctions ou à stimuler certains muscles. La convergence NBIC (nanotechnologies, biotechnologies, informatique, sciences cognitives) entraîne l'humain dans un paradigme jusqu'alors inconnu et qui, de manière définitive – comme cela fut le cas avec Internet –, lui fera utiliser de manière régulière, quotidienne, spontanée, l'ensemble des propositions liées à ce développement.

En associant d'une part les formes d'innovation – produit/service, procédé, commercialisation et organisation – avec les possibles degrés d'innovation – incrémental, radical et paradigmatique –, on trouve douze façons différentes d'innover et toutes aussi importantes les unes que les autres. Il ne s'agit pas de considérer que l'innovation de procédé incrémental est moins pertinente que l'innovation paradigmatique de produit par exemple. Toutes les innovations ont leur pertinence en fonction de la stratégie et des moyens que possède l'organisation.

Le processus d'innovation

Pour que la compréhension de l'innovation soit totale, il est important d'avoir conscience que l'innovation dans les organisations s'orchestre autour de cinq grandes phases que sont : l'idée, la faisabilité, la capabilité, le lancement et le post-lancement. Le management du processus d'innovation est ainsi censé être le moteur de l'innovation interne à l'entreprise. De manière succincte, le processus peut se résumer de cette manière. La première phase est destinée à utiliser les trois axes permettant de trouver des idées : *insight*, *ideation* et recherche & développement ; la deuxième est destinée à mesurer la faisabilité des projets, techniquement et financièrement, à la fois en interne, dans l'entreprise – est-ce que celle-ci a les moyens de rendre faisable cette idée ? –, et à la fois en externe – si l'entreprise n'a pas les moyens de mettre en œuvre cette idée, peut-elle les obtenir grâce à des aides extérieures ? Suit la phase appelée capabilité, l'enjeu est ici de s'assurer que les compétences humaines, financières, techniques sont bien en place pour développer l'idée : considérer les impacts structurants ; est-ce qu'il y a besoin de développer une nouvelle usine ou ligne de production ? Quel est le niveau d'endettement si cette idée est mise en place ? Enfin, toujours dans cette phase, il s'agit à ce moment du processus de mesurer les risques financiers de manière précise et de réfléchir aux conséquences sur le reste de l'organisation. La phase de lancement traite des questions marketing, des campagnes de communication, du positionnement prix, des canaux de distribution, et également de l'organisation pour s'assurer une fluidité entre la production et l'utilisateur. La dernière phase du processus est le post-lancement : l'enjeu est alors de mesurer le développement de l'idée sur le marché, d'évaluer son succès ou son échec et les éventuelles révisions à accomplir.

Comprendre et accepter l'innovation

L'innovation, ses formes, ses degrés soulignent une nouvelle fois qu'elle se trouve partout, en permanence et depuis toujours. De nombreuses personnes considèrent spontanément l'innovation comme quelque chose de technologique ou seulement dans la sphère économique, or étymologiquement et historiquement, le concept d'innovation est bien plus large[1]. Et tout un chacun est ou peut être d'une certaine manière innovant : les artistes sont innovants, les scientifiques également ainsi que toutes les organisations dans leur quotidien.

L'innovation a toujours existé, même si le concept lui-même a émergé il n'y a que quelques siècles. Parfois anecdotique, elle peut recouvrir également des

1. Pour l'histoire du concept d'innovation nous renvoyons à l'excellent article de Benoît Godin, « Innovation : The History of a Category », Working Paper n° 1, 2008 (http://www.csiic.ca/PDF/IntellectualNo1.pdf).

aspects qui bouleversent fondamentalement l'histoire de l'humanité et la découverte du monde. Il ne s'agit pas ici de porter un jugement de valeur concernant l'innovation mais plutôt de comprendre ce pourquoi elle est. Il ne s'agit ainsi pas de qualifier une innovation d'utile ou d'inutile par exemple, l'innovation ne se pense pas en ces termes ; elle s'interroge seulement sur sa pertinence à répondre à tel besoin ou à un autre. Si la technique, le produit, le service ou la méthode répond à un besoin inassouvi et permet à l'organisation de survivre en répondant à ce besoin alors il y a innovation. Que l'on soit dans le domaine de l'art ou de l'économie, de la littérature ou du sport, l'innovation s'invite partout. Si nous avons parlé avec Fosbury d'innovation dans le sport pour illustrer l'innovation radicale, cela n'est pas moins pertinent dans l'art. Claude Monet innove avec l'impressionnisme qui se caractérise à ses débuts par des tableaux de tailles relativement restreintes, des traits de pinceaux visibles, une composition ouverte, une utilisation d'angles de vue originaux et une expression des phénomènes météorologiques. Et il n'est pas un inventeur : il y a une production de valeur artistique évidente qui se caractérise par le développement de cette nouvelle « école » avec Pissarro bien sûr ou encore Sisley et Renoir, parmi de très nombreux autres. Même chose pour la musique avec l'émergence de la musique rap dans les années 1970 mais qui devient une véritable innovation musicale dans les années 1980 avec sa commercialisation organisée par des groupes comme Public Enemy ou Run-DMC. Dans le même ordre d'idées, il est possible d'affirmer qu'en littérature le

« nouveau roman » est une innovation. Se voulant comme un art conscient de lui-même où la position du narrateur est constamment interrogée – la place de celui-ci dans l'histoire – et finalement relègue l'intrigue et les personnages principaux au second plan, le nouveau roman est un véritable courant littéraire non pas lancé par un auteur mais par plusieurs, notamment Claude Simon, Michel Butor, Alain Robbe-Grillet, Samuel Beckett, Nathalie Sarraute, etc. Ils créent ensemble une valeur littéraire inédite. Ils ne sont pas à un stade d'invention, à l'étape d'un premier livre qui a du mal à trouver ses lecteurs. Au contraire, leur proposition trouve un public séduit et le nouveau roman devient un courant littéraire majeur qui se développera grâce à de nouveaux auteurs comme Claude Ollier, Jean Ricardou, Suzanne Prou et grâce à ses lecteurs de plus en plus nombreux.

Il ne fait pas sens de se demander si les techniques innovantes développées dans le sport, la musique ou la littérature sont utiles ou non. Le fait qu'elles correspondent à un besoin ne fait cependant aucun doute : le besoin de gagner une compétition, le besoin de vivre une nouvelle expérience musicale, une nouvelle expérience de lecture.

Il est très important d'avoir une vision suffisamment éclairée de ce qu'est l'innovation, parfois dans ses détails avec quelques explications techniques, pour s'assurer que l'on parle de la même chose et ainsi pouvoir exprimer un regard critique. S'opposer à l'innovation n'a aucun sens ; elle est intrinsèque au développement humain depuis ses débuts et avant même que celui-ci n'apparaisse il y a trois millions d'années.

La question qu'il s'agit préférablement de poser est : quels types d'innovations souhaitons-nous pour dessiner quel type de monde ? Car il ne s'agit pas de s'interroger uniquement sur les besoins des individus et de formuler une réponse. D'ailleurs, doit-on toujours répondre aux besoins des individus avec un nouveau produit ou un nouveau service ? C'est une question que les innovateurs devraient certainement avoir à l'esprit plus régulièrement. Ce qui est sous-jacent à cette question concerne les conséquences de l'innovation. Y a-t-il des conséquences néfastes, connues ou inconnues, liées à l'émergence d'une innovation ? L'innovation n'est pas sans générer des questions mais celles-ci doivent être distanciées du jugement de valeur que naturellement nous pouvons porter sur celle-ci dans la mesure où nous n'en voyons pas l'intérêt, l'utilité ou le besoin pour notre propre compte. Toutefois, une proposition qui ne fait pas sens pour soi ne signifie pas qu'elle ne fera pas sens pour un autre, en fonction de son âge, de son sexe, de son lieu d'habitation, de sa religion, de sa culture, de son histoire, de ses expériences, etc. Dans le même temps, une innovation développée pour répondre à un besoin spécifique auprès d'une cible particulière ne signifie pas que celle-ci n'aura pas de conséquence sur d'autres populations et, à ce titre, son développement, sa pertinence peuvent être questionnés. Ainsi, l'innovation produit nécessairement envers celui qui la souhaite, celui qui la développe et celui qui en a une conséquence indirecte, un grand nombre de questions qui souvent ne sont pas abordées. Les organisations commerciales ne s'intéressent ainsi que trop peu souvent aux conséquences de leurs innovations ; elles sont comme écrasées par une demande qui fait miroiter la survie par le profit. Or, il semble que depuis quelques dizaines d'années nous ne pouvons plus innover comme avant, nous ne pouvons plus développer de solutions, d'offres sans nous interroger sur leurs conséquences. Les innovations provoquant de sérieux bouleversements sur la nature humaine ne peuvent pas être considérées de la même manière qu'une banale innovation d'emballage alimentaire ou qu'un nouveau téléphone.

Peut-être y a-t-il aujourd'hui la nécessité d'interroger l'innovation non pas sur sa pertinence économique – le marché est là pour s'en charger –, mais sur ce qu'elle apporte en tant qu'innovation. Autrement dit, la question peut se formuler de manière ontologique où il s'agit de penser l'innovation en tant qu'innovation. Alors que celle-ci se propose étymologiquement d'*in-novare*, de « changer à l'intérieur », ces changements sont-ils toujours ceux attendus et uniquement ceux-là ou génèrent-ils des changements induits ? N'y a-t-il pas à interroger aujourd'hui le rôle de l'innovation ne serait-ce que pour en rester maître et non se trouver dépassé par elle ? Si ce n'est déjà le cas avec le développement exponentiel de l'intelligence artificielle qui s'immisce dans notre quotidien, dans un registre différent ne sommes-nous pas devenus dépendants et dépassés par des innovations que sont par exemple engrais et pesticides qui inondent champs et cultures ? L'innovation n'a-t-elle pas déjà pris le pas sur l'homme qui dans le monde contemporain lutte pour survivre sans connexion Internet sur son téléphone ? L'innovation ne dépasse-t-elle pas déjà son maître, l'innovateur, quand celui-ci utilise des nanotechnologies qui se retrouvent, après utilisation dans des produits techniques, déversées dans les eaux usées et devient incapable de les récupérer pour les détruire ou les recycler ?

L'innovateur érige en quelque sorte une idée qu'il ne parvient plus à maîtriser, il se croit doté d'une force supérieure à l'innovation quand c'est en réalité elle qui le maîtrise. Comme Victor Frankenstein dépassé par sa créature, l'innovateur fuit vers d'autres créations laissant aux autres le soin de régler le problème qu'il a pourtant lui-même créé.

Chapitre II

La destruction créatrice et l'innovateur, le héros et son mythe

« Tout créateur sort de la norme. Toute innovation est anormale. »

Boris Cyrulnik, *L'Ensorcellement du monde.*

L'innovation est cette proposition faite par un individu, si nécessaire qu'elle en devient pour lui absolue. Quasiment incritiquable, elle n'est pas ou est peu analysée en fonction de possibles aspects néfastes ; en même temps qu'elle est proposée, elle est érigée en symbole positif et ses effets de bord qu'ils soient ou non conséquents finissent pas être acceptés à une échéance plus ou moins longue. Chacun criait au scandale lorsque le fondateur de Facebook déclara que la norme sociale sur la protection des données était quelque chose qui devait évoluer, c'est-à-dire que les données personnelles jusqu'alors réservées au domaine privé pourraient être utilisées par des organisations commerciales, en l'occurrence la sienne. Outre l'importance de pouvoir commercialiser des données pour chercher à générer du profit, ce qui se joue est plus complexe. Chercher à faire évoluer une norme sociale, c'est se dresser en héraut d'une évolution qui est déclarée comme nécessaire pour l'ensemble de la société peu en importent les conséquences. Pour le dire d'une autre manière, l'innovateur regarde la création qu'il apporte, non les destructions inhérentes conséquentes, même si de fait il peut les constater. Il n'y a pas d'innovation sans désobéissance.

Création et destruction, des racines mythologiques

Création et destruction des cycles économiques

L'expression « destruction créatrice » n'est pas de Joseph Schumpeter mais de Werner Sombart[1]. L'idée générale de cette expression est que la création et la destruction sont intimement liées. La destruction porte en elle-même les fruits et les attributs de la création. L'une des complexités réside dans le fait que si la création et la destruction sont liées, l'une et l'autre sont souvent orchestrées par des acteurs différents.

1. André Lapied et Sophie Swaton, « Sélection naturelle ou volonté de puissance : comment interpréter le processus de destruction créatrice », *Revue de philosophie économique*, 2013, vol. 2, n° 14.

D'une manière globale tout d'abord, lorsque l'on regarde les cycles économiques de Kondratiev depuis 1800, nous nous apercevons qu'il y a des vagues de croissance et de déclin qui finissent par retomber[1]. Ainsi, nous avons eu une croissance économique mondiale importante entre 1785 et 1815 environ, avant d'entamer une chute économique majeure jusqu'aux alentours de 1845. Une nouvelle vague de croissance apparaît entre 1850 et 1880 avant que l'économie ne replonge jusque dans les années 1900. En 1905 de nouveau une croissance pendant une trentaine d'années avant de connaître une nouvelle récession. Une nouvelle vague positive dans les années 1950 avant que les années 1980 connaissent une chute majeure qui rebondira une petite vingtaine d'années après jusqu'à la récession que nous traversons globalement depuis environ 2005-2007. En regardant ces vagues, Schumpeter s'aperçut que le développement des périodes de croissance se faisait conjointement avec l'apparition d'innovations majeures. Ainsi, pour la première vague du XVIIIe siècle, les innovations concernent les techniques de contrôle de l'eau, c'est aussi le début de la production de textile de manière structurée, c'est également le début de la maîtrise du fer. Pour la période autour de 1850, les innovations sont le rail, l'acier et la machine à vapeur. La croissance suivante s'effectue grâce à l'électricité, l'énergie combustible et les

1. Leonid E. Grinin, Tessaleno C. Devezas, Andrey V. Korotayev (éd.), *Kondratieff Waves in the World System Perspective. Kondratieff Waves. Dimensions and Perspectives at the Dawn of the 21st Century*, Volgograd, Uchitel, 2012, p. 23-64.

prémices de la chimie industrielle, nous sommes au début du XXe siècle. Suivront d'autres innovations pour les années 1950 telles que l'aviation mais aussi l'électronique et la pétrochimie. La dernière vague quant à elle est éminemment liée à l'arrivée d'Internet et autres développements autour du numérique.

Pour Schumpeter, les organisations qui proposent ces grandes innovations paradigmatiques se retrouvent dans une situation de monopole. Ce dernier s'effondre cependant dès lors que les concurrents commencent à copier l'innovation et il y a une sorte de banalisation du progrès qui entraîne l'économie dans une phase récessive. Nous pouvons déjà entrevoir une forme de destruction créatrice à travers ces analyses. Quand la destruction de l'économie s'opère, une vague de création survient quelque temps plus tard, sachant que ces nouveaux développements ne s'appuient pas sur ce qui a été détruit mais apparaissent de manière tout à fait distincte. Il est important également de souligner que les cycles se resserrent. En effet, si les cycles de Kondratiev pouvaient durer soixante ans, ils ont tendance depuis le XVIIIe siècle à se réduire à cinquante ans, puis à quarante ans pour désormais se situer autour de trente, voire vingt ans. L'explication de ces raccourcissements tient dans le développement de la mondialisation. S'il y a deux siècles une innovation qui émergeait pouvait mettre plusieurs dizaines d'années pour atteindre l'ensemble de la population mondiale, c'est désormais chose possible en un seul jour. Les systèmes de productions et de commerces mondialisés permettent à tout innovateur de voir son nouveau produit ou service disponible le même jour aux quatre coins de la planète. Lorsqu'un nouveau smartphone apparaît sur le marché, il est disponible à New York, Paris, Pékin, Singapour, Perth, Rio ou Mexico à la même date. Si un délai peut apparaître, c'est par choix, souvent par décision commerciale mais non du fait de contraintes qui seraient liées à des difficultés d'expansion commerciale ou de production.

Le cerveau, prochaine destruction créatrice ?

Si l'on peut voir facilement la destruction créatrice à travers les nouvelles innovations qui apparaissent et qui disparaissent, il faut avoir à l'esprit que celle-ci peut s'opérer de manière différente dans toutes les couches de l'existence, y compris pour les individus eux-mêmes et notamment leur cerveau. La dernière vague d'innovations majeures est autour d'Internet et des outils du numérique, or nous savons que ceux qui sont nés dans cet environnement ont développé dans leur cerveau des nouvelles facultés inconnues de leurs parents et grands-parents. Le cerveau est une matière malléable qui n'a cessé d'évoluer depuis l'apparition du vivant, et en fonction de l'environnement auquel il est confronté celui-ci va se transformer et va en quelque sorte innover pour s'adapter et survivre. Ainsi, le cerveau des individus qui sont nés à la fin des années 1980 et au début des années 1990 s'est adapté au défi des écrans, plus exactement aux caractéristiques dont l'écran est un moyen. Le cas des jeux vidéo est significatif. Lorsqu'un individu s'amuse avec un jeu, le personnage virtuel qu'il manipule ou la voiture fictive qu'il doit conduire par exemple l'entraîne à la rapidité et à l'agilité. Pendant qu'il s'amuse, son système cérébral est stimulé par un dispositif de récompenses qu'il obtient en gagnant des points ou en passant des niveaux de complexité. La récompense libère le stimulant naturel qu'est la dopamine qui vient alimenter le cortex préfrontal du joueur. En se soumettant à ce mécanisme de gratification simplifié, l'individu s'y habitue et son comportement se modifie en conséquence. Par exemple, ces jeunes du numérique développent de grandes capacités à la multitâche et il est pour eux d'une grande facilité de passer rapidement d'un site Internet à un autre, d'une lecture sur un sujet à un autre, d'une discussion à une autre également. Cependant, le cerveau n'acquiert pas nécessairement une qualité en plus de celles existantes ; il s'adapte, et en conséquence il ne travaille plus d'autres aspects qualitatifs importants. Ainsi, quand le cerveau développe une mémoire superficielle par le survol d'informations, en se contentant de requêtes à travers des moteurs de recherche, il ne développe pas une intelligence littéraire, plus linéaire, qui permet de retenir l'information en profondeur grâce à une synthèse cognitive opérée par le cortex préfrontal[1]. Si les individus ne résistent pas aux automatismes cognitifs générés par les écrans – cela ne concerne pas uniquement les joueurs mais tout utilisateur intensif et régulier d'écrans –, ils agissent de plus en plus par impulsion, par réflexe, ce qui n'est pas sans conséquence. La

1. Voir les recherches d'Olivier Houdé, Laboratoire CNRS LaPsyDé, université Paris-Sorbonne.

manipulation des pensées, les croyances, le manque de raisonnement cohérent ou structuré sont notamment les effets directs d'un cerveau qui a été soumis à un apprentissage superficiel, tourné vers le réflexe et l'automatisme, plutôt qu'à un apprentissage où le cerveau a été sollicité avec des temps de recherches conséquents, des temps de lectures denses, des exercices qui ont fait appel plus au raisonnement qu'à l'instinct et à la rapidité.

Il ne s'agit pas de porter un jugement sur l'évolution du cerveau, encore moins de dire si l'on doit tempérer ou non sa passion du jeu vidéo. Le cerveau évolue, c'est un fait et cela n'a rien d'exceptionnel ; celui-ci n'a jamais cessé de se transformer en fonction de son environnement et des innovations auxquelles il a été confronté. C'est le cas avec l'apparition de l'écriture et la lecture de masse, par exemple avec l'invention de Gutenberg. Un cerveau « nouvelle génération » est en train de se former et celui-ci – à moins d'une remise en cause durable sur l'usage des écrans – va remplacer les cerveaux datant des générations antérieures. Une personne qui naît à la fin des années 1980 est déjà présent au sein des organisations, mais peu sont pleinement en charge des décisions – à part dans quelques organisations très jeunes et très innovantes. Dès lors que des cohortes de nouveaux cerveaux prendront la responsabilité des organisations, entreprises, associations ou politiques, cela permettra sans nul doute d'apporter de nouvelles créations. La destruction des précédents cerveaux laissera place à une nouvelle façon de penser, grâce à des cerveaux dont l'apprentissage fut radicalement différent. De nouveau, il ne s'agit pas de porter un jugement de valeur sur la « qualité » du cerveau, mais de tirer les conséquences du remplacement d'un type de cerveau par un autre. Pour le dire autrement, lorsque, dans les années 2010, un pays doit se prononcer pour un candidat présidentiel, il peut avoir le choix non seulement entre deux programmes politiques, entre deux personnalités, mais aussi entre deux façons de fonctionner différemment en fonction de son éducation et de l'environnement dans lequel il s'est développé. Car le cerveau d'un « individu » qui se présente à une élection et qui est né dans les années 1940 est structurellement différent de celui d'un candidat né trente ans plus tard dans une économie numérique dense. En conséquence, deux formes de gouvernants peuvent s'opposer : d'un côté, un candidat peut être plus rapide dans ses décisions, plus vif, « multitâche », quand l'autre sera peut-être plus précis, raisonné avec une pensée linéaire. Or, la question ne peut pas se résumer à préférer telle ou telle « forme » de cerveau, mais est plutôt : de quel cerveau le pays a-t-il besoin pour faire face à ses partenaires, à ses concurrents, à ses alliés ? Et quels sont les dirigeants de l'autre côté des frontières pour faire en sorte que ce cerveau fonctionne du mieux possible au bénéfice du pays ?

Et ce qui semble valable à l'échelle d'une nation ne l'est pas moins pour diriger une entreprise qui doit s'interroger sur la nature du cerveau de son dirigeant dans un monde globalisé, extrêmement compétitif, où la rapidité de décision fait jeu égal avec la célérité nécessaire pour décider.

L'origine de la destruction créatrice

Werner Sombart développe la notion de destruction créatrice[1] en mettant en perspective ses propres théories économiques, les théories évolutionnistes[2] avec la philosophie nietzschéenne par laquelle il a été particulièrement influencé[3]. La destruction créatrice est intimement liée à l'environnement (et son intensité concurrentielle) dans lequel se trouvent un individu, une organisation. Plus la concurrence se développe, se structure, plus il y a de possibilités qu'il y ait de la destruction et cela pour la simple raison que les ressources sont rares. Et c'est en fait pour cette raison précise qu'il y a de la destruction créatrice : les ressources sont limitées. Lorsque le nombre de clients pour un même produit ou service est limité, il y a nécessairement une bataille entre les fournisseurs pour obtenir les faveurs de celui qui va les choisir. Et cela est valable dans toutes les circonstances. Si la seule voie de survie est d'obtenir l'accès à un point d'eau dont la quantité est limitée, il y aura une compétition, peut-être une guerre entre les protagonistes assoiffés :

1. Werner Sombart, *Krieg und Kapitalismus*, Munich, Duncker & Humblot, 1913.

2. André Lapied et Sophie Swaton, « Sélection naturelle ou volonté de puissance », art. cité.

3. Hugo Reinert et E.S. Reinert, « Creative Destruction in Economics », *in* Jürgen G. Backhaus et Wolfgang Drechsler, *Friedrich Nietzsche (1844-1900), Economy and society*, New York, Springer, 2006, p. 55-85.

c'est la rareté qui pousse les uns à vouloir détruire les autres pour pouvoir obtenir le bien convoité. Cela peut être des compétences, des techniques que l'on souhaite posséder dans son organisation : les clubs de football s'arrachent à grand renfort d'argent un joueur aux qualités rares[1]. Même chose pour un chercheur d'exception dont un laboratoire voudra s'offrir les services par exemple. La possibilité d'obtenir la ressource limitée passe par l'argent (éventuellement la stratégie ou le positionnement) ou par la destruction de la concurrence (qui serait tentée d'acquérir ce même bien). On comprend bien que les chauffeurs de taxi, à l'arrivée des « voitures avec chauffeur », ont tenté de tout faire pour les détruire, en demandant l'aide du gouvernement et même parfois en employant la force physique pour que ces derniers disparaissent. Et c'est uniquement l'absence de ressources illimitées qui les a poussés à agir de cette façon ; si le nombre de clients étaient sans limites la question ne se serait pas posée, chacun aurait pu avoir le nombre de clients qui lui est nécessaire pour vivre. Or face à un nombre restreint de clients, l'acteur traditionnel s'est retrouvé en concurrence directe et a dû livrer bataille pour essayer de conserver les revenus lui assurant sa pérennité. Et c'est parce que les concurrents vont diminuer ou peut-être même vont disparaître que la disponibilité de la

1. Le professeur Luc Montagnier, codécouvreur du virus du sida en 1983 et prix Nobel de médecine 2008, a été recruté à 78 ans par la prestigieuse université Jiaotong de Shanghaï. Il avait été contraint par le CNRS de prendre sa retraite. « Une mesure scélérate, scandaleuse, qui risque de provoquer une fuite de cerveaux français », s'était-il indigné.

ressource devient plus évidente et facile. La destruction et la création vont donc de pair car lorsqu'il y a création, celle-ci n'émerge pas au milieu de nulle part. Elle prend pied dans un marché spécifique, sur un secteur donné où se trouvaient préalablement des acteurs qui, eux, risquent la destruction. Dans le même ordre d'idées, le contingent militaire qui a accès au point d'eau exclusif pourra continuer de combattre, d'avancer, de croître, quand ses opposants péricliteront faute de pouvoir subvenir à leurs besoins physiologiques.

Cette notion de destruction créatrice que Werner Sombart intègre dans l'économie est très ancienne. Elle est d'ailleurs omniprésente dans les mythes les plus anciens. En effet, dans la mythologie grecque, le cosmos, l'univers, est formé par les dieux qui ont créé, à partir de la destruction la plus totale, l'entité primordiale : le chaos. Puis vinrent Gaia la Terre-Mère nourricière et Éros, la puissance créatrice et aussi dieu de l'Amour. Le développement continue avec Érèbe – l'obscurité – et Nyx – la nuit –, qui, en s'accouplant, donnent naissance à Aither – la lumière – et Héméra – le jour. Gaia enfante Ouranos – le ciel –, Pontos – la mer – et Ouréa – les montagnes. D'autres accouplements donneront naissance aux Titans, aux Titanides, aux Cyclopes, etc. On retrouve cette même notion dans les mythes égyptiens avec le célèbre Phénix qui renaît de ses cendres.

La destruction créatrice est à l'origine de l'humanité, traverse l'histoire et se retrouve également au cœur des religions, comme on le voit pour l'hindouisme où trois divinités cohabitent : Shiva, qui détruit l'univers dans la perspective d'une reconstruction par Brahma, ainsi que Vishnu qui vient subvenir aux besoins des êtres humains. Dans la religion chrétienne, le fils de Dieu est exécuté, en quelque sorte détruit, puis ressuscite finalement d'entre les morts pour délivrer un message de création et d'espoir. Cette destruction-création présente dans la mythologie indienne va inspirer le poète allemand Herder, l'écrivain Goethe, ainsi que le philosophe Nietzsche[1]. Et plus particulièrement le philosophe, qui va s'appuyer sur eux pour développer la notion de « volonté de puissance[2] ». Cette célèbre expression désigne le désir d'un individu de s'élever au-dessus des autres, de la masse, de la foule, de la « horde », dans l'idée d'un dépassement de condition. C'est ce que l'on retrouve dans *Ainsi parlait Zarathoustra*. Il ne s'agit pas tant d'une volonté de pouvoir derrière cette expression que d'une volonté de déploiement de la vie entière. Et chacun se doit d'y songer pour agir en conséquence et se développer à son tour :

> Lorsque Zarathoustra arriva dans la ville voisine qui se trouvait le plus près des bois, il y rencontra une grande foule rassemblée sur la place publique : car on avait annoncé qu'un danseur de corde allait se faire voir. Et Zarathoustra parla au peuple et lui dit :
> – Je vous enseigne le Surhumain. L'homme est quelque chose qui doit être surmonté. Qu'avez-vous fait pour le surmonter ?
> – Tous les êtres jusqu'à présent ont créé quelque chose au-dessus d'eux, et vous voulez être le reflux de ce grand flot et plutôt retourner à la bête que de surmonter l'homme ?

1. Hugo Reinert, E. S. Reinert, « Creative Destruction in Economics : Nietzsche, Sombart, Schumpeter », art. cité.
2. Friedrich Nietzsche, *Fragments posthumes sur l'éternel retour*, Paris, Allia, 2003, p. 87.

– Qu'est le singe pour l'homme ? Une dérision ou une honte douloureuse. Et c'est ce que doit être l'homme pour le surhumain : une dérision ou une honte douloureuse.
– Vous avez tracé le chemin du ver jusqu'à l'homme et il vous est resté beaucoup du ver de terre. Autrefois vous étiez singe et maintenant encore l'homme est plus singe qu'un singe.
– Mais le plus sage d'entre vous n'est lui-même qu'une chose disparate, hybride fait d'une plante et d'un fantôme. Cependant vous ai-je dit de devenir fantôme ou plante ?
– Voici, je vous enseigne le Surhumain[1] !

Ce passage exprime bien le message que veut faire passer Nietzsche avec l'idée de volonté de puissance sous-jacente. Il s'agit de prendre conscience de ce que nous sommes, ce que nous faisons et ce vers quoi nous allons. Zarathoustra interpelle chaque individu de la foule, en même temps que son lecteur. Nietzsche déclame dans l'esprit d'un Socrate : qu'allons-nous faire de l'état dans lequel nous sommes ? Nous avons été plancton, batracien, singe et maintenant humain, quelle est la prochaine étape ? S'il n'y a pas d'avancée, de développement, de progrès, alors n'est-ce pas un retour en arrière ? N'est-ce pas un retour à un aspect bestial ? Il ne fait aucun doute que ce qu'il faut viser c'est le développement de soi, le développement de sa condition d'humain, ce que Nietzsche nomme : le « surhumain ». La volonté de puissance est ainsi intimement liée à l'acte de création, au dépassement d'une condition donnée, et Zarathoustra n'hésite pas

1. Friedrich Nietzsche, *Ainsi parlait Zarathoustra*, trad. Geneviève Bianquis, Paris, Flammarion, 1996.

à provoquer la foule en demandant d'agir, de faire, de ne pas subir mais de réaliser. Il ne s'agit donc plus d'être soumis aux règles et aux lois des uns et des autres mais de créer ses propres lois.

Schumpeter trouve ainsi chez Nietzsche la réponse à la volonté de puissance dont il avait l'intuition dans le comportement de l'entrepreneur[1]. C'est avec cette disposition d'esprit de volonté de puissance que Schumpeter envisage le rôle de l'entrepreneur, celui qui émerge de la masse, de la foule, quelqu'un pour qui la loi, les règles, les conventions qui existent n'ont pas nécessairement la pertinence qu'on semble leur accorder. Si les motivations de l'entrepreneur peuvent s'établir autour de la volonté d'accomplir quelque chose, une complexité, un inconfort ou pour abattre une résistance, elles ne sont pas forcément que cela. L'innovateur est également mû par un ensemble de mobiles irrationnels : la volonté de puissance, la victoire, le succès face à l'ordre établi.

Ainsi, l'entrepreneur, qui n'existe que par l'innovation, est cette personnalité hors norme qui a pour enjeux de vaincre – consciemment ou non – une série de résistances qu'il trouve sur son chemin[2]. Et l'organisation qu'il met en place a pour seul objectif d'abattre ces résistances. C'est d'ailleurs en cela qu'il n'est pas un « manager », un gestionnaire ; il n'est pas non plus concerné par les questions juridiques,

1. Yuichi Shionoya, *Schumpeter and the Idea of Social Sciences*, Cambridge, Cambridge University Press, 1997.

2. François Perroux, *La Pensée économique de Joseph Schumpeter : les dynamiques du capitalisme*, Genève, Librairie Droz, 1965.

comptables, informatiques ou de ressources humaines. Son propos est au-delà de ces considérations de répartitions, son enjeu est ailleurs : comment résoudre le problème qu'il s'est mis en tête de résoudre par-delà les silos classiques des structures. Cela ne veut pas dire qu'à un certain moment du développement de son innovation ou de son organisation, l'entrepreneur ne va pas avoir un comportement de gestionnaire, de « manager », mais il ne sera plus l'innovateur bataillant contre les résistances qu'il a pu être. Il n'est d'ailleurs pas rare de voir des multi-entrepreneurs mus plutôt par des combats divers à mener pour développer de nouvelles propositions que par la gestion d'une organisation.

De Nietzsche à Ayn Rand, protéger les plus faibles contre les plus forts

Quand, en 2005, Mark Zuckerberg annonce que la norme sociale est quelque chose qui doit évoluer, autrement dit que les données privées ne sont plus à regarder, analyser, protéger comme par le passé, il est ni plus ni moins en train de créer ses propres règles sur la gestion des données privées non seulement pour son réseau social mais plus globalement pour toutes les bases de données. Cette capacité à créer ses propres lois est propre à l'individu qui a intrinsèquement confiance en lui, qui ne s'embarrasse pas de conventions qu'il juge passéistes. En d'autres termes, alors que les plus faibles se complaisent dans l'existant, la stagnation et l'attentisme, les plus forts

– moralement, spirituellement – émergent avec des propositions qui en premier lieu les servent. Considérations que l'on peut retrouver de manière tout à fait concrète chez des entrepreneurs tel Xavier Niel qui va ériger ses propositions en lois, en standards et en références et que ses concurrents vont d'abord observer, critiquer avant finalement d'accepter et de suivre. Si les faibles se complaisent dans l'attentisme, ils ne vont pas rester sans rien faire et vont se révolter contre celui qui veut faire évoluer le système en place pour le stopper. Là encore convoquer la pensée de Nietzsche est pertinent lorsqu'il annonce, de manière *a priori* provocante, qu'il est préférable « de protéger les forts contre les faibles[1] ». Cela s'explique par le fait que la masse des plus faibles est plus importante en nombre que ceux qui créent, et va tout mettre en œuvre pour faire disparaître celui qui l'empêche de tourner en rond. Que ce soit Travis Kalanick (fondateur de Uber) qui s'est retrouvé honni par la masse des taxis, que ce soit Brian Chesky (fondateur d'Airbnb) qui s'est retrouvé sous le flot des critiques des hôteliers ou encore Édouard Leclerc conspué par la profession des pharmaciens d'officine, l'entrepreneur qui vient changer les règles d'une profession est de fait l'homme à abattre – au sens figuré comme au sens propre d'ailleurs et les événements autour du débat sur les véhicules de transport avec chauffeur ont bien montré que la volonté de détruire son concur-

1. Nietzsche, *Fragments Posthumes*, printemps 1888, 14 [123], (OC, XIV, Paris, Gallimard, 1977, trad. fr. Jean-Claude Hémery, p. 93-94.

rent pouvait être physique. S'il faut donc protéger le fort contre le faible, c'est pour que celui-ci puisse mettre en place une proposition possiblement innovante, inédite, qui n'est pourtant pas sans risque. Car la création est intimement liée à la prise de risque que les plus forts, les hommes d'exception, sont prêts à prendre pour obtenir tant la puissance que la gloire. Cependant, cette prise de risque ne garantit en rien le succès et, alors que les plus faibles veulent avant tout se protéger, les premiers, hermétiques à la notion de protection, prennent des risques qui peuvent pourtant les conduire à leur perte.

L'homme-minorité vs l'homme-masse selon Ortega y Gasset

« Agir et faire » prend réalité à travers l'« homme fort », celui qui est minoritaire dans la société, celui qui ne fait pas partie de la masse des faibles qui ne veulent que la stagnation. L'« homme-minorité » que l'on retrouve sous la plume du philosophe espagnol José Ortega est un homme – à l'évidence aussi une femme, c'est l'idée « d'homme » universel que nous reprenons ici – exigeant vis-à-vis de lui-même qui aspire à la difficulté[1]. En étant conscient qu'il n'atteindra pourtant jamais la perfection, il ne cesse cependant de la viser et en conséquence redouble d'effort pour se confronter à ses doutes et ses incertitudes.

1. José Ortega y Gasset, *La Révolte des masses*, Paris, Les Belles Lettres, 2011.

Ces hommes-minorité sont des inventifs, des créateurs, des gens « qui font » quelles que soient les chances de succès et de résultats ; ils sont habités en quelque sorte par un esprit pionnier : faire quelque chose que personne n'a fait avant. L'homme-masse est quant à lui l'homme du commun, comme le dit Ortega : la masse, c'est l'« ensemble de personnes non spécialement qualifiées », c'est l'homme moyen, celui qui ne se différencie pas des autres, qui ressemble à tous, un type générique. Le philosophe espagnol prend garde de ne pas qualifier l'homme-minorité comme quelqu'un issu de la bourgeoisie ou de l'aristocratie, ou encore hautement diplômé. L'homme fort est celui dont la nature ne s'hérite pas, ne s'achète pas ; son effort se signale par sa volonté de dépasser la « vulgarité » dans laquelle se complaît l'homme-masse.

La philosophie de Pindare, et son expression « Deviens ce que tu es[1] » qui se retrouvera d'ailleurs chez Nietzsche, est probablement celle qui se rapproche le plus de la pensée d'Ortega. Et si l'on peut en retrouver des éléments dans l'existentialisme sartrien, la proposition ortéguienne est bien plus radicale car la vie humaine transcende la vie naturelle, l'homme doit s'inventer lui-même. Quand certains, du pseudo-Démosthène jusqu'à Foucault incluant Oscar Wilde et autres, recommandent de faire de sa vie une œuvre d'art, la mise en œuvre pour ces individus, c'est entreprendre.

C'est en quelque sorte une position antidémocratique que défend Ortega y Gasset. Le fait qu'une voix

1. Pindare, *Pythiques*, II, 72, in *Œuvres complètes*, trad. Jean-Paul Savignac, Paris, La Différence, 1990, p. 167.

compte autant qu'une autre dans l'espace public a selon lui un effet dévastateur, car l'homme-masse ne se soumettra en rien à l'homme-minorité, à l'homme supérieur, et il ne cessera de faire naître des débats, des confrontations et des conflits qui ne feront que faire reculer les bonnes décisions. C'est très vrai dans la culture pour le philosophe espagnol qui fut reconnu en France par Aron et Camus. En effet, la démocratie est selon lui incompatible avec la « haute culture », autant d'ailleurs que les bonnes manières et la morale, car « il n'y a pas de culture là où il n'existe pas le respect de certaines bases intellectuelles auxquelles on se réfère dans la dispute[1] ». Les questions sur la morale, la vérité, l'esthétique, le bien ne sont pas discutées en fonction de référentiels connus provenant aussi bien de la science que de la philosophie mais soumis au consensus démocratique. En conséquence de quoi, la haute culture ne peut plus s'adresser au grand public, elle ne peut se mouvoir que dans des cercles plus petits et souvent sélectifs.

Ce que dénonce Ortega avec la culture, mais pas seulement, c'est l'oppression que fait subir la masse aux minorités cultivées, intelligentes, méritantes, celles qui veulent créer quelque chose et contre lesquelles les minorités se dressent. Plus durement encore, Ortega souhaite réserver l'espace public à ces minorités, ces élites qui elles seules sont productrices légitimes d'idées, d'œuvres, de spectacles. De manière concrète pour Ortega, la possibilité de laisser l'homme-masse accaparer la « culture » ou le « divertissement » dans

1. José Ortega y Gasset, *La Révolte des masses*, *op. cit.*

notre espace contemporain est ce qui a permis de produire la télé-réalité, de générer des chansons qui font appel à la violence ou encore l'irruption de sites Internet insensés. Autrement dit, si on laisse la culture être prise en main par la masse ou certaines masses, il n'y a pas à s'étonner que soient promus des arts populaires, des arts de rues, des arts dont l'accessibilité se fait de manière simple, des arts qui peuvent être compris ou appréciés sans effort et sans travail. Et en conséquence, la haute culture, que celle-ci recouvre musique classique, tableaux des grands maîtres ou corpus philosophiques, par exemple, est de fait reléguée en second plan ou restreinte à une population minoritaire et de fait élitiste. Il sera toujours plus facile de promouvoir, d'organiser, de faire accepter au grand public une exposition de photos qu'une lecture de *L'Être et le Néant* ; une séance de cinéma sera, elle aussi, plus facilement acceptée qu'une conférence sur les peintres flamands ; et une présentation de street-art sera certainement bien plus largement accueillie que l'écoute d'une symphonie, fût-elle de Brahms. La haute culture n'est en rien populaire car son rôle n'est pas de se faire comprendre aisément, de s'abaisser au niveau du peuple, mais au contraire que celui-ci travaille, comprenne, apprenne, qu'il s'élève jusqu'à cette culture. Charge donc à ceux qui sont cultivés, intelligents autant qu'instruits, qui ont fait ce travail d'élévation de prendre en main la culture et de la diffuser, de la promouvoir, et cela en opposition à ceux qui veillent à toucher le plus grand monde de manière facile et sans effort. Le succès par la masse n'est en rien un argument. La majorité ne cessera de réclamer quelque chose de simple et facile d'accès, à sa portée. Si la télé-réalité est un succès en termes d'audience, on ne peut en dire autant de l'aspect qualitatif que celle-ci a apporté aux millions de téléspectateurs. C'est la même chose pour certaines musiques, certaines créations artistiques. Il faut garder à l'esprit que réalisation n'est pas caution. L'apparition de nouveaux styles artistiques, rencontrant un succès commercial, ne garantit en rien leurs qualités, et le rôle des médias est d'ailleurs clef dans ce dispositif.

Le travail de l'homme-minorité n'est jamais de construire un succès, mais au contraire d'aider à l'élévation de la masse, ce que d'ailleurs peuvent contredire l'ambition et le succès. Et c'est en cela qu'Ortega voit dans l'homme-minorité une sorte de héros ; quelqu'un de méritant qui, malgré les oppositions, malgré l'homme-masse sur son passage, cherchera sans faille à promouvoir l'intelligence, le raisonnement et la haute culture.

D'une manière plus générale, la démocratie ne respecte en rien la vérité mais la souveraineté du peuple, quand bien même celle-ci peut être absurde. Et l'on se doute que ce que l'homme cultivé vit face au peuple est ce que l'innovateur peut vivre à son tour face à la masse. Celui-ci a bien du mal à se développer dans un tel environnement où il se retrouvera régulièrement seul face à une masse populaire qui voit en lui non pas tant l'apporteur de solutions d'avenir que l'empêcheur de tourner en rond, celui qui intègre dans la société de nouveaux comportements, de nouvelles habitudes, autrement dit des changements auxquels le peuple ne souhaite pas se soumettre, préférant le *statu quo*.

L'innovateur est l'homme-minorité : il refuse le monde tel qu'il est et se propose de le changer. Cette posture est antidémocratique car elle n'est en rien une décision du peuple ; elle est une position individuelle fondée sur un travail, un effort, des arguments, des recherches qu'une majorité n'aura pas accomplis et qui de fait refusera l'avancée proposée. Intrinsèquement, l'innovateur n'est pas un grand démocrate car il n'est pas dans ce que tous ont accepté de vivre, parfois de subir. L'innovateur « méprise » le peuple qui reste dans la stagnation, qui ne s'élève pas contre une société morne, contre des problèmes qui peuvent être réglés et que lui se propose de résoudre. L'innovateur est en quelque sorte objet de clivage entre ceux qui font et ceux qui ne font rien comme le souligne Ayn Rand avec autant de force que de provocations.

Ayn Rand, parangon de l'innovateur du XXe siècle

L'auteur américaine d'origine russe Ayn Rand, que nous avons déjà rapidement évoquée plus haut, est une grande lectrice d'Ortega et se trouve influencée par les idées radicales que celui-ci défend. Il semble néanmoins qu'Ayn Rand aille encore plus loin dans ce clivage entre « homme fort » et « homme faible » avec une inclination particulièrement poussée pour libéralisme, où le « laisser-faire » et le capitalisme individualiste sont rois. Proche des mouvements libertariens, Alissa Zinovievna de son vrai nom a développé dans un grand nombre d'ouvrages, tels *La Source vive* ou *La Vertu de l'égoïsme*, le concept objectiviste qu'elle résume ainsi : « Ma philosophie conçoit essentiellement l'Homme comme un être héroïque dont l'éthique de vie est la poursuite de son propre bonheur, la réalisation de soi son activité la plus noble, et la Raison son seul absolu[1]. » Il se dégage de ce concept ce qu'Ayn Rand nomme l'« égoïsme rationnel » ou « égoïsme de l'intérêt personnel ». À l'opposé du collectif, c'est l'individu qui doit être, selon elle, la base de toute morale. C'est pourquoi « il se doit d'exister pour son propre bien[2] » et ne jamais se sacrifier pour les autres, ni sacrifier les autres pour lui-même[3]. Cette promotion inconditionnelle de l'individu l'a fait adhérer en partie à la philosophie nietzschéenne et notamment à la notion de surhomme qui est omniprésente dans ses écrits ; elle n'hésite d'ailleurs pas à reconnaître l'influence du philosophe allemand dans sa propre philosophie.

L'entrepreneur, l'innovateur, celui qui a des idées et qui cherche à les mettre en œuvre, ne pouvait être qu'une excellente illustration de la pensée de Ayn Rand, et son livre phare, *La Grève*, en est la démonstration. Il n'est d'ailleurs pas étonnant que de nombreuses personnalités comme Ronald Reagan, Jimmy Wales, Alan Greenspan ou encore Pieter Thiel, parmi de nombreux autres, se réclament de sa pensée.

1. « *The concept of man as a heroic being, with his own happiness as the moral purpose of his life, with productive achievement as his noblest activity, and reason as his only absolute* », Ayn Rand, *Atlas Shrugged*, New York, Random House, 1957.

2. Ayn Rand, *La Vertu d'égoïsme*, trad. M. Meunier et A. Laurent, Paris, Les Belles Lettres, 2008, p. 67.

3. *Id.*

La Grève, dont le titre original est *Atlas Shrugged*, oppose une société où se trouvent des hommes d'esprit, des entrepreneurs, des scientifiques indépendants, soit des hommes créateurs de valeurs, de richesses, c'est-à-dire les « forts », et d'un autre côté l'État, les administrateurs, ceux qui ne font rien, les « faibles », mais qui néanmoins nuisent aux déploiements des idées des autres et créent des obstacles. Ces derniers sont des non-méritants, des « pillards » pour employer des termes randiens, qui, au nom d'un prétendu intérêt général, spolient, ruinent, empêchent le développement des grands esprits innovants. Il n'y a donc rien d'étonnant à ce que de nombreux entrepreneurs se soient retrouvés dans le récit de *La Grève*. L'entrepreneur, qui tente de développer son idée et qui se retrouve confronté à un nombre décourageant d'obstacles administratifs pour créer sa société, qui voit ses premiers revenus fondre par une ponction des impôts jugée trop élevée, qui se retrouve piégé juridiquement par des salariés perçus comme incompétents mais protégés par la loi, qui doit passer son temps à composer avec la législation au lieu d'investir son temps dans le développement de son idée, voit dans les propos d'Ayn Rand une résonance de son vécu quotidien.

Si le célèbre roman écrit en 1957 met l'accent sur la critique de l'État, des « parasites » qui nuisent à la réussite des autres et sur la promotion de l'homme noble « qui fait », le progrès scientifique est aussi un thème important de l'ouvrage. Si la peur du progrès est présente au sens où il représente un risque pour la société, les citoyens et les usagers, c'est surtout la peur de la concurrence qui est sous-jacente. En l'occurrence, dans le livre, les innovations comme le métal inventé par Hank Rearden ou le moteur imaginé par John Galt sont condamnées à la fois à cause du succès qu'elles rencontrent et des retombées honorifiques et financières pour leurs créateurs, et en raison des répercussions subies par les acteurs traditionnels sur ces marchés qui sont menacés de disparaître par leur absence de volonté d'action.

Hank Rearden, John Galt, ainsi que de nombreuses autres « personnes d'esprit », se rendant compte de la puissance des « faibles », de ceux qui ne font rien mais qui les empêchent néanmoins d'exister, de développer leurs idées au profit de tous, décident de faire grève. Ils refusent de continuer à œuvrer pour le gouvernement, à faire profiter au reste du monde de leurs inventions, leur ingéniosité, leur esprit d'entreprendre, leurs recherches scientifiques sans qu'eux-mêmes ne puissent être reconnus noblement et financièrement. En décidant de faire faire la grève à ses personnages, Ayn Rand veut prouver la moralité de l'égoïsme rationnel. Si les entrepreneurs ne proposent plus rien, s'ils ne développent plus leurs idées, s'ils cessent d'innover, alors le monde s'arrête de fonctionner : plus de création de valeur, plus d'emploi, plus d'impôts, plus de réponses aux besoins des citoyens.

La préoccupation n'est jamais pour Ayn Rand que les « gens d'esprit » soient portés en héros, mais qu'*a minima* il n'y ait aucune entrave dans leur volonté de faire. Le « laisser-faire » est la grande philosophie randienne : pas d'intervention de qui que ce soit et quasiment quel que soit le sujet. On retrouve de manière vive cette idée dans une phrase de *La Grève*, la devise en quelque sorte des entrepreneurs qui décident d'arrêter de « faire » : « Je jure, sur ma vie et sur l'amour que j'ai pour elle, de ne jamais vivre pour les autres ni demander aux autres de vivre pour moi[1]. »

La philosophie de Ayn Rand n'est pas le propos d'une illuminée ; son influence est considérable comme nous l'avons déjà souligné[2]. Si de très nombreuses critiques existent aux États-Unis, son succès philosophique, littéraire, commercial est indéniable et il n'y a pas de doute que les Américains retrouvent certains accents émersoniens sur l'individualisme et les racines des héros de l'industrie tels Vanderbilt, Edison, Ford, parmi d'autres, c'est-à-dire des entrepreneurs pionniers qui ont fait la gloire et la fortune des États-Unis.

La destruction créatrice, une démonstration contemporaine

La destruction créatrice prend ses racines dans la mythologie, au cœur des religions, et les penseurs des systèmes économiques s'emparent de ce thème pour expliquer les aléas de la croissance mais aussi pour faire comprendre les systèmes compétitifs, les dispositifs concurrentiels qui font apparaître et disparaître des organisations quel que soit le milieu dans lequel elles

1. Ayn Rand, *La Grève*, trad. Sophie Bastide-Foltz, Paris, Les Belles Lettres, 2011, p. 1068.
2. Voir p. 41.

se trouvent. Et conformément à l'idée de la destruction créatrice, ceux qui vont en bénéficier, les créateurs, ne sont pas ceux qui ont été détruits. Cette dimension est ainsi résumée par Schumpeter : « Le nouveau ne sort pas de l'ancien, mais apparaît à côté de l'ancien, lui fait concurrence jusqu'à le ruiner[1]. »

Dans l'époque contemporaine récente, globalement depuis les années 2000 et le développement fulgurant d'Internet, la destruction créatrice s'est mise en ordre de marche dans un grand nombre de secteurs et c'est en constatant les dégâts qu'elle peut causer que nous pouvons pleinement prendre conscience de sa brutalité, de sa rapidité, de sa violence. Les entreprises de télécommunication traditionnelles ont peut-être été les premières touchées, et les plus brutalement, dès la fin des années 1990. En dérégulant le marché de la communication, détenu jusqu'alors par un seul acteur, le secteur a vu l'apparition de plusieurs nouvelles entreprises. Or sur un marché mature, la seule voie de survie est tout simplement de prendre des parts de marché – autrement dit des clients – à l'acteur historique, le plus important. Si ce n'est que celui-ci, pour la France en l'occurrence, n'était pas du tout prêt. Son personnel était très protégé statutairement, avec des conditions salariales avantageuses, et représentait donc un coût du travail très élevé. La situation était différente pour les concurrents qui, avec des coûts bas, ont pu pratiquer des tarifs agressifs, très préférentiels. Les conséquences furent cinglantes :

1. Joseph Schumpeter, *Capitalisme, socialisme, démocratie*, trad. Gaël Fain, Paris, Payot, 1951, p. 40.

perte de marchés, diminution du chiffre d'affaires et du profit, modification des conditions de travail et répercussions désastreuses sur les employés. Il s'est produit une quasi-destruction de l'acteur historique et une création de valeur pour les nouveaux participants du secteur.

Dans une telle situation, les acteurs dominants ne le demeurent donc pas éternellement et se retrouvent détruits par des non-spécialistes du secteur, bien plus petits qu'eux à leur début. C'est aussi le cas avec les libraires dont l'activité a été détruite par un non-libraire, en l'occurrence Amazon ; les auto-écoles sont en passe d'être remplacées par des organisations telles que Ornikar qui ne sont en rien des spécialistes de la conduite ; les hôtels traditionnels ne cessent de perdre des nuitées au profit d'un non-hôtelier, Airbnb ; même chose pour la location de véhicules, la petite start-up française BlaBlaCar réussit le pari de prendre les locations aux acteurs traditionnels implantés depuis des dizaines d'années. C'est bien entendu le cas des taxis. À New York, en janvier 2004, le prix d'une licence de taxi avoisinait les 250 000 $, ce prix n'a cessé d'augmenter pour atteindre en mars 2013 le montant de 1 250 000 $. En novembre 2014, à New York, 10 000 chauffeurs de la société Uber arrivent en ville pour proposer leurs services. En conséquence de cette nouvelle concurrence, le prix de la licence de taxi descend autour de 800 000 $ en avril 2015. Cette analyse est une illustration de la destruction créatrice, il y a une destruction financière de la valeur de la licence de taxi à New York, quand dans le même moment s'enrichissent la société de Travis Kalanick et ses chauffeurs[1]. Ces exemples ne sont qu'une petite illustration de ce que ladite « nouvelle économie » est en train de mettre en place *via* ce qui est communément appelé en français l'« ubérisation ». Dans les prochaines années seront concernés les pharmacies – qui commencent déjà à disparaître –, puis les laboratoires d'analyses médicales, les opticiens, les notaires et les banques également. Ce n'est pas tant le métier en lui-même qui disparaîtra, mais il sera transformé de manière conséquente et il y a peu de chances que les acteurs actuels en bénéficient et moins de chances encore qu'ils en soient les acteurs principaux. Les médicaments seront délivrés par Amazon ou son équivalent, les analyses médicales seront disponibles sur son téléphone portable, les lunettes sont déjà accessibles sur Internet, les banques en ligne raflent déjà une grande partie des nouveaux comptes depuis de nombreuses années. Et à chaque fois, c'est un acteur différent, un acteur nouveau qui vient accaparer le marché, quand les plus traditionnels tentent de protéger leur pré carré, défendre leurs « droits » en haranguant les entrants.

Si l'ensemble de ces secteurs sont menacés, le plus concerné est certainement l'éducation. Les acteurs traditionnels de l'éducation, les universités, les grandes écoles mais aussi les lycées et collèges enseignent globalement de la même manière qu'au début du XXe siècle. En effet, il y a un siècle l'enseignement se faisait avec un maître, debout, à son bureau en train de réciter sa leçon et en face, des élèves, assis

1. New York City Taxi and Limousine Commission (http://www.nyc.gov/html/tlc/html/about/statistics.shtml).

sagement et recopiant ce qui était en train d'être dit. Au début du XXIe siècle, hormis quelques présentations sur ordinateurs et travaux de groupes, en quoi est-ce différent ? Le maître – qui ne porte plus ce nom mais reste le professeur – dispense un prétendu savoir à des élèves, qui sont toujours assis sur leur chaise en prenant des notes, certes de moins en moins avec un stylo et du papier, plus souvent avec un support moderne, mais qui continuent de devoir apprendre par cœur. Autrement dit, l'éducation a-t-elle profondément changé en un siècle ? N'a-t-elle pas elle aussi besoin de se transformer au risque de disparaître de la même manière que d'autres secteurs ? N'est-elle pas en train de passer à côté des enseignements qui dépassent le cadre de la simple application digitale ? Les tenants de l'avenir de l'éducation ne sont-ils pas la Khan Academy qui diffuse des milliers d'heures de cours de haute tenue sous forme de tutoriels de quelques minutes pour aborder aussi bien les mathématiques, l'histoire, la finance que la physique ? Le futur de l'éducation ne se dessine-t-il pas avec des propositions comme L'école42 dont l'essence est d'apporter une pédagogie singulière avec une évaluation non plus de l'apprenant par le sachant mais préférablement de pair à pair ? Ou encore Coursera, une entreprise numérique proposant des formations en ligne ouvertes à tous. C'est aujourd'hui plusieurs millions d'enseignements qui sont dispensés à travers le monde 24h/24, 7j/7, dans toutes les langues. L'éducation ne se fait plus dans les cadres et les murs de l'école traditionnelle, elle se fait en permanence, partout, pour tous et par tous. Si les acteurs traditionnels ne comprennent pas l'évolution qui est nécessaire à leur survie, au même titre que les pharmaciens avec la santé connectée, les taxis avec des services innovants pertinents, les libraires, disquaires et autres, ils ne survivront pas. L'éducation se fera toujours, mais sans eux.

Tout cela interroge sur l'inéluctabilité de la destruction : subissons-nous toujours la destruction ? Doit-on l'accepter en se résignant ? Les pharmaciens ne peuvent-ils que constater la fermeture des officines, les écoles d'ingénieurs la fuite des meilleurs vers des enseignements plus disruptifs et les taxis compter leurs faillites ? Tous ces acteurs, qui disparaissent les uns après les autres alors que leur propre secteur est en forte progression – jamais nous n'avons autant consommé de médicaments, la demande en éducation est considérable et la mobilité est un axe de croissance économique majeur –, sont-ils condamnés à être spectateurs de leur propre fin ? La solution ne réside-t-elle pas dans une forme d'« autodestruction créatrice » ? Il s'agirait d'avoir conscience de l'évolution de son environnement, de sa mutation, de son inéluctable évolution, en conséquence de quoi il s'agirait de mieux se détruire soi-même pour se reconstruire. Est-ce que les pharmaciens qui subissent des pressions concurrentielles de plus en plus fortes (que ce soit des supermarchés ou des vendeurs sur Internet, des exigences de réformes réclamées tant par les gouvernements européens que français, des demandes de plus en plus pressantes de la part de la « patientèle ») ne doivent pas comprendre que leur remise en cause est une question de survie, que la destruction est inéluctable et qu'il est certainement préférable que la destruction vienne de soi – comme la création –, plutôt que de la subir par l'arrivée de nouveaux acteurs ou de lois forçant le destin ?

La destruction créatrice de soi

Ce qui est valable pour les entreprises n'est peut-être pas moins vrai pour les individus. Un salarié présent pendant plusieurs dizaines d'années dans son entreprise et qui n'a jamais suivi de formations régulières et rigoureuses, qui a évolué petit à petit sans jamais foncièrement se remettre en cause a tout à craindre de nouveaux arrivés de l'extérieur, certes peut-être avec moins d'expériences, mais avec une formation récente redoutablement efficace pour les enjeux du présent. Le salarié traditionnel a tout à craindre des changements d'organisations possibles s'il ne s'est jamais remis en question, s'il ne s'est jamais formé en fonction de l'environnement en cours. Ces vingt dernières années, le monde du travail a été bouleversé par l'arrivée d'Internet, par la mondialisation, par la robotisation, par la haute intensité compétitive, par les nouveaux outils de communication. Quelqu'un qui a une quarantaine d'années en 2018 n'a pas été formé aux techniques qui font le quotidien de ses clients et il lui reste au moins une vingtaine d'années à travailler. Le salarié doit craindre les changements organisationnels de l'entreprise qui doit s'adapter à son environnement, peut-être sans cet individu, pourtant fidèle depuis vingt ans. La crainte doit en fait venir de l'immobilisme dans lequel tout un chacun peut se trouver et sa seule voie est de se remettre en cause, se « détruire » en quelque sorte pour pouvoir se créer, réapprendre, se développer. Il s'agit parfois d'oublier ce que l'on a appris car ce n'est plus pertinent pour la situation dans laquelle nous vivons. Il faut donc questionner à nouveaux frais qui nous sommes personnellement, professionnellement et enclencher de soi-même le processus de destruction créatrice et ainsi le maîtriser. En maîtrisant sa propre destruction, on envisage dans le même temps sa création et on ne laisse pas aux autres la décider pour soi. La question porte donc sur comment enclencher cette destruction créatrice, quand la provoquer, car le risque est de se rendre compte de cette nécessité quand il est trop tard. Pour le dire d'une manière différente, on ne change bien que lorsque l'on va bien, encore faut-il se mettre dans cette posture de changement puisque « tout va bien ». Et la complexité réside justement à cet endroit précis : être capable de se « détruire » alors que tout va bien pour ne pas risquer d'être détruit par d'autres et par ailleurs réfléchir à la création. L'intérêt majeur de la destruction de soi par soi dans ce contexte est qu'il est favorable puisque « tout va bien », plus exactement, « encore bien ». C'est la même chose que pour les entreprises : elles doivent comprendre qu'elles ne peuvent et doivent changer que lorsqu'elles vont bien, lorsque leurs finances le permettent, lorsque le management est stable, solidaire et constructif, car tout changement provoque nécessairement des remous et des situations désagréables. Tout cela est bien préférable à changer lorsque l'on est en crise, en difficulté à cause d'un environnement agressif, un nouveau concurrent par exemple. Le changement à ce stade sera souvent plus difficile, plus coûteux, plus complexe, à moins d'être complètement détruit et de repartir de zéro avec les dégâts collatéraux que cela aura générés : déclassement, chômage, dépôt de bilan, etc.

Innovation, révolution politique et pouvoir

Essentiellement porté par Internet (mais pas seulement), le début des années 2000 a vu naître une nouvelle forme d'usage de l'innovation, un usage politique. Il ne s'agissait pas tant de promouvoir un nouveau régime ou parti, même si cela fut aussi le cas, que de développer de nouvelles propositions qui permettent de redessiner en quelque sorte à la fois la création de valeur et sa redistribution.

Il y a plus d'une trentaine d'années, Michel Foucault expliquait qu'il nous faut « une nouvelle économie des relations de pouvoir[1] ». Il est entendu que le philosophe français évoque ici des problématiques philosophiques qui, autour de ses thèmes de prédilection que sont la folie, l'aliénation, le crime, la sexualité, *a priori* ne relèvent pas du contexte des organisations. Cependant, Foucault disait lui-même que ses concepts,

1. Michel Foucault, « Le sujet et le pouvoir », in *Dits et écrits II*, Paris, Gallimard, « Quarto », 2001, p. 1041.

ses livres devaient être utilisés comme « de petites boîtes à outils[1] », et que la méthodologie importe plus pour démonter, déconstruire, comprendre des problématiques que les thématiques elles-mêmes. Autrement dit, si les sujets qui ont pu intéresser Michel Foucault semblent être éloignés des préoccupations des organisations, la méthode employée peut quant à elle être tout à fait pertinente.

Ce qui nous intéresse ici, c'est autant le pouvoir que la résistance au pouvoir, plus exactement les formes de résistances au pouvoir, à des pouvoirs que l'innovation va encourager. Pour être clair sur ce qu'est le pouvoir, et par conséquent en déterminer les formes de résistances, nous pouvons souligner avec Foucault que le pouvoir n'est pas tant une relation qu'un mode d'action de certains sur d'autres. Dans notre imaginaire, « pouvoir » signifie hiérarchie, domination, organisations de pouvoir, direction, ordre et soumission. Si tout cela est vrai, c'est néanmoins réducteur, car par exemple il peut aussi y avoir hiérarchie sans domination ni pouvoir, dans une situation où la hiérarchie n'a pas les capacités ou les moyens de l'exercer. C'est donc plutôt l'exercice du pouvoir, le pouvoir en acte qui est à examiner.

Foucault explique adroitement dans « Le sujet et le pouvoir » que la philosophie, depuis les Lumières, a notamment eu pour fonction de surveiller les pouvoirs excessifs de la rationalité politique. Et qu'à l'évidence la relation entre la rationalisation et les excès de pouvoirs est patente. En conséquence de quoi il

1. Michel Foucault, « Des supplices aux cellules », in *Dits et écrits I*, Paris, Gallimard, « Quarto », 2001, p. 1588.

ne s'agit pas d'analyser de manière banale la relation de pouvoir et la façon dont celle-ci est exercée – le mode dominant-dominé –, mais plutôt de proposer un nouveau mode de compréhension du pouvoir par l'observation des formes de résistance au pouvoir : « Plutôt que d'analyser le pouvoir du point de vue de sa rationalité interne, il s'agit d'analyser les relations du pouvoir à travers l'affrontement des stratégies[1]. » Si de nouveau Foucault regarde le pouvoir de manière classique – pouvoir des hommes sur les femmes, des parents sur leurs enfants, de la psychiatrie sur les malades mentaux, de la médecine sur la population –, le pouvoir peut être regardé bien au-delà de ces dispositifs.

Les institutions financières sont un exemple de pouvoir majeur qui s'exerce sur les individus de manière particulièrement brutale. Alors que le système bancaire est fondamental pour effectuer toutes les démarches possibles du quotidien – payer quelque chose, être rémunéré, donner un acompte pour un logement, faire un crédit, etc. –, son accessibilité n'est pas aussi libre que sa nécessité. L'analyse classique souligne qu'il y a un exercice du pouvoir très net dans la relation banque-usager et si celui-ci a tendance à s'amoindrir, c'est uniquement grâce aux stratégies de résistances qui ont émergé. Certes, les banques en ligne du début des années 2000 ont permis de désacraliser le système bancaire, mais ce sont surtout les réseaux de résistances, les réseaux de pouvoirs, qui permettent de redessiner les relations banques-clients. C'est très vrai avec ce

1. Michel Foucault, « Le sujet et le pouvoir », art. cité.

qui est appelé communément le « crowd-funding » ou financement participatif, mode de financement de projet sans faire appel aux acteurs traditionnels que sont les banques. Cette désintermédiation – relation directe entre le porteur d'un projet et son investisseur –, dont de la traditionnelle souscription est l'ancêtre, s'est particulièrement développée grâce à Internet et aux réseaux sociaux. Le financement n'a donc plus besoin de se faire *via* les banques, car finalement seule la mise en relation entre investisseurs et récipiendaires est importante, l'intermédiaire ayant un rôle très limité, parfois même inexistant.

Ce qui est valable pour le système bancaire l'est aussi pour un grand nombre de services que l'on a déjà pu citer. Et dans chacun des cas, la carte de la valeur qui était préalablement confisquée par un très petit nombre d'acteurs qui détenait le pouvoir de la proposition est totalement redessinée. C'est le cas des multinationales, des conglomérats dans le tourisme qui ont vu émerger une résistance au pouvoir qu'ils détenaient avec Airbnb, c'est également le cas avec les taxis, en France où la concentration d'un très petit nombre d'acteurs leur conférait un pouvoir qui leur permettait plus ou moins de fixer les prix, d'établir l'offre qu'ils souhaitaient, où ils voulaient, quand ils voulaient.

Michel Foucault avait dénoncé le pouvoir des institutions, des dispositifs de pouvoir tels que l'école, les prisons, mais également sur les corps dans le cadre de soins médicaux. Le pouvoir qui est exercé par les médecins sur les patients provient du savoir qu'ils possèdent, de la posture qu'ils prennent, du contexte (l'individu nécessitant des soins est dans une position inférieure). Ce sont bel et bien des réseaux de pouvoir qui mettent à mal le pouvoir établi, hiérarchique et structuré. Dans le cadre du secteur médical par exemple, il n'est pas surprenant que des résistances se soient mises en place pour dénoncer les conditions de vie, de séjour d'un patient. Un grand nombre de plates-formes sur Internet permettent aux patients d'évaluer leur séjour dans un hôpital ou une clinique, et s'ils n'ont pas osé s'exprimer en face des médecins, des infirmières, du personnel administratif, ils n'auront aucun scrupule à s'épancher sur les forums de discussions où ils relateront leur perception des soins et des explications, mais aussi de l'atmosphère, de l'accueil, des repas, de l'attention qu'on a pu leur porter, des gestes qu'ils ont reçus. De multiples centres médicaux ont d'ailleurs compris cela et veillent à contourner la résistance en intégrant dans leur proposition de valeur les remarques, les conseils, les retours. C'est le cas des célèbres Shouldice Hospital à Toronto, Alexandra Health Care de Singapour ou encore du Narayana Hospital à Bangalore. Ceux-là cherchent même en quelque sorte à étouffer la résistance en proposant de manière volontariste que leurs clients relatent clairement, régulièrement, facilement leur expérience patient-client.

La question de la possession du savoir a toujours été une problématique de contrôle du pouvoir – c'est le cas du champ médical mais aussi le cas de l'école évidemment. Là aussi les poches de résistance ne sont jamais restées muettes : on peut penser aux universités populaires au XIXe siècle mais aussi à l'université de

Vincennes au tournant de Mai 68. Néanmoins, c'est bien ces dernières années que l'éducation traditionnelle s'est vue remise en cause par un grand nombre de résistances – nous avons déjà cité la Khan Academy ou L'école42. Tous ces modèles qui émergent refusent l'éducation sur le modèle dominant/dominé et cherchent une transmission plus horizontale du savoir où tout un chacun apporte sa pièce à l'édifice de la connaissance lors d'un apprentissage. L'exemple d'un cours sur l'innovation est symptomatique. Comment un cours sur l'innovation peut-il être dispensé dans un système traditionnel sachant-apprenant lorsque chaque semaine des dizaines d'innovations émergent sur le marché, partout dans le monde, en permanence, sur l'ensemble des secteurs d'activité ? À l'heure où nos salles de classe sont de plus en plus internationales, de plus en plus connectées, il ne fait aucun doute qu'une large majorité des étudiants ont connaissance des innovations qui se font ; comment l'enseignant, seul, peut-il en prendre connaissance ? Comment un professeur d'innovation peut-il en permanence être au fait des innovations actuelles – sur lesquelles les étudiants n'hésiteront pas à l'interroger ? La seule voie possible semble être la coconstruction de cours : nous avons besoin que l'étudiant, au-delà de la salle de classe, pense à l'innovation, pense à l'apprentissage, pense au partage avec ses camarades comme avec ses professeurs. Et plutôt que d'interroger l'enseignant pendant la séance à propos de l'innovation à laquelle il a été confronté, que celui-ci l'apporte dans le cours, qu'il contribue à sa compréhension en décrivant l'innovation vue, en la partageant. L'apport du professeur est alors celui du décrypteur, celui qui aide à comprendre ce qui se passe par-delà la méthode, l'expérience et la connaissance académique. Ce n'est plus une démarche « haut et bas », sachant-apprenant, professeur-étudiant, mais coconstruite. Ces nouvelles formes d'apprentissage incluent aussi une évaluation par les pairs (*peer-to-peer*), une évaluation s'effectue entre étudiants, par eux-mêmes. Un élève qui comprend un cours n'aura aucune difficulté à l'expliquer à son tour à l'un de ses camarades, il emploiera d'autres mots que celui du professeur, il fera référence à d'autres connaissances communes. Ces modes d'apprentissage émergent, sans aucun doute ; si c'est le cas des écoles citées plus haut, c'est aussi la situation de plus en plus commune dans un grand nombre d'institutions innovantes à travers le monde. Une nouvelle fois, c'est la résistance associée aux récentes innovations technologiques qui permet ces démarches, c'est l'opposition aux systèmes établis qui fait se développer ces réseaux, ces stratégies alternatives.

Les résistances ne s'attaquent jamais aux pouvoirs directement, aux institutions en particulier ; ce qu'elles attaquent ce sont les effets de pouvoirs. On se fiche d'attaquer l'université, c'est la dispense de son savoir qui est mise au défi. Foucault précisait cela de manière très claire lorsqu'il expliquait que « ce qui définit une relation de pouvoir, c'est un mode d'action, qui n'agit pas directement et immédiatement sur les autres, mais qui agit sur leur action propre. Une action sur l'action [...][1] ». Dans les cas que nous

1. *Id.*

avons soulignés, aucune de ces résistances ne veut prendre le pouvoir, c'est quelque chose qui est hors de leur champ, ce sont les actions et les conséquences du pouvoir qu'elles dénoncent. Ces propositions résistantes sont condamnées par les acteurs historiques établis car ils souhaitent conserver les effets de pouvoirs qu'ils ont toujours possédés et qui leur confèrent des avantages monopolistiques. Les réseaux de résistances qui s'opèrent « ne cherchent pas l'ennemi numéro un, mais l'ennemi immédiat[1] », ce qu'ils cherchent c'est destituer leur prétention hiérarchique.

Lorsqu'une résistance dans la mobilité voit le jour à travers une proposition de mise en relation de particulier à particulier pour se déplacer, les acteurs du pouvoir établi vont condamner la forme, l'acteur, l'application, l'organisation à l'origine de la proposition, autrement dit l'« ennemi immédiat ». Mais ce n'est peut-être pas l'ennemi numéro un que sont les nouvelles technologies, la dérégulation, l'évolution de l'usager, autrement dit l'évolution de l'environnement qui a amené l'innovation. Et c'est la compréhension, l'acceptation ou la collaboration avec cet ennemi numéro un qui permettront de contrarier la résistance, tout simplement parce que celle-ci n'existera alors plus. Autrement dit, si une entreprise de location du type Avis se met à condamner, à critiquer, à vouloir la disparition de plates-formes du type BlaBlaCar, elle s'attaque à l'ennemi immédiat mais pas à l'ennemi numéro un. L'ennemi immédiat est la conséquence de l'ennemi numéro un et à ce titre c'est

1. *Id.*

peut-être la législation qu'il faut repenser pour que l'entreprise de location traditionnelle puisse également proposer le service ; c'est peut-être les technologies qu'il faut connaître ou intégrer ; c'est peut-être également l'évolution du client qui ne souhaite plus le service tel qu'il est qu'il faut comprendre pour proposer l'offre adéquate.

Là encore, comme avec le financement, les services de soins, l'éducation, il est possible de voir avec Foucault que ce qui est en jeu, ce sont les luttes des individus pour leur statut – ces luttes qui « affirment le droit à la différence et soulignent tout ce qui peut rendre les individus véritablement individuels[1] ». Les propositions résistantes affirment le droit de proposer une nouvelle façon d'être, une nouvelle proposition de faire ; les propositions résistantes affirment l'individualité, la personnalité pour ne pas dire la personnalisation, ce que les offres des acteurs traditionnels ne développaient pas. Les pouvoirs ne veulent pas d'individus, ils veulent des sujets, ils veulent imposer une vérité qu'il faut leur reconnaître : c'est finalement l'antithèse des propositions résistantes. Et c'est bien pour cela que les résistances ne s'intéressent pas au pouvoir, à prendre ce pouvoir, c'est parce qu'elles sont dans une proposition différente. « Le principal objectif de ces luttes n'est pas tant de s'attaquer à telle ou telle institution de pouvoir ou groupe, ou classe, ou élite, qu'à une technique particulière, une forme de pouvoir[2]. »

1. *Id.*
2. *Id.*

Luttes et résistances

Les luttes et résistances se divisent pour Foucault en trois axes : celles qui s'opposent aux formes de domination, celles qui dénoncent les formes d'exploitation et celles qui combattent tout ce qui lie l'individu. La domination d'organisations majeures, leurs formes d'exploitation qui enchaînent plus ou moins l'individu ont régulièrement fait naître des résistances. Les systèmes d'exploitation en informatique en sont un exemple : Linux est une forme de résistance à l'archi-domination de l'Américain Microsoft. Il s'agit de la même chose pour la détention du savoir. Il y a encore quelques petites dizaines d'années, celui-ci se trouvait dans certains livres, dictionnaires ou encyclopédies. L'arrivée d'outils collaboratifs de création et de transmission de savoirs comme Wikipédia a pleinement remis en cause les livres traditionnels qui étaient en quelque sorte une forme de domination. Désormais, le « pouvoir du savoir » passe par le débat – par tous et pour tous –, par des accords, par des preuves tangibles. C'est le coup d'arrêt des outils de domination traditionnel de pouvoirs vieux de plusieurs siècles ; une nouvelle norme pour l'acquisition de savoir se met en place.

La deuxième forme de lutte peut être représentée par les plates-formes de téléchargement illégal qui ont émergé autour des années 2000 comme eMule ou Napster. Ces plates-formes ont été développées par des personnalités cherchant moins à éviter de payer un album de musique ou un film qu'à exprimer une revendication frisant l'anarchisme remettant en cause les coûts de distribution, les marges des intermédiaires d'une manière générale. C'est une résistance face à l'exploitation que représentent les grands distributeurs mondiaux de musique et de films, une résistance aussi face aux mastodontes de l'industrie musicale qui ont moins la vocation de lancer et de développer des talents que d'accroître un profit.

Enfin, la lutte contre ce qui lie l'individu, l'attachement contraint des individus. L'assujettissement que tout un chacun peut expérimenter se trouve notamment à l'école, où l'uniformisation des enseignements tend à rendre chaque élève assujetti à une forme d'être, à une forme de pensée ; et la résistance se trouve dans les méthodes alternatives qui ont pu se développer, qu'elles soient du type Montessori ou Martenot, qui permettent une meilleure expression de l'élève, qui veillent à ce que son apprentissage se fasse en fonction de sa rapidité de compréhension, de sa façon de comprendre, de ses capacités d'intégration des savoirs. Les résistances qui se développent pour lutter contre les assujettissements ne sont pas moins valables dans la sphère politique. C'est ainsi que les mouvements comme Occupy Wall Street, Podemos, Nuit debout ont pris une part de voix non négligeable sur l'échiquier politique. Ces mouvements, qui ont bénéficié très clairement d'Internet pour la mise en relation de leurs membres et leur recrutement, la communication, l'information qu'ils souhaitent diffuser et étendre sur leur territoire national, et plus largement pour certains, ont finalement créé de nouveaux réseaux de pouvoirs. Non hiérarchiques, ce sont des réseaux de pouvoirs horizontaux qui se dressent, qui résistent, face à un système politique qu'ils refusent, face à des méthodes qu'ils n'acceptent plus, notamment parce qu'elles confisquent le pouvoir, parce qu'elles assujettissent. Les citoyens qui mettent en place ces réseaux de pouvoir résistants refusent le système établi, où le bulletin de vote est finalement destiné à confisquer le pouvoir, et cherchent au contraire à montrer que la politique peut être un lieu d'élévation des citoyens, de collaboration, sans pour autant annihiler l'individu.

Ces formes de luttes redessinent les relations de pouvoirs mais, plus généralement, redessinent les relations sur un triptyque : sécurité-confiance-transparence. Née en 2008 avec la monnaie numérique appelée « bitcoin », la technologie « *blockchain* » en est un symptôme très net. Cette technologie de stockage permet la transmission d'informations d'un individu à l'autre de manière transparente et sécurisée, et ce directement entre utilisateurs – sans organe de contrôle ou de centralisateur. Dans cette sorte de base de données contenant l'historique des échanges effectués entre ses utilisateurs, toute action est sécurisée, partagée par ses utilisateurs sans aucun intermédiaire, ce qui permet à chacun de vérifier la validité de la chaîne. Si son apparition s'est faite dans les transactions monétaires, dans les transferts d'actifs, le développement et les usages de la *blockchain* sont sans limites, que ce soit pour établir un contrat avec de nombreuses parties prenantes ou comme registre. Nous pourrions très bien imaginer par exemple l'établissement d'une loi par ce biais. Les citoyens pourraient tous contribuer à la rédaction du texte en apportant chacun leurs idées.

Celles-ci ne seraient pas hébergées chez un géant d'Internet mais chez tous les citoyens participants. Toutes les propositions seraient alors transparentes pour tous, les contributeurs comme les lecteurs, et bien entendu les citoyens, qui seront les premiers concernés. La *blockchain* dans ce contexte brise les murs du pouvoir. Pas de représentants du peuple car celui-ci se représente lui-même, pas de hiérarchie confisquant le pouvoir avec une assemblée qui décide et vote des lois, mais des parties prenantes multiples qui finalement prennent en main la démocratie et leur destin.

Les trois formes de luttes, de résistances, que souligne Foucault sont d'une actualité éclairante et éclatante, et cela au sein même de lieux, de dispositifs que le philosophe français n'avait peut-être pas même imaginés car c'est souvent grâce à des innovations technologiques que ces phénomènes ont pu apparaître. La culture du *peer-to-peer* (partage des fichiers, des informations, des méthodes entre utilisateurs sans serveur central) apporte nécessairement des changements culturels et sociétaux, des luttes et résistances. Cela a d'importants effets sur les notions de hiérarchie et de réseaux humains[1].

Michel Foucault avait clairement analysé la question du pouvoir sur de nombreux terrains avec différents angles : la philosophie, la sociologie, les enjeux de l'État, les institutions, les religions et le pouvoir pastoral notamment. Pour autant, le pouvoir et les relations de pouvoir s'ancrent dans la société au quo-

1. Pekka Himanen, *L'Éthique hacker et l'Esprit de l'ère de l'information*, Paris, Exils, 2001.

tidien sur le terrain économique également et peut-être même en ce début du XXIe siècle certainement plus encore que sur le terrain des institutions – quasi totalement décrédibilisées – et des religions – en grande partie disparues comme dispositifs de pouvoir. Le pouvoir entre les individus dans les organisations et entre les organisations est prédominant et se joue à toutes les échelles, avec les collaborateurs comme avec les clients et les partenaires de l'organisation. Si l'auteur de *Surveiller et punir* offre une lecture déterminante, éclairante du pouvoir et de son fonctionnement en termes de méthode, il semble que sur les terrains il minimise de manière stupéfiante les entreprises, les organisations d'une manière générale, et cela se retrouve quand il dit un peu naïvement que « parfois, le pouvoir a été exercé par des sociétés privées[1] » ; il semble au contraire, au moins dans les dernières décennies, que c'est justement ici que se sont jouées de manière vive les relations de pouvoir.

En d'autres termes, la question du pouvoir et de celui qui le possède, des effets de pouvoir et de ceux qui en sont les émetteurs et les récepteurs, des stratégies de pouvoir avec leurs outils et leurs réseaux n'est pas nécessairement là où nous l'attendons, mais est totalement redessinée depuis deux, voire trois décennies. Les résistances sont dans la rue mais pas forcément, elles sont issues de quelques volontaires mais pas seulement, elles dénoncent, mais pas uniquement, elles proposent aussi, elles offrent des solutions, des méthodes alternatives, des voies pour que

1. *Id.*

les résistances ne soient d'ailleurs pas que résistances, mais propositions pleines, entières et pérennes.

Une redistribution de la valeur

On dénombre plusieurs conséquences de l'explosion des structures de pouvoirs telles qu'elles pouvaient exister et qui existent encore fortement, parfois majoritairement. Tout d'abord l'arrêt de la détention du pouvoir par un très petit nombre d'acteurs qui confisquent l'offre, deuxièmement une participation accrue des bénéficiaires, utilisateurs et clients, enfin, une redistribution ou un partage de la valeur. Dans l'hôtellerie comme dans la mobilité, dans la santé comme dans la livraison, de nombreux oligopoles se sont formés et de fait ont confisqué la valeur financière du marché qui n'est répartie qu'entre un tout petit nombre. Que ce soient Accor, Taxis G7 ou Taxis bleus (même entreprise), ou encore les pharmaciens d'officine, ils détiennent les clefs de l'offre, des conditions tarifaires et bien entendu les bénéfices. L'arrivée des concurrents, comme nous l'avons précisé en décrivant différentes sociétés comme Uber, Airbnb et autres, a également pour conséquence la remise à plat de la redistribution de la valeur. Une valeur d'offre tout d'abord en offrant des services différents, des propositions variées ; une valeur d'acteurs ensuite, en multipliant les possibles intervenants pour proposer l'offre ; enfin une valeur financière partagée. Pour donner un exemple simple, un touriste étranger qui se rend à Paris ne dépensera pas moins pendant son séjour parce qu'il sera hébergé *via* Airbnb. Il dépensera tout autant pendant son séjour mais la majeure partie de ses dépenses ne seront pas dans le logement ; elles seront éclatées entre des sorties et des visites plus nombreuses, et l'achat de produits qui n'aurait peut-être pas été fait sans la concurrence de l'hôtellerie dont les tarifs sont prohibitifs dans la capitale française. Autrement dit, et selon l'office du tourisme de Paris, quand un touriste donnait 70 % de son budget à un hôtelier, il ne lui donne désormais plus que 40 %, mais dépense la même somme globale en en faisant bénéficier un nombre d'acteurs plus large[1]. C'est une répartition nouvelle de la valeur grâce aux services innovants récents. Nous nous gardons bien – ne serait-ce qu'à ce stade – de qualifier ou de porter un jugement sur ces innovations, de dire si elles sont « bien » ou « mal », elles existent. Et l'innovation venant toujours avant la loi, bon nombre de ces services ont émergé sans cadre juridique clair avec une législation non adaptée et dès lors des tensions se sont formées entre les acteurs traditionnels, qui ont vu leurs sources de revenus disparaître, et les nouveaux entrants, qui ont considéré ces marchés comme suffisamment importants pour s'en octroyer une partie.

Les organisations comme Compte-Nickel, KissKiss-BankBank, Boursorama parmi d'autres ont toutes été développées en marge du système bancaire, en flirtant avec les codes du système bancaire, en proposant des services issus du système bancaire, sans pour autant avoir l'ensemble des caractéristiques des banques

1. Étude Asterès, « La communauté Airbnb contribue à hauteur de 185 millions à l'économie parisienne », 2013.

d'investissement, privées ou de détail. Ces services captent une partie de la valeur qui autrefois était réservée aux établissements traditionnels, leurs développement et croissance sont sans commune mesure avec les organisations historiques, et c'est bien parce qu'ils voient leurs clients s'évader, leurs bénéfices diminuer qu'ils dénoncent ces acteurs nouvellement présents.

Ces développements qui touchent tous les secteurs, de l'éducation à l'auto-école, de la banque à l'hôtellerie, sont-ils un développement extrême du système libéral et capitaliste ou en sont-ils en quelque sorte son explosion ? L'arrivée de micro-organisations, de concurrences n'est-elle pas le signe de la fin d'un système capitaliste passéiste composé d'importantes entreprises qui contrôlent et dirigent, avec très peu d'acteurs, notre façon de consommer, de nous déplacer, de nous financer ? N'y a-t-il pas une liberté recouvrée pour les citoyens grâce à la destruction des murs traditionnels ? Cela ne développe-t-il pas de nouvelles formes d'économies ? Qu'elles s'appellent économie collaborative ou économie de la transformation ? Lorsqu'un citoyen peut sur son temps libre se muer en livreur – Amazon Flex –, lorsque n'importe quel individu qui possède une voiture peut se transformer en chauffeur – UberPop –, lorsqu'un passionné rédige des articles sur Wikipédia et contribue à la plus importante encyclopédie du monde, ne sont-ce pas là des bastions de pouvoirs élaborés par des sociétés majeures, financièrement importantes, qui sont abattus ? Larousse, FedEx, Taxi Parisien sont non seulement mis au défi, ils sont peu à peu remplacés par le commun des mortels qui propose de manière structurée une offre alternative. C'est une nouvelle fois une inversion des rapports de pouvoirs, plus exactement une mise en réseau des pouvoirs, qui s'élabore avec comme ressource mère non plus « la firme » avec sa puissance dictatoriale, mais un réseau d'individus dont la liberté est conservée. Et une firme n'en remplace pas une autre – Airbnb ne remplace pas Accor, que ce soit en termes d'actionnariat, de salariat, de relation client, tout les oppose ou presque. D'ailleurs, lorsqu'un grand nombre de chauffeurs Uber ont décidé à Paris de créer eux-mêmes leur société de voitures avec chauffeur, rien ne les en a empêchés. Déjà autoentrepreneurs pour le compte d'Uber, ils ont préféré mettre en place un autre modèle de communauté plutôt que celui proposé par la structure américaine, ce qu'ils ont réussi à mettre en place en quelques semaines.

C'est bien le bannissement de l'autorité sur la masse qui a enclenché l'économie collaborative et ce n'est pas seulement la multiplication des acteurs qui a contribué à celle-ci, c'est aussi l'implication de chaque citoyen. YouTube n'existe pas sans contributeur, ni Wikipédia ; même chose pour Airbnb et ses usagers, UberPop et ses propriétaires de voitures et les autres. C'est la contribution d'un certain nombre qui permet de dessiner une offre collaborative. Chacun n'a pas à se muer en contributeur évidemment, et c'est même une minorité qui s'y consacre. La vaste majorité des personnes qui se rendent sur YouTube sont des regardeurs, et des lecteurs pour Wikipédia. De la même manière, seule une infime partie utilise son véhicule pour transporter des individus, mais chacun a la possibilité et la liberté de faire selon son choix et pour le bénéfice de tous : c'est l'essence de l'économie collaborative.

De la fin de la hiérarchie au développement de la circularité : l'avènement d'un monde plat

Cette dimension de l'économie collaborative dessine dans le même temps une économie circulaire : il n'y a plus de structure hiérarchique, de structure détenant tout pouvoir, il y a une circularité où chacun peut devenir fournisseur, acteur de services, de production d'offres. C'est aussi ce que l'on peut appeler une forme d'innovation d'organisation « plate »[1], c'est-à-dire une organisation où les couches, les intermédiaires disparaissent. Tout se fait en surface, de manière linéaire, le squelette organisationnel s'aplatit pour devenir plus lisse. Cela ne signifie pas qu'il n'y a pas un organe qui met en place, qui structure les offres et les demandes, il n'empêche que cet intermédiaire est tout à fait dépendant des acteurs de son offre qui sont à la fois clients et/ou fournisseurs. Autrement dit, il n'a aucune prise sur eux ou une faible prise sur eux, ce qui contraint cet organe à composer systématiquement dans un rapport de force repensé qui, s'il n'est pas totalement similaire l'est infiniment plus que dans une structure hiérarchique classique. Cette construction innovante de nouvelles organisations « plates » se lit dans un grand nombre d'autres circonstances. C'est le cas des

1. Thomas Friedman, *The World Is Flat : A Brief History of the Twenty-first Century*, New York, Farrar, Straus and Giroux, 2005.

lieux de travail où les espaces ouverts, *open space*, connus pour favoriser la communication, l'échange, briser de possibles barrières physiques autant que psychologiques, témoignent d'une volonté de casser les structures hiérarchiques.

Cela ne concerne pas simplement l'innovation d'organisation. Le développement de l'iPod et de son service iTunes sont aussi dans cette démarche d'« innovation plate ». Que ce soit à propos du matériel lui-même ou du service. L'iPod est d'une taille très petite lors de son lancement, très fin également avec une absence totale de boutons, tout se fait de manière quasi entièrement tactile, rien ne dépasse. Dans le même temps, la plate-forme iTunes a détruit les structures hiérarchiques – artistes, maisons de disques, revendeurs et acheteurs – en rendant l'accès à la musique aussi rapide que simple. Une simple connexion Internet et un branchement à son ordinateur rendent possibles l'achat et l'écoute de la musique. Autrement dit, l'offre d'Apple a non seulement réduit à néant le rôle du disquaire mais il lui a ôté sa hiérarchie qui consistait à sélectionner tel artiste plutôt qu'un autre, telle musique plutôt qu'une autre et à rendre l'achat de la musique possible en fonction de l'organisation qu'il souhaitait. L'avis du disquaire devient aussi inexistant qu'inutile, tout comme son lieu de vente. Apple aplatit ces rôles et fonctions et laisse à l'utilisateur le choix d'acheter ce qu'il veut, quand il le veut. Si l'entreprise californienne a compris cette forme d'aplatissement du monde au début des années 2000, elle l'a pourtant ignorée dix ans plus tard et ce sont des organisations comme Deezer ou Spotify qui ont compris qu'il fallait abattre la dernière structure restante : iTunes. Cette plate-forme qu'il fallait télécharger, ce service auquel nous étions contraints et la dépendance envers l'entreprise de Cupertino qu'elle induisait ont poussé le développement de la musique en ligne ou *streaming*. Plus tôt, les plates-formes du type Myspace avaient déjà compris cela et notamment l'importance de la relation directe entre le compositeur ou interprète et l'auditeur.

Ce qui est le cas pour la musique ne l'est pas moins pour l'écrit : les magazines et journaux en ligne, les livres n'ont plus besoin de kiosques ou de libraires pour être revendus, mais également pour être publiés. Désormais, on peut devenir facilement auteur. Ce que l'on appelait autrefois l'édition à compte d'auteur se résume désormais à de l'impression numérique pour un coût quasiment nul. L'édition a toujours été imbriquée dans une relation de pouvoir et de hiérarchie avec un éditeur, un comité de lecture qui subjectivement choisissent de publier tel ou tel ouvrage. Puis le diffuseur et le libraire qui, arbitrairement ou en fonction de conditions commerciales, décident de mettre en avant tel ou tel ouvrage. Même chose pour la promotion du livre qui était, comme c'est encore souvent le cas, fonction d'accointances, de relations ou d'intérêts pas nécessairement objectifs. Les offres pour l'édition d'un texte sous forme d'ouvrage se comptent par dizaines aujourd'hui et elles ont aplati les interactions. N'importe qui peut faire de son texte un ouvrage. Certes, il ne sera pas doté d'une marque de référence, ne sera pas réellement un « livre » au sens propre et noble, mais ce texte pourra cependant être imprimé et mis sous forme d'ouvrage, pourra être commercialisé et diffusé. L'auteur est souvent très actif dans ce projet et contribue aussi à la commercialisation du texte, à sa promotion et à sa distribution, et cela généralement avec l'aide des réseaux sociaux.

Déconstruction d'anciens mondes et construction de son propre monde : le cas de l'éducation

Il n'y a certainement jamais eu un si grand écart entre la façon dont le monde avance et la manière dont nous enseignons. Quel que soit le degré d'enseignement, le principe sachant-apprenant n'a pas été remis en cause depuis de très nombreuses décennies. Les cours se font dans des salles de classe, l'enseignant au tableau s'adresse à des novices sagement assis, les devoirs à la maison sont toujours monnaie courante, et à l'évidence l'évaluation, la sélection, la correction restent les attributs usuels de l'éducation. L'école est bel et bien un dispositif de pouvoir comme le dénonçait Michel Foucault et sa remise en cause n'en est que plus complexe où le mandarinat s'allie au corporatisme.

Le monde a évolué de manière vive, brutalement et drastiquement, ce dernier siècle ; la façon d'enseigner n'a, quant à elle, pas changé. Nous avons le sachant devant, les apprenants assis qui notent ce qu'ils doivent apprendre, un tableau-support, et c'est tout. Les blouses en moins, il semble que nous restons sur des méthodes d'un autre siècle, d'un autre âge.

Or le secteur de l'éducation n'est pas en reste dans cette approche de l'innovation plate. Il y a moins de vingt ans un étudiant entrait dans une salle de classe avec le savoir acquis lors des années précédentes, que ce soit dans la même filière, au lycée ou dans une autre structure scolaire. Aujourd'hui, nul professeur ne peut être assuré que l'étudiant qui entre dans sa salle n'a pas déjà suivi le même cours, du même niveau dans une université concurrente qui diffuse ses cours en ligne ou sur une plate-forme de diffusion de savoir. Comment agir avec un étudiant qui s'assoit dans la salle de classe et qui une semaine ou un mois avant a décidé de suivre par lui-même ce cours dans une autre institution ? Cette situation ne va-t-elle pas se développer de plus en plus ? Doit-on condamner un étudiant passionné par un sujet mais qui dans le même temps risque de pénaliser la démarche pédagogique prévue ? L'éducation a toujours dépendu de la qualité de ses professeurs et de ses élèves, qui ensemble ont fondé des marques de prestige et d'excellence, des labels de reconnaissance. La mondialisation de l'éducation n'a fait qu'accentuer ce phénomène tant dans le recrutement des meilleurs enseignants que des meilleurs élèves, et l'inertie de ce secteur n'a fait que renforcer cette dynamique. C'est pourquoi se retrouvent dans le haut du classement des meilleures universités celles qui ont aussi les marques les plus prestigieuses. De fait, l'éducation se meut dans une structure hiérarchique très forte avec une sorte de relation dominant-dominé : la prestigieuse marque de l'école, l'excellence des professeurs qui forment des disciples qu'ils jugent dignes d'eux-mêmes. Le phénomène d'aplatissement que l'on peut constater dans un grand nombre de secteurs doit pourtant interroger aussi celui de l'éducation et la crédibilité qu'obtiennent à juste titre les plates-formes de savoirs. De plus, le développement des cours en ligne des différentes universités fait que l'étudiant d'aujourd'hui et de demain piochera dans les différentes structures afin de développer ses connaissances. Le meilleur cours d'innovation se trouve-t-il à Harvard ou à l'ESSEC ? À HEC ou à Stanford ? À Tsinghua ou à la National University of Singapore ? Si l'on peut parier que tous les cours d'innovation se ressemblent dans ces universités de haut rang, on peut légitimement se demander si le cours d'innovation technologique n'est pas le meilleur à Stanford compte tenu de sa longue expérience sur ce sujet, si le cours d'innovation responsable n'est pas le plus pertinent à l'ESSEC eu égard à son esprit pionnier dans ce domaine, si le cours d'innovation financière n'est pas le plus réussi à HEC alors qu'ils ont énormément investi dans ce domaine, si le cours d'innovation en Asie n'est pas le plus juste à Tsinghua en fonction de sa situation géographique centrale et si le cours d'innovation entrepreneuriale n'est pas supérieur aux autres à Singapour lorsque l'on regarde le nombre de start-up développées dans la cité-État. Qu'est-ce qui empêche l'étudiant vivant aujourd'hui à Bombay de suivre l'ensemble de ces cours pour avoir le meilleur des différentes composantes de l'innovation ? De nouveau, il y a une remise à plat de l'existant pour une meilleure appropriation d'un thème ou d'un sujet. L'éducation de demain n'est-elle pas constituée d'un ensemble de petites structures formant une méta-structure ultra-personnalisée en fonction de ce que l'on souhaite faire ? L'éducation de demain n'est-elle pas en train de se construire comme une boîte de Lego où chacun pioche dans la meilleure des boîtes en fonction du contenu qu'il souhaite pour obtenir un ensemble, complet, approfondi et cohérent ? Les universités et grandes écoles doivent comprendre cette évolution de l'éducation, se renfermer sur soi-même en se considérant comme les meilleurs est la perte du système. Tant les structures, les organisations de l'enseignement que les cours eux-mêmes doivent être repensés à nouveaux frais.

Il est évident que dans ce contexte les technologies, quelles qu'elles soient – tablettes, ordinateurs, Internet, et plus particulièrement l'intelligence artificielle –, jouent un rôle majeur. Il ne s'agit pas d'être pour ou contre l'intelligence artificielle, mais de savoir comment celle-ci doit être intégrée dans les enseignements. Si les *bots* peuvent aujourd'hui permettre les recommandations de restaurants entre usagers en fonction du lieu où ces derniers se trouvent, ces *bots* ne sont pas moins capables de relier des étudiants aux quatre coins du monde planchant sur un même thème. Et le logiciel s'améliorant lui-même permettrait de faire progresser l'apprenant en lui indiquant les erreurs le plus souvent commises et en fonction de l'apprentissage quelles seraient les meilleures façons de réussir. Tout cela n'est ni plus ni moins qu'une personnalisation de l'enseignement, ce que tout professeur rêverait d'obtenir mais en est forcément incapable. Et, réciproquement, l'intelligence artificielle peut aider les enseignants à repenser leur manière d'enseigner car bon nombre de logiciels peuvent détecter les faiblesses des élèves dans leurs exercices et souligner ce qui a péché dans la pédagogie.

L'intelligence artificielle, comme d'autres innovations, est en train de redessiner l'éducation et permet d'apprendre hors les murs, de personnaliser les contenus, d'améliorer l'enseignement, d'évaluer avec pertinence, etc.

La technologie, la remise à plat des structures, la collaboration sont les futurs axes de l'enseignement. Prenons de nouveau l'exemple de l'enseignement de l'innovation : on ne peut être qu'inquiet lorsque l'on est en charge de cette discipline. L'innovation est certes une discipline très exaltante à enseigner : on est confronté à ce qui est nouveau, ce qui offre un regard différent, ce qui rend la vie plus simple ou plus enrichissante. Toutefois, si elle est excitante, cette discipline n'est pas pour autant simple à enseigner à cause d'une de ses qualités, son omniprésence. Il suffit d'être doté d'oreilles, d'yeux, d'un nez ou d'une bouche pour être la cible d'une récente innovation : l'innovation est en effet partout. Elle déborde, se répand, envahit notre quotidien ; pas un regard ne peut être jeté sans voir une innovation qui émerge depuis quelques semaines, jours ou heures, que celle-ci se trouve dans la Silicon Valley, à la Station F, à Grind Shenzhen ou dans le LaunchPad. La globalisation de l'information précipite l'existence d'un nouvel objet, d'un nouveau service sur tous les écrans du monde au même instant. À l'évidence, les plus disposés à intégrer ce contexte sont les plus connectés : adolescents, jeunes adultes, étudiants, dont le quotidien est largement rythmé par le regard compulsif posé sur les outils de communication. Et ce n'est plus seulement l'étudiant *geek* qui est concerné par cette connaissance des dernières innovations sorties, mais tout un chacun. Dès lors que quelqu'un s'intéresse de près ou de loin à un sport, un art, un intérêt quelconque, il sait dans l'instant quelle innovation arrive dans ce domaine où que ce soit dans le monde. Ce n'est donc pas tant l'explosion des innovations qui semble poser problème que son exponentielle visibilité.

Si l'enseignement de l'innovation tient au fait d'avoir conscience du monde tel qu'il a été et donc tel qu'il est en train de se faire et consiste à émettre des hypothèses sur ce qu'il sera, la plus grande difficulté réside dans la compréhension du monde présent pour en dégager des pistes permettant de considérer son avenir. Une des voies est de s'appuyer sur ceux qui sont les plus abreuvés de communication et de fait les plus pertinents pour amener les innovations dans la salle de classe. En effet, non seulement les étudiants sont les plus disposés à cela mais ils sont également ceux qui vont constituer le monde. Autrement dit, cette situation offre des hypothèses sur le monde à venir. En conséquence, c'est certainement une nécessité que de faire en sorte que la salle de classe soit un lieu de veille, d'exploration, de développement des innovations. Toutes les innovations doivent autant que possible s'inscrire dans le paysage de l'enseignement, à chaque cours. Par le compte Facebook ou Twitter de la classe, par le wiki ou le blog commun, l'innovation doit irriguer le contenu du cours. Chaque session peut être un *fab'lab* actif.

Si ces étudiants sont les plus à même de partager les innovations, les souligner, les montrer, est-ce pour autant qu'ils les comprennent ? C'est là qu'intervient l'enseignant-décrypteur. Que l'on soit jeune étudiant ou enseignant expérimenté, nous sommes toujours aveuglés par les lumières de notre présent, et seule l'explication méthodologique, la rigueur académique, la mise en perspective permettent de comprendre les innovations qui inondent le quotidien plutôt que d'être écrasés par celles-ci.

Il ne semble plus possible d'enseigner de la même façon que lorsque les réseaux sociaux n'existaient pas, lorsque ceux qui aujourd'hui ramassent et rassemblent le savoir – Google, Amazon, iTunes, etc. – en étaient à leurs balbutiements. Comment ignorer plusieurs milliards de connectés aux réseaux sociaux quand les réseaux sociaux sont parfois les seuls médias qu'ils regardent ? De fait, les réseaux sociaux doivent être l'un des premiers canaux pour l'enseignement. Il ne s'agit pas de faire l'apologie de ces mastodontes de l'économie digitale. Au contraire, c'est en les instruisant, en veillant à leur déconstruction deleuzienne qu'il est envisageable de ne pas être écrasés par eux, mais de rebâtir à partir d'eux le savoir qui demeure nécessité.

Le rôle de l'enseignant se redessine, il n'est plus un « simple » porteur de savoirs hiérarchiques, il est aussi organisateur, décrypteur, gestionnaire, éclaireur du savoir ou d'un certain savoir qui est apporté de manière brute au cœur de l'enseignement. Le sacro-saint modèle sachant-apprenant a fait son temps, les enceintes des cours ne sont plus hermétiques ; peut-être s'agit-il de les casser avant que les étudiants ne le fassent à la place des enseignants.

Le monde de l'innovation plate est celui-ci et concerne la musique, l'édition, les espaces de travail ou même la planète Terre qui n'a jamais été rendue aussi « plate » qu'avec le considérable développement des offres du transport aérien avec des durées de vols de plus en plus longues et un nombre d'escales de plus en plus réduit.

L'innovation est multiforme, multisecteur, multirégion. Nul n'est épargné par la puissance de l'innovateur, sa force, sa volonté et son désir. L'innovation avance inévitablement, sans éthique ni compassion, de manière froide et déshumanisée. Implacables, sans sentiment, l'innovation et l'innovateur se préoccupent de peu de chose sinon de créer et de faire, sinon de générer de la valeur quelle que soit sa forme et peu importent les dommages collatéraux. Pour autant, l'innovation peut-elle être contrariée ? Peut-on en quelque sorte, de manière utopique, chercher à donner une âme à l'innovation ?

Chapitre III

La nécessité de l'innovation responsable

> « Il faut se méfier des ingénieurs, ça commence par la machine à coudre, ça finit par la bombe atomique. »
>
> Marcel Pagnol, *Critique des critiques.*

Innover jusqu'où ?

Du fait des innovations, des populations et des espèces animales disparaissent. Le développement massif des technologies, des produits, des biens de consommation courante ou non a une conséquence directe sur l'épuisement des ressources naturelles. Sans conteste, il y a une dégradation de l'atmosphère, des sols, des océans à cause de l'activité humaine, de la recherche permanente de la croissance économique. L'urbanisation grandissante modifie de manière durable les équilibres de la biosphère. Et ces enjeux sont mondiaux : les pluies acides, les pollutions radioactives sont sans frontières et le « septième continent » fait de plastique est à la dérive dans le Pacifique, hors des eaux nationales. Ces conséquences sont liées à l'imprévisibilité des innovations que l'on peut introduire sur un marché. Lorsque les chlorofluorocarbones (CFC) sont introduits dans les années 1950, rien ne laissait prédire que dans les années 1970-1980 nous découvririons que ceux-ci étaient de redoutables gaz à effet de serre et détruisaient l'ozone stratosphérique.

« Science sans conscience n'est que ruine de l'âme[1] », avait annoncé François Rabelais avec un esprit particulièrement visionnaire. Et cela ne s'arrête pas aux conséquences sur l'environnement : l'électronique a envahi notre quotidien avec les objets communicants ; la « numérisation du monde » devient un enjeu considérable ; les nanotechnologies sont omniprésentes dans l'alimentation, les vêtements, les meubles, les voitures… Et ce n'est certainement qu'un début, compte tenu des progrès à venir dans l'exploitation du corps humain et dans ses avatars en termes d'automates banalisés.

Pourtant, les nouvelles technologies numériques et les nouveaux moyens de communication associés ne sont pas étrangers aux poussées démocratiques, permettant de faire connaître des situations politiques complexes et de mobiliser dans des contextes de faible liberté d'expression. Les avancées médicales, épaulées par la technologie, sont couvertes de louanges par leurs bénéficiaires. Ainsi, la notion d'innovation,

1. Rabelais, *Pantagruel* (1542), Paris, Gallimard, 1964, chap. VIII, « Comment Pantagruel, estant à Paris, receult letres de son père Gargantua, et la copie d'icelles », p. 137.

comme celle de science, est à mettre en perspective avec le terme grec « *deinon* » qui exprime à la fois le terrible et l'admirable qui se télescopent pour dire la puissance des contraires. C'est l'exemple de l'homme qui dispose « de ressources dont l'ingénieuse habileté dépasse toute espérance, il s'avance tantôt vers le mal tantôt vers le bien[1] », affirme Sophocle dans *Antigone.* Or, c'est bien l'homme, l'individu qui innove, c'est bien lui qui peut faire tendre une innovation d'un côté ou de l'autre, tantôt vers le mal, tantôt vers le bien, et cela, de façon consciente ou non. S'il y eut une période où la religion avait un tel poids sur les consciences et sur les institutions qu'elle restreignait certaines possibilités de progrès – par exemple dans le choix de la reproduction de la vie –, cette contrainte a totalement disparu, ne serait-ce que des paillasses scientifiques. De plus, les scientifiques n'ont pas toujours eu les moyens de leurs ambitions et ce n'est que depuis ces dernières décennies qu'il y a eu une nette accélération technique et technologique avec l'accroissement de la connaissance génétique, des structures de l'ADN, des prémices du clonage, etc., et désormais le problème n'est plus dans l'acceptation morale ou la capacité scientifique, il est dans le devoir de faire ou de ne pas faire sous couvert d'éthique et de responsabilité[2].

1. Sophocle, *Antigone*, trad. P. Mazon, Paris, Les Belles Lettres, 1955, p. 86.

2. Parmi de très nombreux exemples, notons en 2012 la naissance du premier « bébé-médicament ». Les parents d'une petite fille atteinte d'une maladie génétique ont décidé d'avoir un nouvel enfant permettant de la sauver. Les parents de ce « bébé-médicament » ont bénéficié d'un double diagnostic préimplantatoire ; il a fallu écarter les

Le progrès peut être considéré comme un méta-modèle de changement, qui traite de la perspective générale de l'évolution, celle de la connaissance avec un espoir dans le devenir de l'humanité. Tandis que l'innovation désigne des évolutions plus précises, plus ciblées du point de vue technique, scientifique et social, et souvent considérées en relation avec le marché. Ainsi, il est possible de dire que l'innovation est en quelque sorte fille du progrès, cherchant sans cesse à correspondre aux besoins des individus. Elle a rendu réels des produits et services qui relevaient, il y a moins d'un siècle, de la pure science-fiction. C'est le cas du transhumanisme dont l'enjeu déclaré est l'amélioration de la condition humaine à travers des techniques d'amélioration de la vie, comme l'élimination du vieillissement et l'augmentation des capacités intellectuelles, physiques ou psychologiques[1].

Le cas du transhumanisme

L'innovation responsable émerge dans un contexte très particulier avec le déploiement massif d'Internet et son lot de *disruptions* que ce soit à propos de la gestion

embryons porteurs de la maladie et sélectionner, parmi les embryons sains, le plus compatible avec le patrimoine génétique de la grande sœur, puis l'implanter dans le ventre de la mère. Si l'on peut saluer la prouesse technique, on peut s'interroger sur le développement d'une telle réussite qui confine à l'eugénisme.

1. www.transhumanism.org

des bases de données, des réseaux sociaux, de l'éducation, de la remise en cause de pans entiers de secteurs tant dans l'industrie que les services. Toutefois, cette même période, qui émerge au milieu des années 1990, est aussi celle de la mise en œuvre d'un bouleversement au moins aussi considérable qui est celui du transhumanisme. Ce cas est particulièrement approprié car il est la démonstration que l'innovation n'est pas nécessairement en lien avec des entités commerciales, qu'elle peut émerger dans le domaine médical et paramédical, qu'elle peut toucher un écosystème extrêmement large et soulever des questions philosophiques, technologiques, sociologiques, juridiques et même anthropologiques.

L'émergence du transhumanisme

« Il y a ce qui dépend de nous, il y a ce qui ne dépend pas de nous[1]. » Ainsi commence le célèbre *Manuel* d'Épictète, ouvrage lapidaire et taillé pour la pratique du discernement stoïcien. Cette maxime, aussi appelée exercice spirituel[2], nous invite à ne point tenter de maîtriser ou d'altérer les événements sur les causes desquels nous n'avons aucune prise : alors que tant d'hommes se plaignent de leur destin, le stoïcien s'initie à la sagesse en s'exerçant à ne plus vouloir que les choses soient autrement que ce qu'elles sont. Il s'agit

1. Épictète, *Manuel*, trad. J. Pépin, in *Les Stoïciens*, éd. Pierre-Maxime Schuhl, Paris, Gallimard, « Bibliothèque de la Pléiade », 1962, p. 1111.
2. Pierre Hadot, *Qu'est-ce que la philosophie antique ?*, Paris, Gallimard, 1995. Voir p. XXX.

par là de ne jamais se trouver face au malheur, en conservant l'équilibre intérieur de ses passions, mais aussi d'aligner son être avec l'être du monde. Ce dernier, en tant que destin, en tant qu'environnement, nous conditionne infiniment. Seulement, voilà que la culture occidentale, dans ses manifestations historiques les plus récentes, apporte précisément à l'homme la possibilité de s'extirper de sa condition, ou du moins de dilater celle-ci, dans tous les cas d'en repousser les limites et d'en estomper la finitude. Prolongement de la faculté prométhéenne de l'humain de conjurer les coups du sort en réparant les accidents de son existence, le transhumanisme vise maintenant à augmenter l'homme en longévité, en capacités motrices, intellectuelles, musculaires, etc. Par le biais de la technique, l'accroissement de puissance est à notre portée. Cette nouvelle maîtrise que nous avons sur la nature – et surtout sur *notre* nature – laisse-t-elle toujours notre destin et notre environnement invincibles face à notre volonté ? Toutes ces vicissitudes du destin et ces « choses » qui nous arrivaient sans qu'elles dépendent de nous (héritage génétique, faim, maladie) ne sont-elles pas destinées, à mesure que le transhumanisme nous accroît, à sombrer dans les oubliettes de l'Histoire ? Ce transhumanisme n'est-il pas en train de déplacer la limite que traçait Épictète en son temps, et qui réduit à la portion congrue toutes ces « choses qui ne dépendent pas de nous » ? « Modifier l'ordre de mes désirs plutôt que l'ordre du monde[1] », disait Descartes lorsqu'il exposait dans le

1. Descartes, *Discours de la méthode*, in *Œuvres*, Paris, Gallimard, « Bibliothèque de la Pléiade », 1953, p. 142.

Discours de la méthode sa « Morale par provision » : ne serons-nous pas bientôt capables de modifier l'ordre du monde plutôt que l'ordre de nos désirs ?

« L'homme du futur serait ainsi comme un site Web, à tout jamais une "version beta", c'est-à-dire un organisme-prototype voué à se perfectionner en continu[1]. » Ainsi s'exprimait le chirurgien Laurent Alexandre, également président d'une société de séquençage ADN ; de plus, ce praticien désormais reconnu comme l'un des spécialistes mondiaux des questions du transhumanisme n'a pas hésité, lors d'une conférence, à déclarer que plusieurs personnes parmi les gens qui l'écoutaient vivraient mille ans. S'il fait une comparaison à première vue aussi saugrenue, c'est que l'une des plus importantes sociétés au monde, Google, se trouve désormais à la pointe des avancées techniques qui permettront – selon le mot d'ordre de Calico, une société de biotechnologie créée par ce géant d'Internet – de lutter contre le vieillissement jusqu'à « tuer la mort ». Car il est maintenant de notoriété publique que Google est devenu le principal sponsor du mouvement transhumaniste : « mettre à jour » en permanence l'homme comme un site Internet, c'est l'augmenter par la technique, grâce à la convergence de quatre principaux types de technologies regroupées sous le terme NBIC, dont nous n'avons pas encore fini de voir l'étendue des conséquences sur notre économie ainsi que sur nos modes de vie. Cette nouvelle volonté transhumaniste de faire de l'homme un être

1. Laurent Alexandre, *La Mort de la mort, Paris,* J.-C. Lattès, 2011, p. 25.

numérique s'est traduite récemment chez Google par une restructuration de fond débouchant sur la création d'une nouvelle entité mère nommée Alphabet, reléguant le fameux moteur de recherche au rang de simple lettre parmi les vingt-six possibles. Tout se passe alors comme si Google tentait de devenir une sorte de dictionnaire du futur de l'ère numérique dont les pages seraient autant de services visant à définir l'homme du futur.

Ainsi, le transhumanisme apparaît comme un phénomène majeur de notre époque, qui ne se développe pas sans poser des questions lourdes de sens. Qu'est-ce que le transhumanisme ? D'où vient-il ? De quoi est-il le nom ?

Comprendre le transhumanisme et le posthumain

Le terme de « transhumanisme » a été employé par le biologiste Julian Huxley, frère du célèbre auteur du *Meilleur des mondes*, en 1927. Il déclare dans *Religion without Revelation* que :

> Si elle le souhaite, l'espèce humaine peut se transcender, non pas par accès, d'une manière chez un individu et d'une autre chez un autre, mais dans sa totalité, en tant qu'humanité. Nous avons besoin d'un nouveau nom pour cette nouvelle conviction. Peut-être le mot « transhumanisme » pourra-t-il convenir : l'homme demeurera l'homme, mais se transcendant en réalisant les possibilités de sa nature humaine et à leur avantage. « Je crois en le transhumanisme » : sitôt que cette conviction sera suffisamment partagée, l'espèce humaine se tiendra au seuil d'une nouvelle existence, aussi dissemblable

de la nôtre que la nôtre l'est de celle de l'homme de Pékin. Elle accomplira enfin consciemment son véritable destin[1].

Mais en tant que concept distinct, le transhumanisme est véritablement né dans les années 1980 sous l'impulsion de futurologues américains issus de la cyberculture américaine. On peut le définir comme « le mouvement intellectuel et culturel qui affirme la possibilité et la désirabilité d'augmenter fondamentalement la condition humaine à travers les nouvelles technologies[2] », selon les mots de Nick Bostrom. Ses enjeux déclarés sont la promotion de l'amélioration de la condition humaine à travers des techniques d'amélioration de la vie, comme l'élimination du vieillissement et l'augmentation des capacités intellectuelles, physiques ou psychologiques[3].

Notion plurielle selon le support des améliorations corporelles, le transhumanisme peut se diviser en deux catégories. D'une part, le transhumanisme machiniste, qui se caractérise par l'ajout de prothèses ou d'orthèses faites de matière inerte sur un organisme vivant. Très fréquentes pour compenser une faculté déficiente ou un membre absent, ces améliorations sont souvent très médiatisées : on se rappelle les prothèses en carbone de l'athlète sud-africain Oscar Pistorius, conçues pour lui permettre de concourir au plus haut niveau dans la discipline de la course à pied,

1. Julian Huxley, *La Religion sans révélation*, trad. A. Godel, Paris, Stock, 1958.

2. Nick Bostrom, « Transhumanism FAQ : A General Introduction, version 2.1 », World Transhumanist Association, 2003 : http://humanityplus.org/philosophy/transhumanist-faq/

3. www.transhumanism.org

ou encore du premier cœur artificiel total produit par Carmat et implanté chez un patient en insuffisance cardiaque le 18 décembre 2013, une première mondiale. Mais ces augmentations peuvent parfois être le fruit du travail d'un seul homme. C'est le cas de Nicolas Huchet, qui réalisa en 2002 à l'aide d'une imprimante 3D une main bionique afin de remplacer son membre perdu lors d'un accident du travail. À la suite de cela, il monta un projet de création de prothèses bon marché Bionicohand, dont le but est de favoriser la démocratisation de la technologie bionique. D'autre part, le transhumanisme organique, qui se caractérise par la manipulation directe de la matière organique par la génétique ou la greffe. Il s'agit là de l'ingénierie génétique, domaine à fort potentiel de développement dans les prochaines décennies. D'ores et déjà, les thérapies géniques permettent de faire pénétrer des gènes dans les cellules d'un individu malade. Les pathologies qui sont la cible de ce genre de thérapie sont principalement les cancers. En ce qui concerne les greffes, on distingue souvent l'allogreffe de l'autogreffe : l'allogreffe, comme son nom l'indique étymologiquement, nécessite un autre individu vivant, qui effectue le don d'un organe qui sera transplanté dans le corps du malade (il peut s'agir de la transplantation d'un rein par exemple) ; l'autogreffe consiste à utiliser la propre substance du patient – comme c'est le cas lors d'une transplantation de moelle osseuse par exemple.

Dès lors que l'on envisage le transhumanisme sous l'angle dual transhumanisme machiniste/transhumanisme organique, se pose la question de l'historicité de cette typologie mais également de l'établissement d'un classement axiologique entre les deux formes évoquées. La vision la plus communément admise serait de dire que dans un premier temps le transhumanisme serait plutôt de type organique, permettant à l'homme d'augmenter toujours plus son espérance de vie et ses capacités cognitives. Puis, il finirait par s'effacer devant un modèle machiniste porté par une intelligence artificielle qui rendrait notre enveloppe charnelle obsolète. Cette civilisation supérieure serait donc exclusivement composée de robots ultra-perfectionnés, dotés de pensée créative et à l'épreuve de la mort.

Sachant qu'aujourd'hui les deux types de transhumanismes n'en sont qu'à leurs balbutiements (en termes de robotique ou d'ingénierie génétique), il n'y a pas à proprement parler un type qui viendrait supplanter l'autre, la question de l'historicité de la typologie transhumaniste restant ouverte.

Dans cette perspective de modification du corps humain par la technique, il convient d'établir une nouvelle distinction entre deux types de transhumanismes. Tout d'abord le transhumanisme qui répare (*l'homme réparé*) : il s'agit là de la réparation de l'être humain en cas de défaillance de son organisme ou de malformation, à l'aide d'orthèses, de prothèses, ou d'organes artificiels. Ce transhumanisme-là est déjà d'actualité. Par ailleurs, le transhumanisme qui améliore (*l'homme augmenté*) : il s'agit là d'un transhumanisme plus futuriste qui permettra une amélioration des fonctions biologiques, une augmentation des potentialités humaines. Si cette deuxième modalité opératoire du transhumanisme n'en est qu'à ses balbutiements, beaucoup conçoivent la transition de l'homme réparé vers l'homme augmenté comme un *continuum*. Les deux modalités seraient-elles donc également deux moments du long processus d'accomplissement du transhumanisme ? Dans le domaine de l'ingénierie génétique, par exemple : aujourd'hui, vingt-neuf embryons trisomiques 21 dépistés sur trente sont avortés en France. Selon Laurent Alexandre, « l'étape d'après sera de sélectionner les variants génétiques favorisant un QI élevé, que les Chinois sont en train d'identifier dans le cadre de leur programme de séquençage des surdoués. Demain, les Chinois fabriqueront plusieurs embryons et choisiront celui qui a la meilleure espérance de QI élevé[1] ».

Cette perspective nous plonge au cœur d'un « *wicked problem* », un problème tortueux qui nous montre une face positive du transhumanisme, de cette innovation, avec la guérison d'un grand nombre de maladies, la possibilité pour les personnes atteintes de certaines déficiences de recouvrer liberté et autonomie, globalement une avancée positive pour l'homme réparé. Mais, dans le même temps, un grand nombre de problèmes surgissent autant pour l'homme réparé que pour l'homme augmenté d'ailleurs. Pour le premier, il y a bien entendu la question du coût, et en conséquence de l'inégalité que cela peut générer entre ceux qui ont les moyens et ceux qui ne les ont pas pas et restent finalement dans un état inférieur, prisonniers de leur handicap. Il y a des enjeux psychologiques, car

1. « Après l'homme réparé, l'homme augmenté ? », *Les Échos*, 17 avril 2015.

l'homme réparé n'est pas que mécanique, sa défaillance physique peut avoir des répercussions psychologiques. Et comment celui-ci est-il soigné ? Parmi de nombreux autres problèmes, quel est le statut de cet homme réparé ? Si une « réparation » mécanique, biologique rend plus performant un individu que son état précédent, ne peut-il y avoir un désir d'obtenir telle prothèse ou telle autre ? Ce cas est encore plus flagrant pour l'individu augmenté qui, lui, cherche la performance à tout prix. Que celle-ci soit sportive, intellectuelle ou biologique, il s'agit de dépasser la condition humaine, ses frontières et ses limites.

Même si les promoteurs du transhumain mettent eux-mêmes en garde contre les risques qui peuvent émerger des nouvelles techniques, ils restent convaincus que les bénéfices sont supérieurs afin de lutter contre les maux tels que la pauvreté, la maladie, le handicap, la malnutrition, les États dictatoriaux, etc. Selon ces théoriciens, la qualité de vie des individus est le but ultime. Le progrès n'a de sens que dans cet objectif final et dès lors le concept de « naturel » est quelque chose de nébuleux, qui fait obstacle au progrès[1].

Cela dit, que l'homme cherche d'une manière ou d'une autre à progresser, à se modifier que ce soit consciemment ou non n'est en rien nouveau. Dans son *Origine des espèces*, Darwin souligne même que

1. Nick Bostrom et Anders Sanders, « The Wisdom of Nature. An Evolutionary Heuristic for Human Enhancement », *in* Julian Savulescu et Nick Bostrom (dir.), *Human Enhancement*, Oxford University Press, 2008, p. 375-416.

l'espèce humaine telle que nous la connaissons n'a certainement pas atteint sa forme définitive, qu'elle en est plutôt à une phase de commencement et qu'elle continuera d'évoluer[1]. Raymond Kurzweil, théoricien parmi d'autres du transhumanisme, se fait l'écho de Darwin et souligne que le rythme du changement technologique est en train de s'accélérer de façon cruciale et que les prochaines décennies verront apparaître des avancées technologiques radicales, mais également une singularité technologique qui changera profondément et définitivement la nature de l'homme[2].

C'est d'ailleurs pourquoi nous parlons tout autant du posthumanisme : de manière simple, on pourrait dire que le premier est la condition de l'avènement du second. Le posthumanisme se rattache donc à une certaine théorie de l'évolution, puisqu'il se conçoit comme le stade suivant du devenir humain. Jean-Michel Besnier, dans son ouvrage *Demain, les post-humains*, rappelle que c'est le philosophe allemand Peter Sloterdijk qui, le premier, a utilisé ce terme dans le cadre d'un colloque sur Heidegger et la fin de l'humanisme[3]. Selon Sloterdijk, il s'avérerait nécessaire désormais de créer un nouveau système de valeurs adapté à l'émergence d'êtres nouveaux, issus de la

1. Charles Darwin, *L'Origine des espèces. Au moyen de la sélection naturelle ou la préservation des races favorisées dans la lutte pour la vie*, *op. cit.*

2. Raymond Kurzweil, *The Age of Spiritual Machines*, New York, Viking Adult, 1999.

3. Jean-Michel Besnier, *Demain les posthumains : le futur a-t-il encore besoin de nous ?*, Paris, Fayard, 2010.

convergence sur l'humain des nouvelles technologies NBIC. Pour lui, le transhumanisme est encore mal défini, mais serait à caractériser comme un vecteur vers le stade futur du posthumanisme.

Cela étant dit, le concept du « posthumain » n'a pas encore reçu, de la part des transhumanistes eux-mêmes, de définition univoque. Comme le dit Jean-Michel Besnier dans l'article « Posthumain » : « Entre Nicolas Bostrom (fondateur de l'Association mondiale du transhumanisme), Max More (à l'origine des extropiens) et Ray Kurzweil (directeur de l'Institut de la Singularité), l'absence d'accord est à peu près totale : le premier annonce qu'il veut réaliser le bien-être et la perpétuation de l'humanité, le deuxième, éliminer l'entropie qui nous voue à l'extinction, et le troisième, préparer la venue d'une singularité qui rendra notre espèce obsolète[1]... »

Le concept de posthumain, tel qu'il a émergé d'une contre-culture technophile des années 1960 rêvant d'un généreux élargissement de l'humanité aux cyborgs, androïdes, robots et autres objets intelligents, traduit en réalité un esprit du temps, voire un fantasme mais qui n'est pas récent. Il puise sa légitimité dans le mouvement d'opinion rejetant l'humanité telle qu'elle s'est révélée dans l'histoire récente : capable de toutes les monstruosités. Le posthumain apparaît alors comme un successeur de l'humain, plus digne, moins faillible : un anxiolytique en quelque sorte, qui

1. Jean-Michel Besnier, « Posthumain », *in* Gilbert Hottois, Jean-Noël Missa et Laurence Perbal (dir.), *Encyclopédie du trans/posthumanisme : l'humain et ses préfixes*, Paris, Vrin, 2015.

vient pallier nos insuffisances et conjurer la « honte prométhéenne d'être soi[1] », ce sentiment que le philosophe allemand Günther Anders décrivait comme ce que ressentait l'homme devant ses propres productions, issues d'un processus technique rationalisé et maîtrisable de bout en bout. Un exemple frappant est la position de l'écrivain Jean-Michel Truong, rattaché au mouvement transhumaniste : dans *Totalement inhumaine*[2], il appelle le posthumain de ses vœux, afin de conjurer une humanité coupable d'avoir rendu possibles les atteintes à elle-même les plus effroyables (Hiroshima, Auschwitz...).

L'innovateur et le transhumanisme

Lorsque Elon Musk cherche à développer avec Neuralink une entreprise permettant de faire fusionner le cerveau humain avec un ordinateur – « *fusion neurone transistor* » –[3], c'est la manifestation que l'homme veut au maximum contrôler ce qui peut dépendre de lui. Il fait tout son possible pour s'assurer que le cerveau puisse être entièrement sous contrôle, que celui-ci doive être réparé. C'est aussi l'ambition affichée de

1. Gunther Anders, *L'Obsolescence de l'homme. Sur l'âme à l'époque de la deuxième révolution industrielle*, Paris, L'Encyclopédie des nuisances, 2002.

2. Jean-Michel Truong, *Totalement inhumaine*, Paris, Les Empêcheurs de penser en rond, 2003.

3. « *Neuralink is developing ultra high bandwidth brain-machine interfaces to connect humans and computers* » (https://www.neuralink.com/).

la société Kernel[1] ; ou que le cerveau, dans le cas de Neuralink, soit amélioré, augmenté, rendu plus performant. La fusion entre intelligence humaine avec le cerveau et intelligence artificielle avec les ordinateurs rend possible le développement d'un nouveau type de cerveau, plus performant que celui des hommes, plus aiguisé que celui d'une machine. Cette organisation développée par Musk signe la fin dans les prochaines décennies de la dépendance au cerveau « naturel » avec les limites que nous recevons à notre naissance. Et cette dimension n'est rendue possible qu'avec l'initiative d'un innovateur qui réussit à mêler des compétences multiples : ingénieurs, neurologues, médecins, programmateurs. Et tous contribuent à la réussite de l'innovation. Ce transhumanisme, ou ce posthumanisme pourrait-on dire avec cet exemple, signe la fin du cerveau de l'humain tel que nous le connaissons depuis des milliers d'années et souligne parfaitement, comme pour les autres illustrations du transhumanisme, que l'innovateur recoupe tous les métiers, toutes les fonctions, toutes les disciplines.

L'innovateur peut être médecin, philosophe, chef d'entreprise, artiste, sportif, etc. Il évolue dans toutes les couches de la société, et c'est bien parce qu'il se

1. « *Machines of all kinds can help us along the way, but our vision is one in which we humans maintain and expand our authorial power. The advanced intelligence of tomorrow is a collaboration between the natural and the artificial. United, unheard of possibilities abound. We're building off two decades of breakthrough research, working closely with private partners and scientists to get usable solutions in the hands of people everywhere. We're starting with potential applications for patients with cognitive disorders* » *(http://kernel.co/).*

trouve partout que le message sur sa définition et sa responsabilité doit être partagé largement. Beaucoup d'innovateurs ne se reconnaissent pas comme tels et n'agissent pas forcément avec la responsabilité qui leur incombe, ne s'intéressant finalement qu'au succès de leur idée. C'est très net avec le cas du transhumanisme qui n'a rien de récent en termes de volonté. La mythologie nous montre bon nombre d'exemples de la volonté d'étendre la durée de sa vie, c'est le cas dans l'Épopée de Gilgamesh où la fontaine de Jouvence avait la particularité de donner la jeunesse éternelle à quiconque boirait ou se baignerait dans son eau. Dans la mythologie romaine, la déesse Junon s'y baignait pour y retrouver sa virginité. Chez les Irlandais, on parle d'une fontaine qui guérirait les blessés. On parle d'immortalité depuis au moins 3 000 ans. Les premiers « scientifiques » s'y sont beaucoup intéressés avec l'élixir de longue vie, potion vainement recherchée par les alchimistes, cette boisson légendaire qui aurait la vertu de prolonger indéfiniment la vie ou de conserver sa jeunesse. Et d'ailleurs, nous ne cherchons pas qu'à rester jeune ou à prolonger la vie, nous veillons à utiliser la science dans toutes ses possibilités. Ainsi de Dédale, Athénien, personnage de la mythologie grecque, dont le nom en grec signifie « artistement travaillé », « astucieux » ; inventeur, sculpteur et grand architecte, alliant génie esthétique et ingéniosité technique, il est connu pour avoir conçu le labyrinthe destiné à enfermer le Minotaure. Labyrinthe duquel Ariane s'échappe grâce à son fameux fil sur les conseils de Dédale.

Dédale, c'est aussi celui qui fait en sorte que les hommes puissent voler, c'est le mythe d'Icare. Peut-être « ancêtre » des innovateurs, Dédale incarne la *techné* – la technique – qui permet d'atteindre la maîtrise du monde et permet à ceux qui le lui demandent comme Minos de s'abandonner à leur *hubris*, la démesure, d'atteindre leurs folles entreprises... En Dédale se profile une science sans conscience : tout ce que la science, la technique peuvent faire, que celles-ci puissent le réaliser. Les choses ne sont plus acceptées comme elles sont. Et cette maîtrise voulue par les hommes dans les mythes se retrouve dans la Bible ; dès la Genèse, il est dit : « Soyez féconds, multipliez, remplissez la terre, et assujettissez-la ; et dominez sur tous les poissons de la mer, sur les oiseaux du ciel, et sur tout animal qui se meut sur la terre[1]. »

Les sciences sont historiquement une branche de la philosophie et de nombreux philosophes sont aussi des scientifiques. C'est le cas de Descartes qui écrit en 1637 le *Discours de la méthode*. Celui-ci lance la période moderne avec non moins d'ambitions que celles de la mythologie :

> Mais, sitôt que j'ai eu acquis quelques notions générales touchant la physique, et que [...] j'ai remarqué jusqu'où elles peuvent conduire, et combien elles diffèrent des principes dont on s'est servi jusqu'à présent, j'ai cru que je ne pouvais les tenir cachées, sans pécher grandement contre la loi qui nous oblige à procurer autant qu'il est en nous le bien général de tous les hommes. Car elles m'ont fait voir qu'il est possible de parvenir à des connaissances qui soient fort utiles à la vie, et qu'au lieu de cette philosophie spéculative, qu'on enseigne dans les écoles, on en peut trouver

1. Genèse 1, 28.

> une pratique, par laquelle, connaissant la force et les actions du feu, de l'eau, de l'air, des astres, des cieux et de tous les autres corps qui nous environnent, aussi distinctement que nous connaissons les divers métiers de nos artisans, nous les pourrions employer en même façon à tous les usages auxquels ils sont propres, et ainsi nous rendre comme maîtres et possesseurs de la Nature[1].

Voilà l'enjeu de Descartes : nous rendre maîtres et possesseurs de la Nature. Cette posture légitime au XVIe siècle – d'autant plus qu'elle veillait à la préservation de la santé de l'homme[2] – n'a que rarement été mise en question, et la course au progrès, à l'innovation, qui nourrit des développements économiques, n'a cessé de s'accélérer[3].

Un siècle plus tard, Condorcet, dans son *Esquisse d'un tableau historique des progrès de l'esprit humain*, prolonge la pensée de Descartes. Il dit :

> On sent que les progrès de la médecine préservatrice, devenus plus efficaces par ceux de la raison et de l'ordre social, doivent faire disparaître à la longue les maladies transmis-

1. Descartes, *Discours de la méthode*, in *Œuvres et lettres*, éd. établie par André Bridoux, Paris, Gallimard, « Bibliothèque de la Pléiade », 1937, p. 168.

2. Emmanuel Faye montre que la fin recherchée n'est pas d'abord l'ensemble des « commodités » qui se trouvent sur terre, mais « la conservation de la santé » en vue de rendre les hommes « plus sages ». Cela suppose une connaissance des « causes » de nos maladies et de « tous les remèdes dont la nature nous a pourvus ». Voir Emmanuel Faye, *Heidegger, l'introduction du nazisme dans la philosophie : autour des séminaires inédits de 1933-1935*, Paris, Albin Michel, « Idées », 2005.

3. On notera les premières critiques au début des années 1960 notamment à travers Rachel Carson, *Silent Spring* (1962), Mariner Books, 2002.

> sibles ou contagieuses, et ces maladies générales qui doivent leur origine aux climats, aux aliments, à la nature des travaux. Il ne serait pas difficile de prouver que cette espérance doit s'étendre à presque toutes les autres maladies, dont il est vraisemblable que l'on saura un jour reconnaître les causes éloignées. Serait-il absurde, maintenant, de supposer que ce perfectionnement de l'espèce humaine doit être regardé comme susceptible d'un progrès indéfini, qu'il doit arriver un temps où la mort ne serait plus que l'effet, ou d'accidents extraordinaires, ou de la destruction de plus en plus lente des forces vitales, et qu'enfin la durée de l'intervalle moyen entre la naissance et cette destruction n'a elle-même aucun terme assignable ? Sans doute l'homme ne deviendra pas immortel ; mais la distance entre le moment où il commence à vivre et l'époque commune où naturellement, sans maladie, sans accident, il éprouve la difficulté d'être, ne peut-elle s'accroître sans cesse[1] ?

Prolonger la vie, faire disparaître les maladies, nous sommes au XVIIIe siècle.

Dans la lignée de Descartes et de Condorcet, La Mettrie franchira la ligne que Descartes n'a pas osé passer. Dans *L'Homme-machine*, il soutient que l'homme entier est machine. Ainsi dit-il :

> Entrons dans quelque détail de ces ressorts de la machine humaine. Tous les mouvements vitaux, animaux, naturels, et automatiques se font par leur action. N'est-ce pas machinalement que le corps se retire, frappé de terreur à l'espèce d'un précipice inattendu ? que les paupières se baissent à la menace d'un coup, comme on l'a dit ? que la pupille s'étrécit au grand jour pour conserver la rétine, et s'élargit

1. Condorcet, *Esquisse d'un tableau historique des progrès de l'esprit humain*, édition dite Prior-Belaval, Paris, Vrin, 1970, p. 236.

> pour voir les objets dans l'obscurité ? N'est-ce pas machinalement que les pores de la peau se ferment en hiver, pour que le froid ne pénètre pas l'intérieur des vaisseaux ? que l'estomac se soulève, irrité par le poison, par une certaine quantité d'opium ? Que le cœur, les artères, les muscles se contractent pendant le sommeil, comme pendant la veille[1] ?

Pour lui, l'esprit humain doit être considéré comme une suite de l'organisation sophistiquée de la matière dans le cerveau humain : l'homme n'est qu'un animal supérieur. Il cherche à enlever tout mystère à la vie et compare l'homme à une machine afin de mieux le comprendre. Pour Benjamin Franklin, l'idée serait même de pouvoir interrompre et relancer à l'envi le cours de la vie[2].

Lorsqu'on allie à la fois les ambitions des hommes et les évolutions physiologiques que Darwin a mises en exergue, il y a peu à s'étonner que se dessinent le surhomme et la « volonté de puissance ». Au XIXe siècle, Nietzsche évoque cette « volonté de puissance[3] » que nous avons déjà abordée et qui désigne ainsi un « devenir plus ». Pour le philosophe allemand, notamment dans *Ainsi parlait Zarathoustra*, il y a toujours une tendance à la puissance qui se manifeste partout en prenant des formes et des fonctions différentes au regard des individus ou des organes.

1. La Mettrie, *L'Homme-machine*, éd. présentée et établie par Paul-Laurent Assoun, Paris, Denoël, 1981, p. 192 *sq*.
2. Nick Bostrom, « A History of Transhumanist Thought », *Journal of Evolution and Technology*, avril 2005, vol. 14, n° 1.
3. Friedrich Nietzsche, *Fragments posthumes sur l'éternel retour*, *op. cit.*

De Descartes à Nietzsche, la philosophie emboîte le pas de la mythologie et de la science dans la volonté du développement humain. Et la science-fiction n'est pas en reste. Arthur C. Clarke, auteur de *2001, l'Odyssée de l'espace*, ou Isaac Asimov inventent le terme « robotique » qui est désormais dans le langage courant. La science-fiction anticipe ce qui deviendra réalité. Greg Bear montre en 1985 dans *La Musique du sang* la possible séparation de l'humanité en plusieurs rameaux : des humains naturels, humains mécanisés, humains biologiquement modifiés. Quelle différence finalement trente années plus tard avec les humains réparés, les humains augmentés et désormais les embryons génétiquement modifiés ?

Aujourd'hui, pas une journée ne passe sans révéler l'évolution de l'individu humain dans ses retranchements existentiels, corporels, intellectuels. Et ce qui est très notable, c'est l'intégration qui devient acquise de ces augmentations humaines dans la société. C'est le cas avec le sport et notamment Bob Radocy qui participe à de nombreux sports avec différentes prothèses. Ou encore Jeremy Campbell : il voulait être le premier athlète amputé d'une jambe à lancer un disque à plus de soixante mètres de distance, il l'a lancé à soixante-deux mètres (le record mondial est aujourd'hui à soixante-quatorze mètres). Mais le cas le plus significatif est celui de Pistorius, premier athlète à participer à la fois aux Jeux olympiques et aux Jeux paralympiques de Londres en 2012.

Une étape est même franchie avec Neil Harbisson, un Irlandais connu pour sa capacité à entendre les couleurs. En 2004, il devient en effet la première personne au monde à porter un *eyeborg*. L'intégration de l'*eyeborg* sur la photographie de son passeport est interprétée par certains comme la reconnaissance officielle d'Harbisson comme cyborg. Dans le même esprit, Rob Spence intègre, lui, une caméra à la place de son œil abîmé. Et cet exemple souligne que les frontières deviennent particulièrement floues (entre « j'ai une prothèse » pour compenser un handicap ou « je m'améliore » pour être plus performant). Car l'œil-caméra de Rob Spence lui permet de mieux voir, d'enregistrer, de faire un gros plan, exactement comme une caméra. Nous retrouvons à nouveau cette dualité entre homme réparé et homme augmenté.

Nous sommes dans une période critique, pas réellement nouvelle car elle a toujours été désirée ou imaginée, mais qui désormais semble réelle. Cette période, ce passage d'une période à une autre, du désir à la réalité, c'est plus ou moins ce que l'on nomme la singularité. Le fondateur de ce courant de pensée qu'est la singularité, Ray Kurzweil, est un universitaire et est également le directeur stratégique d'Alphabet. Il explique que la singularité est une période future qu'il estime autour de 2045 pendant laquelle le rythme du changement technologique sera tellement rapide, son impact si important, que la vie humaine en sera transformée de façon irréversible. Ni utopique ni dystopique, cette époque transformera les concepts sur lesquels nous nous fondons pour donner un sens à nos vies – des modèles de marché au cycle de la vie humaine, incluant même la mort.

Comprendre la singularité, selon son fondateur, « modifiera notre perspective sur la signification de notre passé et les ramifications de notre futur. La comprendre changera notre point de vue sur la vie en général, et sur nos modes de vie en particulier. Elle représentera le point culminant de l'osmose entre notre mode de pensée biologique et l'existence avec notre technologie[1] ». Le projet Neuralink d'Elon Musk, cette fusion prévue entre le cerveau et l'ordinateur, montre que la singularité est sur les rails. Si cette innovation est présentée comme une solution pour guérir des maladies telles que la maladie de Parkinson, elle n'est pas moins montrée également comme une voie permettant d'améliorer sa mémoire, de bénéficier des découvertes de l'intelligence artificielle, bref, de dépasser l'humain.

La seule différence entre les mythes et notre société contemporaine est que la possibilité de faire est désormais reconnue. C'est dans l'interstice entre la volonté de faire et le faire que doit se glisser la responsabilité. Car le vœu de dépasser sa simple condition d'humain, d'être immortel, d'être le meilleur, le plus beau, le plus fort, le plus intelligent existe depuis que l'homme est homme. Et c'est peut-être cette volonté qui lui a d'ailleurs permis d'être l'espèce parmi les plus développées de la nature. Cela dit, jusqu'où devons-nous aller ? Doit-on innover à tout prix ? Quelle part de responsabilité l'innovateur a-t-il ? Celui qui met l'ensemble de ces dispositifs sur le marché ?

1. Raymond Kurzweil, *Humanité 2.0 : la bible du changement*, Paris, M21 éditions, 2007, p. 31.

L'ÉMERGENCE DE L'INNOVATION RESPONSABLE

Être responsable de ses actes

Le terme « responsable » n'est pas sans recouvrir une certaine polysémie, voire une banalisation. Que signifie aujourd'hui la responsabilité ? Pour qui, dans quelle mesure et dans quelles limites ? Qu'est-ce qu'être responsable dans un contexte inédit de montée en puissance de la technologie et de ses impacts, alors même que la globalisation ne cesse de s'accélérer ? Désormais, l'être humain se voit contraint d'assumer sa responsabilité du monde et dans le monde. Plus particulièrement, l'innovateur est concerné par la responsabilité du monde qu'il dessine au travers des nouveaux produits et services qu'il lance sur le marché.

La responsabilité de l'innovateur est d'autant plus importante que celui-ci se retrouve dans un contexte nouveau qui articule à la fois la période moderne dans laquelle nous sommes et la recherche d'un développement pérenne et responsable dans l'optique de préserver l'homme et son environnement. Grâce au progrès de la science et de la technologie, nous avons aujourd'hui une compréhension du monde dans ses complexités et son exploitation. Ces développements offrent une kyrielle d'actions possibles, mais qui ne sont pas sans poser des enjeux éthiques, sociaux, citoyens, compte tenu des risques nouveaux générés par ces développements, dont la prévisibilité n'est pas déterminable, tant dans le succès que dans les usages.

C'est ainsi que la responsabilité doit être redistribuée dans sa compréhension, car nous « apparaissons désormais responsables, ou du moins coresponsables, d'une action collective dont les développements et les effets nous sont largement inconnus ; voilà que se trouve brisé le cercle de proximité qui m'obligerait seulement à l'égard du proche et du prochain, et distendu le lien de simultanéité qui me faisait comptable des effets immédiats, ou à tout le moins voisins, des actes que je posais aujourd'hui[1] », précise François Ost. Les cadres de la responsabilité, de la prudence évoluent car notre agir n'est plus identique à celui d'il y a ne serait-ce qu'une trentaine d'années. La responsabilité reste individuelle, mais s'étend de façon globale, elle est attribuable à un sujet, mais pas seulement.

De plus, alors que la responsabilité était liée à la proximité, à une délimitation spatio-temporelle claire, elle devient intemporelle, en distanciation spatiale avec une multi-réciprocité illimitée. Autrement dit, la responsabilité doit être reconsidérée car l'aller-retour entre la responsabilité individuelle et la responsabilité globale est aussi confus qu'intense. Ainsi, Jean-Louis Genard avance :

> Plus qu'à des actes clairement identifiables, nous sommes confrontés à des multiples décisions qui, ensemble, peuvent avoir des effets considérables. Bref, la responsabilité est à la fois partout et nulle part. Des actes ont été posés, des décisions ont été prises dont les conséquences sont quelquefois dramatiques. Mais les responsabilités ne sont nullement

1. François Ost, *La Nature hors la loi*, Paris, La Découverte, 1995, p. 267.

> identifiables, à moins de les faire porter sur l'organisation ou sur le réseau, ce qui ne correspond pas à l'intuition que nous avons de l'idée de responsabilité. Celle-ci demeurant attachée à une identification individualisée[1] »

Et d'autre part, cela dilue la responsabilité, ajouterions-nous.

Bien que la notion même de responsabilité ne soit pas évidente à cerner spontanément (étant souvent associée aux problématiques d'éthique, de morale, de respect, de prise de conscience), celle-ci a une définition bien précise, éclairée par son étymologie latine *respondere* : répondre de ses actes. Cela fait sens avec la responsabilité telle qu'elle est définie dans le Code civil : « Tout fait quelconque de l'homme qui cause à autrui un dommage oblige celui-ci par la faute duquel il est arrivé à le réparer[2]. » Répondre de ses actes, c'est les assumer, s'en reconnaître l'auteur. La responsabilité recouvre également une dimension morale, comme l'indique le Petit Robert : « L'obligation morale de réparer une faute, de remplir un devoir, d'assumer les conséquences de ses actes. »

Il existe un lien entre responsabilité et liberté. Être libre, c'est assumer l'ensemble de ses actes. Être responsable, c'est pouvoir répondre de ceux-ci, du fait de cette liberté. Ainsi, un homme prudent qui voudra être absolument libre prendra le moins de responsabilités possible, car il lui sera tout bonnement difficile

1. Jean-Louis Genard, « Le temps de la responsabilité », *in* Gérard Philippe, François Ost et Michel Van de Kerchove (dir.), *L'Accélération du temps juridique*, Bruxelles, Publications des Facultés universitaires, 2000, p. 105-125.
2. Article 1240 du Code civil.

de les assumer. Si nous pouvons nous sentir libres, indépendants au sein de la société, qu'en est-il dans le cadre du travail ? Pouvons-nous préserver, en tant que managers, la liberté que nous chérissons comme citoyens ? Les structures hiérarchiques, l'organisation administrative et opérationnelle des entreprises s'articulent difficilement avec la liberté. Or, l'individu ne peut rendre compte de ses actes que lorsqu'il est totalement libre. Dans un contexte économique où le marché du travail est tendu entre l'offre et la demande, le salarié ne se sent pas totalement libre d'accepter ou de refuser certaines injonctions de sa direction.

C'est d'autant plus compliqué que le terme « responsabilité » agrège bon nombre de dimensions dans la langue française : il existe beaucoup de variantes derrière ce mot. Dans la langue anglaise, *a contrario*, trois mots déclinent la notion de responsabilité : « *responsibility* », « *liability* » et « *accountability* »[1]. Ce dernier terme induit très directement la notion de rendre compte de ses actes à autrui : à un conseil d'administration, au grand public, aux clients. Et l'innovation doit être pensée en fonction de ces nouvelles contraintes et de la multiplicité des responsabilités qui apparaissent. Dès lors que la responsabilité revêt des connotations et des sens divers, elle n'est pas entendue de façon identique par tous les acteurs, dans une économie pourtant mondialisée. Il en découle

1. « Responsibility » concerne la responsabilité que quelqu'un détient, dont il a la charge ; « *liability* » se tourne essentiellement vers les questions légales ; quant à « *accountability* », le terme désigne les questions de transparence, envers la population par exemple.

nécessairement des incompréhensions sur ce qu'il faut faire d'un pays à l'autre, d'une culture à l'autre.

Sans même questionner les problématiques du langage, la notion de responsabilité est par nature complexe, non seulement parce qu'elle engage autrui, mais aussi parce qu'elle articule plusieurs dimensions au sein d'un même individu. Nous sommes à la fois manager, innovateur, citoyen, parent, mari, épouse. Cela pose la problématique très claire de l'interaction entre la sphère privée et la sphère professionnelle, et de l'interdépendance entre manager et citoyen, entre l'innovateur et celui qui reçoit l'innovation dans son ensemble. L'action que j'effectue en tant que manager, dois-je la souhaiter en tant que citoyen ? Comme le résume Marc Neuberg, la responsabilité de l'innovation, c'est la prise en compte de la situation dans un système de valeurs, partagées par l'ensemble des acteurs impactés par l'innovation[1].

Principe de responsabilité – Principe d'innovation responsable

On ne peut pas dater la naissance de la notion d'innovation responsable. Elle résulte d'un ensemble de faisceaux, d'un processus chronologique incorporé par la question de la responsabilité sociale des entreprises, qui dans ses origines vient questionner l'implication du monde des affaires dans la société. Citons à ce titre

1. Marc Neuberg, *La Responsabilité : questions philosophiques*, Paris, Puf, 1997.

Howard Bowen, considéré comme le père fondateur de la responsabilité sociale des entreprises. Il définit la responsabilité sociale des managers comme consistant à « poursuivre les politiques, prendre les décisions ou suivre les orientations désirables en termes d'objectifs et de valeurs de notre société[1] ». Toutefois, les enjeux de la responsabilité sociale de l'entreprise ne concernent en pratique que faiblement l'innovation.

Plus récemment, Gro Harlem Brundtland, dans son rapport publié en 1987 sur le concept de développement durable[2], montre combien il est important de prendre en compte les générations futures dans nos actions au sein des organisations. Plus exactement, réussir à définir des schémas viables qui concilient les trois aspects écologique, social et économique des activités humaines – « trois piliers » à prendre en compte par les collectivités comme par les entreprises et les individus.

Quant à l'innovation responsable proprement dite, elle pourrait apparaître avec le philosophe Hans Jonas. Dans *Le Principe responsabilité*, paru en 1979, Jonas se demande si l'humanité doit continuer à exister[3]. Si la réponse est oui, alors l'être humain doit adopter une nouvelle attitude de sollicitude envers le monde. C'est certainement à l'innovateur qu'il revient de

1. H. R. Bowen, *Social Responsibilities of the Businessman*, Harper & Brothers, 1953, p. 6.

2. G. H. Brundtland, « Our Common Future – Report of the World Commission on Environment and Development », New York, United Nations General Assembly, 1987.

3. Hans Jonas, *Le Principe responsabilité. Une éthique pour la civilisation technologique* (1979), trad. J. Greisch, Paris, Flammarion, « Champs », 1998.

penser cette nouvelle sollicitude, puisqu'il est le pilier de la responsabilité envers la Cité. C'est un constat à la fois préoccupant et encourageant. Car si l'innovateur a une telle mainmise sur la Cité en déployant ses idées, ses nouveautés et ses innovations, il peut aussi changer le monde, en intégrant la dimension de la responsabilité dans ses projets. C'est le principe de l'innovation responsable. Sans utiliser l'expression en tant que telle, il développe dans *Le Principe responsabilité* l'idée selon laquelle le savoir humain surpasse le savoir prévisionnel. Par conséquent, il est fondamental, selon lui, d'adopter une éthique destinée à combler cet écart. Sans rejeter science et technique, Jonas expose la nécessité de déployer une responsabilité à visage humain face aux risques que la technologie apporte et qui mettent en jeu l'humanité.

Innovation responsable et innovation sociale

Le concept d'innovation responsable s'inscrit pleinement dans la philosophie de la responsabilité portée par Hans Jonas. En cela, il faut bien distinguer ce concept de la responsabilité entendue comme sociale. En effet, l'innovation responsable est très souvent confondue avec l'innovation sociale ou inclusive, dont l'enjeu est d'innover pour mieux appréhender les problématiques des populations les plus défavorisées[1].

1. De manière officielle, l'innovation sociale est définie selon le Bureau des conseillers de politique européenne (BEPA) qui, simultanément, répondent aux besoins sociaux et créent de nouveaux rap-

Cela peut se traduire par des réfrigérateurs à très bas prix fonctionnant sur batteries afin d'éviter des changements de températures dans les pays où l'électricité n'est pas stable, ou par des électrocardiographes à batteries développés en Inde à destination des paysans des zones les plus reculées. L'ensemble des innovations de ce type sont capitales pour ces populations. L'innovation sociale et sociétale jouit d'une croissance très forte, grâce au développement des possibilités technologiques.

Néanmoins, l'innovation responsable n'est pas cela. Elle ne pose pas la responsabilité comme une finalité. Au contraire, elle considère que la responsabilité ne doit pas être l'apanage des innovations sociales et doit être présente au-delà de ces questions. Car si le nombre d'acheteurs potentiels de réfrigérateurs à batteries ou de tablettes tactiles à bas prix est considérable, il reste inférieur à la demande de réfrigérateurs standards. Or, c'est bien auprès des marchés principaux standards, les plus importants, que la responsabilité doit s'appliquer, dans les finalités comme dans les processus. Il se peut même qu'une innovation sociale ne soit pas responsable. On peut ainsi imaginer qu'une voiture

ports sociaux (voir : http://ec.europa.eu). Le BEPA a pour principale vocation de constituer une passerelle entre les décideurs politiques de la Commission européenne et les acteurs de la société. L'innovation inclusive quant à elle a pour but de livrer des produits de haute performance, des processus et des services à un prix très faible pour les personnes pauvres, du logement à des transports et des médicaments à des ordinateurs. Ces innovations doivent être avant tout extrêmement abordables (voir la Déclaration de docteur R. A. Mashelkar pendant le World Bank S&T Global Forum, décembre 2009).

à bas prix, accessible à tous, soit fabriquée avec des matériaux polluants.

La mauvaise compréhension de l'innovation responsable et son emploi banalisé ne sont pas sans conséquences. Alors que l'innovation responsable doit être prise en compte dans toutes les stratégies d'innovation, tous les processus, tous les développements et pour toutes les cibles, jeunes et moins jeunes, aisés et moins aisés, urbains et ruraux, Européens, Asiatiques, Américains, elle risque, en se trouvant associée à des questions dont la finalité est uniquement sociale, d'être reléguée à des questions certes importantes, mais qui ne constituent pas le quotidien du monde économique, compétitif et mondialisé dans lequel nous vivons. Autrement dit, l'innovation responsable n'a pas pour ambition de s'arroger des questions sociales, ni même de dire comment être innovant face à ce type de problématiques. Elle a pour prétention de s'inviter dans les processus d'innovation de l'ensemble des organisations, pour jauger la question de la responsabilité, dans l'industrie comme dans les services, dans les technologies de pointe comme dans la manufacture de base.

Son objectif est d'intégrer, tout au long des processus d'innovation, de la conception à la mise sur le marché, des mesures favorisant le respect de l'environnement, l'utilisation de matériaux non polluants, le tri des déchets, le recyclage, la protection des ouvriers, des clients, des collaborateurs, etc. C'est aussi de prendre en compte celui qui sera immédiatement touché par l'innovation – directement ou indirectement. L'innovation responsable n'est pas ici la recherche en soi de l'amélioration de l'environnement, de la santé humaine, des conditions de travail, mais l'intégration de toutes ces dimensions quelle que soit l'innovation. Et s'il y a un besoin fort d'innovations à finalité responsable et sociale, intégrer la responsabilité dans les processus d'innovation est bien plus crucial. Car l'innovation responsable concerne l'ensemble des structures existantes et à venir, quels que soient leur taille, leur secteur, leur lieu. Si une organisation met en œuvre un programme consistant à recycler ses produits technologiques au sein de structures embauchant des personnes handicapées, on peut dire de ce programme qu'il comporte un volet social. Il en va de même pour une institution bancaire qui développe le microcrédit auprès des populations les plus pauvres. Ce sont deux innovations à finalité sociale. Mais dans le même temps, il faut considérer que l'innovation responsable réside surtout dans le fait que l'entreprise technologique ne recourt pas, pour sa production, aux terres rares chinoises ou brésiliennes, ni à des produits toxiques pouvant nuire aux salariés, aux ouvriers ou aux utilisateurs. Pour une institution financière, ce qui est fondamental n'est pas tant la finalité que la méthode : quelle est la provenance des fonds, quel risque de surendettement y a-t-il pour les contractants, etc. ? S'il est positif d'insérer les personnes handicapées dans la vie sociale, comme il est positif de faire accéder les plus pauvres au crédit, cela ne doit pas être une fin en soi et il faut pouvoir en connaître les conséquences. Et surtout, il est important de savoir concentrer ses efforts de responsabilité sur ce qui a le plus d'impact dans la société, ce qui se révèle déterminant tout au long du processus d'innovation[1].

De la même manière, il est important de dissocier l'innovation responsable du concept de « Recherche et innovation responsable » (connu sous le nom de RRI : *Responsible Research and Innovation*). En effet, ce dernier se définit comme un « processus transparent et interactif grâce auquel les acteurs sociaux et les innovateurs interagissent et collaborent en vue d'atteindre un niveau éthique souhaité, un caractère durable et un impact sociétal à travers les innovateurs et les produits qui en résultent. Le but de ce processus est d'inscrire la recherche scientifique et les avancées technologiques au sein de notre société[2] ». Cependant, l'application de la responsabilité ne peut pas être la même pour la recherche et pour l'innovation. Quand bien même ces deux concepts seraient proches, ils sont loin d'être identiques et ne font pas l'objet des mêmes objectifs et contraintes dans leurs champs d'application. En effet, là où la recherche a une portée épistémologique, l'innovation a un objectif de performance dans un contexte compétitif avec pour but final la concrétisation et la commercialisation d'un

1. D'autres formes d'innovation comme *jugaad* ou cradle-to-cradle sont également utiles et permettent de repenser l'innovation avec une bienveillance pour la société. Cependant ces innovations aussi importantes soient-elles restent marginales par rapport aux innovations « classiques » et d'autre part ne font pas nécessairement interroger l'innovateur en tant qu'individu.

2. R. Von Schomberg, « Prospects for Technology Assessment in a Framework of Responsible Research and Innovation », in *Technikfolgen abschaetzen lehren : Bildungspotenziale transdisziplinaerer Methode*, Wiesbaden, Springer VS, 2011, p. 39-61.

produit. Ainsi, à partir de cette différence fondamentale de finalité, l'innovation responsable se décline de manière opérationnelle, là où le RRI reste un concept théorique peu adapté aux organisations à la recherche d'outils concrets destinés à aider l'innovateur dans sa démarche quotidienne.

Réduire l'incertitude de l'innovation

L'autre problème majeur qu'essaye de résoudre l'innovation responsable, c'est le caractère incertain de l'innovation. Autrement dit, dans l'idée de lancement d'un nouveau produit ou service, de veiller au moment où l'incertitude est la plus grande sur le cycle de vie. Sachant par ailleurs que plus le cycle de vie est sous contrôle, plus la responsabilité sera entière puisqu'il s'agit aussi d'anticiper la fin de vie du produit, sa destruction, son élimination. Ainsi, si la connaissance du cycle de vie d'un produit ou service est destinée avant tout à prévoir les ventes, les opérations de communication ou de relance, c'est aussi un outil précieux pour l'innovation responsable.

L'élément crucial du cycle est le gouffre de Moore[1] qui rend incertaine l'innovation. Et cela notamment à cause de deux facteurs qui influencent particulièrement sa diffusion : les médias de masse et les leaders d'opinion. Les réseaux sociaux sont un exemple typique

1. Geoffrey Moore, *Crossing the Chasm*, *op. cit.*

de « gap » imprévisible. Facebook, par exemple, n'avait jamais anticipé que les personnes connectées au réseau social se compteraient en milliards. Les dirigeants se sont fait dépasser par leur innovation et se sont retrouvés à la tête d'une base de données gigantesque qui impose désormais une responsabilité qu'ils n'avaient pas imaginée ni même voulue initialement. Le schéma de la courbe de vie d'un produit ou d'un service montre bien ce fossé entre les *early adopters* et les autres. Le principal défi pour une entreprise responsable est d'anticiper ce fossé en engageant des visions intégrales. Ainsi, une entreprise peut développer un produit qu'elle met sur le marché en ayant anticipé l'ensemble du processus responsable : traçabilité, réflexion autour de la consommation, de l'utilisation et des impacts sociaux, économiques et environnementaux possibles. Toutefois, l'imprévisibilité de l'innovation ébranle très fortement la validité de cette approche. Si le succès dépasse les prévisions, le fournisseur aura-t-il toujours la capacité d'approvisionner les demandeurs de façon responsable, au vu de sa dépense carbone par exemple ? Les processus de recyclage seront-ils toujours identiques ? Les salariés pourront-ils absorber des cadences supplémentaires ? En cas d'échec, que faire des invendus ? À l'évidence, l'innovation a affaire à l'incertain, et il ne s'agit pas de s'arrêter d'innover compte tenu des incertitudes. Il s'agit uniquement et simplement d'anticiper les possibilités à venir, les succès et les échecs, les utilisations inédites. Cela passe donc par l'émission d'hypothèses exhaustives qui sont considérées tout au long du processus d'innovation avec la perspective du cycle du produit quand il se trouve sur le marché. Même si toutes les hypothèses ne peuvent être imaginées, la plupart d'entre elles sont certainement anticipables.

Les axes de l'innovation responsable

De nombreux travaux ont été conduits pour définir l'innovation responsable sous l'impulsion initiale de Bernadette Bensaude-Vincent[1]. Plus précisément, trois déterminants sont posés et sont destinés à s'articuler ensemble pour comprendre les enjeux de l'innovation responsable. Toutefois, si ces déterminants peuvent s'agencer, ils doivent dans le même temps être posés de façon distincte les uns des autres.

• Questionner les réponses à apporter aux besoins des individus

Ce premier pilier de l'innovation responsable est déterminant : doit-on toujours répondre aux besoins des individus ? Nous avons déjà abordé la question des besoins et le fait, plus exactement, qu'un besoin ne se créé pas mais que l'innovateur répond à des besoins

1. Voir l'éditorial de Bernadette Bensaude-Vincent au Colloque innovation responsable (Collège de France, 29 avril 2009) ; Richard Owen, John Bessant, Maggy Heintz (dir.), *Responsible Innovation : Managing the Responsible Emergence of Science and Innovation in Society*, Wiley, 2013 ; « Introduction to Responsible Innovation Criteria », Interreg IV B-207G, KARIM ; Xavier Pavie, Victor Scholten, Daphné Carthy, *Responsible Innovation, from Concept to Practice*, Singapour, World Scientific Publishing, 2014.

latents conscients ou inconscients. Cela dit, est-ce parce qu'il y a un besoin qu'il faut nécessairement y répondre ?

L'innovation responsable questionne cette obsession des organisations de répondre aux besoins des individus en s'interrogeant sur la pertinence de forger une réponse systématique aux besoins détectés. En effet, une entreprise doit-elle systématiquement lancer l'innovation qui permet de répondre au besoin découvert ? Les stratégies d'innovation doivent-elles avoir le réflexe systématique de tout orchestrer dès lors qu'un besoin est détecté ? Est-ce parce que les élèves de lycée ne veulent pas faire leurs devoirs qu'il faut lancer un service sur Internet permettant que quelqu'un les fasse à leur place[1] ? Est-ce parce qu'une fraction de la population a une soif de désirs sexuels tendancieux qu'il faut organiser des séjours répondant à cette demande[2] ?

Si les individus souhaitent écouter de la musique en se déplaçant, au-delà de leur voiture et de leur salon, que ce soit en marchant, en courant, et cela avec une grande praticité grâce à la dématérialisation, est-il pourtant nécessaire et justifié de produire une vingtaine de générations différentes d'iPod en moins de dix ans, lorsque l'on sait que la construction de chaque appareil nécessite l'extraction de terres rares par un procédé très polluant ? Si les individus sou-

1. « Faismesdevoirs.com ferme déjà ses pages », *Libération*, 7 mars 2009.

2. Notons à titre d'exemples les sites Internet : pleasuretours.com ; alternativephuket.com ; globalfantasies.com ; temptation.originalresorts.com ; affordable-adult-vacations.com ; wildwomenvacations.com ; pornweek.com

haitent devenir propriétaires d'une maison, devons-nous formuler coûte que coûte des services permettant l'acquisition alors que les possibles acquéreurs n'ont pas vraiment les capacités d'endettement ?

• Mesurer les conséquences directes des innovations

Cette dimension est liée à deux éléments : d'une part, l'incertitude de la mise en œuvre de toute innovation et, d'autre part, l'incapacité à anticiper les impacts de produits ou services sur la santé de l'utilisateur actuel et sur son mode de vie, comme sur les futurs clients.

Cette incapacité à prévoir est d'autant plus vive que, dans le même temps, s'orchestre une course à l'innovation qui génère une prise de décisions rapides, parfois hâtives. L'environnement concurrentiel, l'atomisation des marchés ne génèrent chez les compétiteurs qu'acharnement à sortir le plus vite leur dernière trouvaille sans se préoccuper réellement des conséquences. Nous pouvons citer à titre d'exemple le triste et célèbre cas de la voiture Ford Pinto qui fut laissée sur le marché alors que les risques d'explosion du réservoir d'essence en cas de légers chocs étaient connus[1]. Si, dans cet exemple, la malhonnêteté flagrante du dirigeant fut prouvée, ce n'est pas toujours le cas et ce dernier peut souvent choisir un comportement préférant la prudence au risque. Ainsi, l'incidence exacte des ondes émises par le téléphone portable sur le cœur ou

1. Jonathan Raymond, « La Ford Pinto : le contre-exemple américain », *Le Polyscope. Le journal de l'École polytechnique de Montréal*, mars 2003, vol. 36.

les organes lorsque celui-ci est dans une poche demeure dans le flou – les études scientifiques effectuées sur le sujet sont encore loin d'être concluantes et sont souvent divergentes. Cela est une conséquence directe de l'innovation, et l'innovateur se doit de comprendre qu'il porte la responsabilité de ce qu'il fait potentiellement subir à son bénéficiaire. L'impact direct de l'innovation dans le cas des *subprimes* est évident et l'innovateur se devait de mettre en place un système de protection pour celui qui allait profiter de ce service (ou de lui refuser). Nous pouvons aussi considérer l'exemple des crédits à la consommation. Régulièrement, les tribunaux de commerce font référence à des situations catastrophiques de familles confrontées au surendettement. La spirale dans laquelle ces ménages se trouvent est bien souvent le fait de crédits renouvelables (autrefois communément appelé *revolving*) souscrits auprès des grandes enseignes, mais aussi sur les sites Internet des établissements de crédit spécialisés à l'occasion d'un achat ou d'un besoin *a priori* exceptionnel. L'impact direct de cette proposition est la situation délicate dans laquelle va se trouver l'emprunteur pour rembourser le crédit assorti de taux d'intérêt qui peuvent être plus qu'excessifs. On peut aussi citer l'apparition massive de robots dans l'industrie comme dans le quotidien qui pourrait détruire jusqu'à 70 % des emplois dans les prochaines années[1]. C'est une

1. M. Arntz, M., T. Gregory and U. Zierahn, « The Risk of Automation for Jobs in OECD Countries : A Comparative Analysis », OECD Social, Employment and Migration Working Papers, No. 189, 2016 : http://dx.doi.org/10.1787/5jlz9h56dvq7-en

conséquence directe de l'innovation ; celle-ci ne doit pas forcément être supprimée mais ses conséquences doivent être considérées et il s'agit de s'interroger sur la possibilité d'accompagner ce changement inéluctable pour les salariés les plus touchés.

• Considérer les impacts indirects des innovations

Le troisième et dernier axe concerne la nécessité de considérer qu'une innovation a des conséquences dépassant le cadre d'où elle a émergé. Pour cela, il est nécessaire d'intégrer l'idée que nous interagissons tous les uns avec les autres consciemment ou inconsciemment, au sein d'un écosystème. Alors que l'axe précédent concernait les impacts de l'innovation sur ses utilisateurs, il s'agit ici de considérer que le lancement d'une innovation aura certes un impact sur ses clients, mais que les non-clients peuvent également être impactés. Une certaine maturité est nécessaire pour atteindre ce degré de responsabilité, étant donné qu'il est question de rendre des comptes à quelqu'un qui semble se trouver en dehors du champ de nos actes. L'innovation du scientifique comme celle du chef de produit peut en effet induire une porosité sectorielle inconnue à ses débuts. Lors du lancement d'un nouvel avion, plus rapide, plus puissant, dégageant des nuisances sonores importantes, l'innovateur ne doit pas évaluer les conséquences uniquement sur le personnel de bord, le personnel au sol et les clients. Les nuisances touchent également les riverains, qu'ils soient d'ailleurs humains ou animaux. C'est tout l'écosystème autour des aéroports qui est touché, ainsi que le Grenelle de l'environnement l'a souligné en évoquant des mesures à prendre[1]. Même chose lorsque l'on vend un véhicule climatisé qui consommera en moyenne 15 % de plus qu'un véhicule n'utilisant pas cette option[2]. L'émission de CO_2 ne touchera pas que le conducteur du véhicule, mais aussi celui qui est sur sa bicyclette.

Les constructions d'habitations près d'un axe routier ont une conséquence directe sur le développement des poumons de ceux qui y vivent même si ces derniers n'utilisent jamais de véhicules empruntant ces voies. Les nanomatériaux présents dans les chaussettes japonaises présentent un intérêt de confort pour l'utilisateur qui lui garantissent l'absence totale d'odeur. Néanmoins, au premier lavage, les nanomatériaux partent directement dans les eaux usées qui peuvent se déverser dans les rivières, la mer, être ingurgités par des poissons, toucher des plantes, etc. Il s'agit là des impacts indirects où l'ensemble de l'écosystème peut être bouleversé. Dans le cas de ladite crise des *subprimes*, les clients et les prêteurs ne sont pas les seuls concernés : des personnes totalement étrangères à cette proposition, par le jeu financier de la titrisation, se sont retrouvées affectées par cette innovation. Lorsque nous plaçons nos économies sur un livret ou une assurance vie par exemple, quelle en est l'utilisation ? Les banques investissent-elles ces fonds dans

1. http://www.legrenelle-environnement.fr/Convention-avec-les-acteurs-du.html. Notons d'ailleurs que les mesures cherchant à réduire les nuisances sonores des riverains pour leur bien-être accroissent dans le même temps la consommation de kérosène des avions.

2. Laurent Gagnepain, « La climatisation automobile. Impacts, consommation et pollution », *Repères*, 2006.

des entreprises qui peuvent nuire indirectement au citoyen ?

Ces trois questions sont fondamentales pour commencer un processus d'innovation responsable, elles ont pour but d'aider à mesurer, à défaut de contrôler, le caractère incertain de l'innovation.

Le processus d'innovation responsable

On retrouve ces trois axes de l'innovation responsable dans le processus d'innovation décrit plus haut[1] et qui s'établit en cinq étapes[2]. Celui-ci garantit que la prise de responsabilité ne soit pas limitée au développement de nouveaux produits et services et qu'elle consiste en une intégration globale à tous les niveaux de l'entreprise. Ainsi, la stratégie d'innovation responsable est avant tout un engagement de la part de l'organisation dans son ensemble à intégrer la responsabilité à tous les niveaux de l'entreprise et à contrôler *in fine* l'atteinte de ses objectifs. Cette stratégie comporte cinq étapes[3] :

- Étape 1 : Se conformer à la loi

La première étape du processus concerne la conformité de l'entreprise à la loi et aux pratiques légales.

1. Voir la partie décrivant le processus d'innovation, p. 65-66.
2. Ram Nidumolu, C. K. Prahalad et M. R. Rangaswami, « Why Sustainability is Now the Key Driver of Innovation », *Harvard Business Review*, septembre 2009, p. 57-64.
3. Xavier Pavie, *L'Innovation responsable, levier stratégique pour les organisations*, Paris, Eyrolles, 2012.

Cela peut sembler évident, mais les conflits juridiques entre Samsung et Apple par exemple sont la preuve qu'il est encore possible, dans certains cas, de négliger l'étude approfondie des brevets existants détenus par son concurrent. Cette étape sert de base solide permettant de passer à la deuxième étape du processus.

• Étape 2 : Anticiper les futures contraintes légales

La deuxième étape consiste à anticiper les législations légales à venir sans attendre d'y être contraint. Ainsi, l'épreuve centrale est de garantir que la conformité aux normes devienne une opportunité pour l'innovation au travers de la mise en œuvre d'une obligation réglementaire à venir qui obligera l'entreprise dans un futur proche à changer de méthode. En anticipant la législation, l'entreprise se démarque de ses concurrents, en étant la première à bouger, à innover sur un aspect qui devra concerner tous les acteurs du marché. Pour cela, une certaine capacité à anticiper et façonner la réglementation est nécessaire et une habileté à travailler avec d'autres sociétés, y compris les concurrents peut faciliter la mise en œuvre et enrichir la création de solutions innovantes. Les opportunités d'innovation dans cette étape se trouvent dans l'utilisation de la conformité pour inciter l'entreprise et ses partenaires à expérimenter des technologies durables, des matériaux et des procédés.

Ainsi, dans les années 1990, Hewlett-Packard était conscient que le cuivre utilisé dans les composants électroniques était particulièrement toxique. Anticipant une possible régulation sur cet usage, le département

R&D a travaillé pendant une dizaine d'années sur un substitut mélangeant argent, étain et cuivre. Une directive européenne est sortie en ce sens au 1er juillet 2006 et HP a clairement pu prendre de l'avance sur ses concurrents.

• Étape 3 : Penser la chaîne de valeur comme écosystème

L'enjeu de la troisième étape est d'être moteur quant à l'ensemble de son écosystème et en particulier ses fournisseurs. L'enjeu central est d'accroître l'efficacité de la chaîne de valeur en la construisant de façon à ce que l'ensemble des acteurs, des organisations, soit tourné vers la responsabilité. Pour cela, l'organisation doit se doter d'une expertise dans les techniques telles que la gestion du carbone et l'évaluation du cycle de vie. Celle-ci nécessite également une certaine capacité à concevoir de nouveau les opérations, à utiliser moins d'énergie et d'eau, à produire moins d'émissions et de déchets et elle se doit d'assurer que les fournisseurs et les détaillants mènent leurs opérations écologiques de façon efficace. Les opportunités d'innovation dans cette étape se trouvent dans le développement de sources durables de matières premières et de composants.

En 2008, Walmart a obligé ses fournisseurs chinois à réduire leurs émissions de CO_2 de 5 % d'ici à 2013 et à accroître l'efficience de leur production énergétique de 25 % en trois ans. Pour garantir la réelle application de ses volontés, Walmart a développé un processus en trois phases, dont la première phase est le bilan initial des comportements et actions de ses fournisseurs, la vérification des engagements pris en deuxième phase et enfin l'incitation auprès des fournisseurs à développer leurs engagements à travers d'autres usines.

• Étape 4 : Développer des produits
et des services responsables

Il s'agit à ce stade de véritablement entrer dans la création de l'idée, du produit ou du service au sein de l'organisation. Cela consiste à intégrer dans les cinq phases classiques de l'innovation (émergence d'idées, faisabilité, capabilité, lancement et post-lancement)[1] à la fois les trois axes précisés ci-dessus, mais également à intégrer les hypothèses de l'évolution du produit compte tenu de son caractère incertain une fois sur le marché. À chaque phase du processus de développement de produits et services responsables, les risques et les conséquences directes ou indirectes du projet sur divers facteurs sociaux, économiques et environnementaux sont évalués, ou du moins pris en compte afin d'être mesurés plus précisément une fois le produit ou service lancé. Afin d'assurer une prise en compte efficace des risques du projet une fois lancé, il est nécessaire d'émettre une série d'hypothèses liées aux retombées potentielles qui devront être mesurées à la suite du lancement. Cette étape est destinée non seulement à créer, concevoir, mettre sur le marché des produits ou des services favorisant un comportement

1. Voir la partie décrivant le processus d'innovation, p. 65-66.

responsable, mais elle consiste également à développer ces offres en s'assurant que leurs impacts – au cours de leur développement et une fois leur circulation sur le marché et leur consommation – sont contrôlés dans le but de pouvoir prendre les mesures nécessaires au cas où ces derniers se révéleraient particulièrement négatifs.

• Étape 5 : Conduire le changement

L'étape finale de ce processus consiste à provoquer des changements durables non seulement dans l'organisation mais surtout dans la filière où se trouve l'entreprise. Cela s'effectue au travers de trois moyens :

– *Développer des business models responsables.* Cette phase consiste à trouver de nouvelles façons de délivrer et d'acquérir de la valeur, ce qui va changer la base de la concurrence. Les compétences requises pour l'entreprise pour atteindre cette étape résident dans sa capacité à comprendre ce que veulent les consommateurs et à trouver des façons différentes pour répondre à ces exigences, ainsi que dans sa capacité à comprendre comment les partenaires peuvent accroître la valeur de l'offre. Cette étape offre des opportunités d'innovation, dans le développement de nouvelles technologies qui changeront la chaîne de valeur de manière significative.

– *Le faire savoir et l'éducation à la responsabilité.* L'innovation est un levier stratégique permettant d'accroître la responsabilité des méthodes de production et des modes de consommation du marché. L'entreprise responsable a pour devoir de communiquer avec les consommateurs et de mobiliser l'attention du public sur le sujet de la responsabilité. Cela nécessite donc le développement d'un mode de diffusion efficace pour informer le public au niveau de la responsabilité de l'entreprise et de ses offres.

– *Créer la prochaine plate-forme de pratiques.* Il s'agit ici d'interroger la logique dominante derrière le *business model* d'aujourd'hui à travers le prisme de la responsabilité, en vue de créer de nouvelles offres responsables. Pour cela, l'organisation se doit de connaître comment les ressources renouvelables et non renouvelables affectent les écosystèmes d'affaires et des industries. Elle doit également pouvoir synthétiser des *business models*, des technologies et des réglementations dans les différents secteurs. Les opportunités d'innovation dans cette étape se retrouvent dans la création de plates-formes, d'écosystèmes qui permettront aux clients et aux fournisseurs de partager les ressources et d'en faire bénéficier tout un chacun.

L'ensemble de ce processus a pour mission d'aider les innovateurs à travers une méthode classique à s'interroger, à anticiper, à développer l'innovation responsable non seulement pour les innovateurs, pour leurs collaborateurs mais pour l'ensemble des parties prenantes, qu'elles comprennent quel est leur rôle pour innover de manière responsable.

Les limites de l'innovation responsable

Depuis une dizaine d'années que l'idée d'innovation responsable a émergé, un certain nombre d'organisations ont commencé à s'y intéresser de près, que ce soit dans l'énergie, la communication ou l'automobile[1]. Les banques et assurances ont nécessairement dû repenser leur processus d'innovations à la suite de la crise qu'elles ont subie en 2007[2]. Cela n'a pas été vain puisque de nombreuses idées ont vu le jour, et certaines organisations bancaires ont même cherché à développer de nouvelles offres qui de bout en bout intègrent les axes de la responsabilité aussi bien pour les salariés que pour les investisseurs, les clients comme le reste de l'écosystème. Des placements financiers respectueux des enjeux socio-environnementaux ont vu le jour, des comptes bancaires aux intérêts raisonnables et équilibrés se sont développés.

Toutefois, si une responsabilité des innovateurs dans ces organisations a permis de réfléchir de manière très concrète aux actions possibles pour innover de manière responsable, seule une faible partie des organisations dans chacun des secteurs s'est vraiment attelée à conduire une politique d'innovation responsable. Or cela a une conséquence sur la compétitivité qui à court terme nuit aux entreprises qui souhaitent conduire ce

1. Engie au niveau du groupe ou encore La Poste en région lorraine, à titre d'exemples, ont développé des programmes de réflexions relativement structurés autour de l'innovation responsable entre 2010 et 2015 notamment.

2. Le Club Innovation Finance en France a conduit un projet intitulé DRiM pendant près de deux ans pour aider ses membres à élaborer un processus d'innovation responsable en s'appuyant sur les techniques du *Design Thinking*. Voir Xavier Pavie, Corinne Jouanny, Daphné Carthy et François Verez, *Le Design thinking au service de l'innovation responsable*, Paris, Maxima, 2015.

genre d'initiative[1]. Pour être plus précis, des études montrent qu'une structure qui conduit une politique de responsabilité bénéficie d'un grand nombre d'atouts : une rétention du personnel forte par comparaison avec le marché où elle se trouve, une meilleure fidélité de ses clients également, un engagement des salariés qui a pour conséquence une productivité améliorée, une confiance importante lui est également apportée par tout son environnement que ce soit ses fournisseurs, les institutions avec lesquelles elle traite, etc. Néanmoins, l'ensemble de ces bénéfices ne s'aperçoit véritablement que dans un temps relativement long. Une fidélité effective des salariés ne peut se mesurer qu'après plusieurs années, même chose pour l'engagement de ces derniers ou la confiance engrangée auprès de son écosystème. Innover de manière responsable est un engagement sur la durée, et dans un contexte de plus en plus concurrentiel la tentation est grande de faire l'impasse sur ces axes au profit d'une attitude moins responsable mais plus rentable à court terme. L'actionnariat désincarné comme il s'est développé ces dernières décennies n'arrange en rien la situation. Lorsqu'un investisseur confie son argent à une organisation pour le faire fructifier – fonds de pension, organismes de placement – et ne sait pas même où celui-ci est placé, la seule chose qui le préoccupe c'est de savoir dans combien de temps il récupérera sa mise

1. Notons également que l'appellation « innovation-responsable » est souvent comprise comme un frein à l'innovation. Autant le terme « innovation » est caractérisé par le développement, la croissance, l'avancée, le progrès, autant « responsable » est compris comme frein, attentisme, patience.

et à quel taux. En conséquence de quoi, l'intermédiaire n'aura comme simple souci que de faire générer de la marge, du profit à l'entreprise où il investit et cela, dans les meilleurs délais. On comprend très vite que la question de la responsabilité sera reléguée au second plan et le dirigeant se posera la question à deux fois avant d'investir sur la confiance, l'engagement ou la fidélité...

Cette situation n'encourage finalement aucune organisation à entreprendre ce genre d'initiatives car l'absence de responsabilité collective pénalise les plus motivées, ne serait-ce qu'à court terme. Pour le dire autrement, si une entreprise décide d'appliquer un processus d'innovation responsable dans son organisation et pas son concurrent, elle a toutes les chances à court terme de se retrouver dans une situation compliquée avec des coûts qui peuvent être supérieurs car le retour sur investissement ne sera lisible qu'après une période longue, avec des investisseurs certainement réduits en nombre car la majorité voudra des bénéfices très vite et très tôt. De fait, l'innovation responsable est vouée à tomber en désuétude. Une voie pourrait être l'entente entre compétiteurs, ce qui n'est ni rare ni impossible – cela se fait pour établir des normes et standards, cela se fait plus illégalement pour s'arranger sur des tarifs. Dans le cas du projet entre les banques et assurances, la mise en place d'une structure de « coopétition[1] » a permis de faire avancer le projet entre concurrents,

1. Xavier Pavie, Corinne Jouanny, Daphné Carthy et François Verez, *Le Design thinking au service de l'innovation responsable*, *op. cit.*

mais là encore l'ensemble des opérateurs du secteur n'étaient pas autour de la table et rien n'empêchait les concurrents de faire autrement et ainsi de réduire à néant l'ambition menée entre acteurs responsables.

Le problème de fond est sans doute qu'avec des initiatives comme l'innovation responsable, il s'agit de s'attaquer à des processus plus qu'à des comportements. L'innovation responsable est en effet une déconstruction des modes et méthodes d'innovations où sont questionnées chaque phase, chaque étape. Il s'agit de se poser des questions, d'établir des critères d'évaluation tout au long du processus pour jauger si l'innovation va respecter l'environnement, les salariés, les clients, l'écosystème à court, moyen et long termes. Reste que rien n'est obligatoire d'une part et d'autre part la subjectivité et l'interprétation sont omniprésentes. Sans compter, compte tenu de l'incertitude de l'innovation, qu'il y a toujours une marge d'erreur, une absence de connaissance que l'entrepreneur verra toujours du point de vue de son intérêt et non du point de vue du risque encouru pour autrui.

De plus, le processus a quelque chose de malsain car il peut être perçu comme lui-même porteur de la responsabilité, à la place de l'innovateur. Se réfugier derrière la méthode sans faire preuve de raisonnement ni de discernement, c'est pourtant l'élément clef : faire preuve de raisonnement et n'utiliser le processus d'innovation responsable que comme un outil, un moyen mais pas comme une fin en soi.

En 1961 sort la première version du livre *Winnie l'ourson* par A. A. Milne ; en voici l'incipit :

> Je vous présente Édouard, qui à l'instant descend les escaliers, tac, tac, tac, sur sa tête, derrière Jean-Christophe. C'est, d'autant qu'il s'en souvienne, la seule manière de descendre les escaliers, bien qu'il ait parfois l'impression qu'il y a une autre manière, s'il pouvait arrêter de faire tacoter pour bien y réfléchir. Et ensuite, il lui semble qu'il n'y a peut-être pas d'autre manière. Alors, il est déjà en bas, prêt à faire votre connaissance[1].

Cette citation est très pertinente pour comprendre de manière métaphorique à la fois l'innovation responsable, mais surtout le rôle fondamental de l'innovateur. Pour survivre, Jean-Christophe doit chaque matin aller prendre son petit déjeuner, il doit se nourrir sinon il finira par dépérir et disparaître. Cependant, si chaque matin il fait cogner son ours contre les marches celui-ci aussi va finir par dépérir, se découdre puis disparaître. Il y a plusieurs manières pour Jean-Christophe de descendre prendre son petit déjeuner et prendre soin de son petit ours, il pourrait prendre son ours dans les bras, le mettre sur ses épaules, le mettre dans un sac, etc. Mais non, il préfère descendre l'escalier en laissant la tête de l'ours frapper chacune des marches, pour une seule raison qui est dans la citation : il ne s'arrête pas pour y réfléchir.

De la même manière, une organisation a besoin d'être nourrie, de croître, d'acquérir de la valeur, c'est ce qui permet de se maintenir en vie, de survivre lorsqu'elle est parfois entourée de concurrents vigoureux. Néanmoins, faut-il ne jamais réfléchir pour autant

1. Alan Alexander Milne, *Winnie the Pooh*, Londres, Methuen & Co/ Ltd, 1926.

et laisser les innovateurs abîmer inconsciemment les individus, l'environnement à l'instar du petit ours ? Ne peut-on pas les aider à réfléchir et si oui comment ?

La voie de l'innovation-*care*

Critique de la responsabilité

Cette notion d'« innovation responsable » semble donc marquer de nombreuses limites, lesquelles nuisent finalement à sa compréhension voire à son intégration dans les structures des organismes innovants. Sans compter qu'elle reste un processus plus qu'un comportement qu'il faudrait pourtant adopter. Le terme « responsabilité » lui-même n'est pas sans créer quelques difficultés comme nous l'avons déjà souligné plus haut et notamment le risque de la dilution de la responsabilité[1]. Or, la dilution de la responsabilité en général, de l'innovation en particulier, a forcément comme effet une négligence des conséquences. On se sent moins concerné par l'impact d'une innovation lorsque celle-ci est diluée dans une chaîne managériale[2]. La responsabilité n'est véritablement envisageable que lorsque l'on maîtrise un ensemble, aussi restreint soit-il, et non seulement une partie.

1. Walter F. Baber, *Organizing The Future : Matrix Models for the Postindustrial Policy*, Alabama, The University of Alabama Press, 1983.
2. *Id.*

La compréhension du terme « responsable » est également gênante en ce qui concerne la destination de la responsabilité : pour quoi et pour qui une innovation serait-elle responsable ? On pourrait d'ailleurs imaginer une innovation responsable uniquement destinée à la préservation des intérêts des actionnaires. Et dès lors peu importe les actes mis en œuvre. Ainsi, quel est l'objet de la responsabilité ? Est-ce dans la préservation des générations futures ? des générations actuelles ? Est-ce qu'il s'agit d'être responsable pour des groupes d'individus, des communautés ou des individus ? Ces questions méritent d'être posées, d'autant plus que le terme « responsabilité » est un mot datant de la fin du XVIIIe siècle et recouvre alors des notions de solidarité. L'influence provient de la restructuration des schémas de responsabilité civile avec l'idée de prévention des risques. C'est à partir de là d'ailleurs qu'avec l'assurance, l'indemnisation, etc. la responsabilité a été déconnectée de la faute. Elle est devenue un outil d'allocation des risques plus qu'un principe de régulation des conduites avec toutefois une conséquence paradoxale : la déresponsabilisation de l'agir[1]. Dès lors « la responsabilité sans faute a en effet tendance à déresponsabiliser. En amont, avant la prise de décision, et parce qu'elle se traduit par une imputation tous azimuts de la responsabilité, sans considération pour le comportement des personnes mises en cause, elle anesthésie l'action, ce qui est tout le contraire d'un sentiment de responsabilité. En aval, parce qu'elle

1. François Ewald, *Histoire de l'État-providence*, Paris, Gallimard, « Folio », 1996, p. 86.

n'identifie pas les fautes qui ont pu être commises, la responsabilité sans faute tue le sentiment de responsabilité, la personne qui assume financièrement le dédommagement pouvant se dire publiquement que "ce n'est pas sa faute"[1] », explique Laurence Engel.

Se perd ainsi la substance de la responsabilité du sujet et du rapport à la fois vis-à-vis de soi-même et vis-à-vis d'autrui. C'est donc cette judiciarisation de la responsabilité qui lui fait perdre son essence[2]. La notion de responsabilité avait un véritable sens dans la mesure où il était une application choisie par les individus, pour les individus, il s'appauvrit dès lors qu'il devient « confisqué » par des organes prescriptifs[3]. Ainsi, souligne François Ewald :

> Ce qui rend responsable, c'est, dans une situation où l'on est garant d'autres, le fait qu'on décide, le fait même de la décision. Cette dimension ne peut guère être saisie par le droit dans la mesure où le droit pense la responsabilité par rapport à une norme et comme infraction à une norme. Or, on n'est pas vraiment dans l'ordre de la responsabilité lorsqu'on est soumis à une norme. L'expérience de la responsabilité commence lorsque l'on a décidé sans pouvoir se référer à une norme[4].

1. Laurence Engel, « Réguler les comportements », *in* T. Ferenczi (dir.), *De quoi sommes-nous responsables ?*, Paris, Éditions Le Monde, 1997, p. 80-89.
2. Voir l'article très complet de Guido Gorgoni, « La responsabilité comme projet », *in* Christophe Eberhard, *Traduire nos responsabilités planétaires. Recomposer nos paysages juridiques*, Bruxelles, Bruylant, 2006, p. 131-146.
3. François Ewald, *Histoire de l'État-providence*, *op. cit.*, p. 86.
4. François Ewald, « L'expérience de la responsabilité », in *De quoi sommes-nous responsables ?*, *op. cit.*, p. 11-36.

Notons que cette dimension est celle que reprend Pedersen lorsqu'il souligne la distanciation dans la responsabilité entre le *do not harm* et le *do good*[1]. Revient alors cette question de la conformité à la norme, ce qui est différent de faire le bien. Le *do good*, c'est aller positivement au-delà de la norme.

Enfin, dernier élément critique du terme responsabilité, mais faut-il le préciser, la notion même de « responsabilité » est dévoyée. Depuis la crise financière, désormais tout devient responsable « comme par enchantement ». Des crédits à la consommation aux derniers appareils de téléphonie mobile, tout est désormais recouvert de « responsabilité ». Après le *green washing* que certaines organisations n'ont pas hésité à appliquer pour se donner une image « plus verte », le *responsibility washing* existe lui aussi bel et bien. Et bon nombre d'entreprises cherchent à montrer des comportements dits responsables sans pour autant que ce soit une réalité.

S'il y a donc une nécessité de l'innovation responsable, le terme n'est cependant clairement plus approprié, mais dépassé, pas suffisamment clair ou trop banalisé. En plus d'une coloration passive, défensive, il ne détermine pas son objet de façon suffisamment précise et dès lors semble peu appropriable.

Herbert Hart avance la notion de *role-responsibility*[2]. Proposition qui caractérise la situation de celui qui a

1. Esben Rahbek Pedersen « Modelling CSR : How Managers Understand the Responsibilities on Business toward Society », *Journal of Business Ethics*, 2010, n° 91, p. 155-166. Table II : Key groups of societal responsibilities.

2. Herbert Hart, *Punishment and responsibility*, Oxford University Press, 1968, p. 213.

la charge (le rôle) de gérer les intérêts d'autrui. Le *role-responsibility* renvoie à une signification de la responsabilité qui met en jeu un réseau de responsabilités transversales aux partages de champs entre éthique et droit. Néanmoins, si le concept semble en effet intéressant pour notre problématique, il ne semble pas suffisamment adapté car finalement, comme le terme « responsabilité », la « gestion des intérêts d'autrui » que recouvre le terme peut très bien ne concerner que la préservation des intérêts d'actionnaires, peu importe les moyens mis en œuvre.

Paul Ricœur note également que le terme « *respondere* » est mal compris et suggère de le repenser au profit d'« *imputare* », l'imputation. Il faut en effet pour Ricœur élargir la notion de responsabilité vers l'imputation afin de valoriser la dimension de la relation à l'autre. Les propos de Ricœur sont d'ailleurs proches du questionnement sur l'innovation responsable. Ainsi, dit-il, « la condition nouvelle faite à la responsabilité à l'âge technologique demande une orientation plus franchement dirigée vers un futur lointain qui dépasse celui des conséquences prévisibles[1] ». Toutefois, l'imputation semble cette fois trop proche des questions juridiques car l'imputation va chercher la « faute », elle la caractérise pour le sujet, ce qui nous semble utile, mais pas suffisant. Car s'il s'agissait d'effrayer les innovateurs avec l'imputation, le risque direct est la crispation voire l'abandon de toute innovation. De plus, l'imputation semble trop

1. Paul Ricœur, « Le concept de responsabilité. Essai d'analyse sémantique », in *Le Juste 1*, Paris, Seuil, 1995, p. 281-282.

raccrochée à un passé alors que nous cherchons plutôt à nous placer dans une prospective de l'innovation à venir.

S'il semble nécessaire d'utiliser un nouveau terme, une nouvelle dimension, une nouvelle compréhension cherchant à pallier ces insuffisances, cette notion doit mieux faire comprendre l'enjeu de la relation de l'individu envers lui-même comme envers autrui. Autrement dit, il s'agit de penser ou de ne penser l'innovation que comme un moyen dont la fin serait un « meilleur » pour l'individu. Que l'innovation prenne soin de l'individu à qui elle s'adresse. Cela soulignerait un angle que l'innovation responsable ne souligne pas ou pas assez. Prendre soin de l'individu engage spontanément l'innovation vers une finalité préférable, désirable pour la société. Dans cette optique, la notion anglo-américaine de « *care* » est intéressante. Celle-ci, en effet associée à la notion d'innovation, peut nous permettre de porter le rôle des innovateurs vers un nouveau paradigme et aider à formuler une approche plus exacte de ce que doit être l'innovation responsable. Ce paradigme pourrait être placé sous l'égide de Platon, qui annonce, dans *La République*, qu'il faut établir la Cité non pas pour « qu'une seule classe de nos citoyens soit privilégiée dans la possession du bonheur, mais que celui-ci appartienne, au plus haut degré possible, à l'État tout entier[1] ». Ainsi, en paraphrasant l'Athénien, innover-*care*, c'est

1. Platon, *La République*, trad. Léon Robin, in *Œuvres complètes I*, Paris, Gallimard, « Bibliothèque de la Pléiade », 1950, IV, 420b, p. 980.

innover pour la Cité en ne cherchant pas à obtenir qu'un groupe isolé soit exceptionnellement heureux, mais que soient heureux le plus d'individus possible, c'est-à-dire la Cité entière.

Qu'est-ce que le care *?*

Le *care*, que l'on peut aussi bien entendre comme sollicitude, soin, prendre soin ou bienveillance[1], traduit des préoccupations humaines, des préoccupations qui concernent le monde dans lequel nous vivons, et cela, de façon universelle[2]. Si ce terme est adopté par des sociologues, des travailleurs sociaux, des psychologues, des juristes, des politiques, des philosophes, des géographes, des anthropologues et des ingénieurs, il faut semble-t-il aujourd'hui s'interroger sur sa dimension au sein de la sphère managériale et plus particulièrement à l'endroit de l'innovation[3]. D'ailleurs, si la notion de *care* est intimement liée à l'aspect interrelationnel entre les individus, Joan Tronto, l'une des intellectuelles les plus influentes du *care*, souligne la nécessité d'interroger la question du *care* par les institutions, par

1. Sandra Laugier, Patricia Paperman, « La voix différente et les éthiques du *care* », *in* Carol Gilligan, *Une voix différente, pour une éthique du* care (1982), trad. Annick Kwiatek, revue par Vanessa Nurock, Paris, Flammarion, « Champs », 2008, p. XXIX.

2. Carol Gilligan, *Une voix différente*, *op. cit.*, p. 50-59 ; cité par Pascale Molinier, Sandra Laugier, Patricia Paperman, *Qu'est-ce que le care ?*, Paris, Petite Bibliothèque Payot, 2009, p. 7.

3. Joan Tronto, « *Care* démocratique et démocraties du *care* », trad. B. Ambroise, *in* Pascale Molinier, Sandra Laugier, Patricia Paperman, *Qu'est-ce que le care ?*, *op. cit.*, p. 35 ; *id.*, p. 8.

les villes, par les États[1]. Cela fait sens car, pour les tenants de l'éthique du *care*, la morale se fait à partir d'expériences rattachées au quotidien et aux problèmes moraux de personnes réelles, dans leur vie ordinaire[2].

À l'origine, Joan Tronto et Berenice Fisher définissent le *care* comme « une activité caractéristique de l'espèce humaine qui inclut tout ce que nous faisons en vue de maintenir, de continuer ou de réparer notre "monde" de telle sorte que nous puissions y vivre aussi bien que possible. Ce monde inclut nos corps, nos individualités et notre environnement, que nous cherchons à tisser ensemble dans un maillage complexe qui soutient la vie[3] ». L'innovation associée au *care* ne cherche pas à reprendre pleinement cette définition, car toute innovation technologique, scientifique, économique, etc. n'a pas vocation à « réparer » le monde ou les corps – même si le progrès avait peut-être cette ambition. En tout état de cause, l'innovation ne doit prendre aucun risque quant à la destruction du monde, de l'environnement et des individus.

Cela montre également en quoi le *care* est objet du présent et l'innovation-*care* objet de l'avenir. Alors que le *care* cherche à prendre soin de celui qui en a

1. Joan Tronto, « *Care* démocratique et démocraties du *care* », *op. cit.*, p. 36 et 54.

2. Sandra Laugier et Patricia Paperman, « La voix différente et les éthiques du *care* », *in* Carol Gilligan, *Une voix différente*, *op. cit.*, p. V.

3. Berenice Fisher, Joan Tronto, « Toward a Feminist Theory of Caring », *in* Emily K. Able, Margaret Nelson (dir.), *Circles of Care. Work and Identity in Women's life*, Albany, State University of New York Press, repris *in* Joan Tronto, « *Care* démocratique et démocraties du *care* », *op. cit.*, p. 37.

besoin dans l'instant, l'innovation-*care* va chercher à répondre aux besoins futurs des individus tout en prêtant attention à prendre soin d'eux. Cela entraîne de nouveau des problématiques éthiques sur ce que nous devons faire ou ne pas faire pour prendre soin. Plus exactement, lorsque ces problématiques s'associent à l'innovation, la question qui se pose est : « Comment doit-on vivre ? » Bernard Williams voit dans cette question le fondement de l'éthique, dont il attribue la paternité à Socrate[1]. La question du « comment doit-on vivre ? », c'est un besoin, une demande en effet d'éthique, que la démarche philosophique s'efforce de prendre en charge, en posant la question qui ouvre véritablement la réflexion éthique, et qui est encore davantage socratique : par quel savoir accéder au bien vivre ? C'est donc bien sur deux piliers que se fonde l'innovation-*care*. D'une part, le « prendre soin de soi » ou, comme les Grecs le nommaient, l'*epimeleia heautou*[2] et, d'autre part, l'éthique, qui ici prend une coloration socratique, mais qui, nous le verrons, peut être recouverte d'une vision kantienne.

Ces précisions sont importantes pour notre sujet puisque, dès son origine, poussé par Carol Gilligan, le *care* a été compris comme une éthique, plus particulièrement féminine, car il émerge en effet d'abord au sein des familles – on prend soin de ceux

1. Bernard Williams, *L'Éthique et les Limites de la philosophie,* trad. M.-A. Lescourret, Paris, Gallimard, 1990, p. 7, d'après la formule de *La République*, I, 352d.

2. Michel Foucault, *L'Herméneutique du sujet*, *Cours au Collège de France, 1981-1982*, Paris, Gallimard/Seuil, « Hautes études », 2001. p. 6-13.

qui nous entourent et nous aiment sans condition – et se transmet d'une génération à l'autre de mère en fille. Toutefois, de nombreuses analyses ont depuis montré qu'on ne naît pas *caring*, mais qu'on le devient[1]. Autrement dit, la transmission n'est pas génétique, elle relève de l'éducation, et les barrières de genre disparaissent. Dès lors, si le *care* transcende les genres comme il transcende les cultures et les frontières, il semble tout à fait disposé dans le même temps à transcender les sphères sociales pour s'ancrer aussi dans les sphères économiques et managériales.

Caractériser l'innovation-care

Il existe deux possibilités d'articuler l'innovation avec le *care* : *care*-innovation et innovation-*care*. Pour le comprendre, il faut préciser que, pour Joan Tronto et Berenice Fisher, le *care* est composé de quatre phases : le fait de se soucier de quelqu'un ou de quelque chose (*care-about*) ; prendre soin de quelqu'un (*care-for*) ; de soigner quelqu'un (*care-giving*) ; d'être l'objet du soin (*care-receiving*)[2].

L'innovation associée au *care* peut se retrouver dans au moins trois des catégories mentionnées ci-dessus. Une innovation peut en effet être destinée à « soigner quelqu'un » (*care-giving*), une innovation

1. Pascale Molinier, Sandra Laugier, Patricia Paperman, *Qu'est-ce que le care ?*, *op. cit.*, p. 15.

2. Joan Tronto, « *Care* démocratique et démocraties du *care* », *op. cit.*, p. 37.

scientifique dans le domaine médical par exemple. C'est également la possibilité de « prendre soin de quelqu'un » (*care-for*), et les organismes d'assistantes maternelles, de femmes de ménage, de soutien scolaire, etc. sont tout à fait dans cette optique. Dans ces deux premières catégories, il peut se développer des services, des produits où le *care* est en quelque sorte le cœur de la proposition économique.

Enfin, le dernier axe est le fait de « se soucier de quelqu'un ou de quelque chose » *(care-about)*. Il n'est pas question ici d'un nouveau produit ou d'un nouveau service à proposer. C'est innover quels que soient le secteur, le marché, le produit ou le service en se souciant des individus dans la société. C'est le souci de l'autre qui est engagé. Un engagement qui ne se fait pas en tant qu'apport de réponses, mais en tant que réponses liées aux conséquences de l'innovation sur l'individu. Autrement dit, lorsqu'on lance un nouveau service bancaire, est-on sûr qu'il « prenne soin » de celui qui va l'utiliser ? N'y a-t-il pas un risque que ce service le pénalise ou le prenne en « otage » ?

On distinguera en conséquence innovation-*care* de la notion de *care*-innovation. Cette dernière étant plus particulièrement tournée vers les innovations à destination de besoins de soins (les assistantes maternelles, les baby-sitters, les offres de ménage, etc.). L'innovation-*care*, c'est la prise en compte d'autrui dans les impacts de l'innovation. C'est donc bien l'innovation en soi, qu'elle soit technologique, scientifique ou économique. C'est au sein de ces différents domaines que va venir s'intégrer la question de *care*, le fait de prendre soin de l'autre.

Les champs d'expression du care

L'enjeu de l'innovation-*care* est avant tout de ramener l'innovation dans la société au plus proche des individus. Car, ainsi que nous l'avons dit plus haut, l'innovation est cloîtrée dans les strates managériales et ne s'ouvre que pour écouter le marché, pour y détecter des potentiels commerciaux. Or l'innovation-*care* va également prendre en considération la société dans laquelle le lancement est prévu afin que l'innovation puisse prendre en compte l'individu. On peut même se demander si, finalement, l'innovation dans ce cadre n'est pas un retour à Descartes, car sa volonté de se rendre « comme maître et possesseur de la nature », comme nous l'avons dit, était intimement liée au progrès pour la préservation de l'individu, pour la conservation de la santé.

Pour Joan Tronto, le *care* doit passer par une conscience collective, car nous en sommes tous bénéficiaires. Ce qui veut dire que c'est l'attention au soin que l'on porte à autrui qui permet un collectif *care*. Toutefois, cela n'est pas sans poser la question du savoir-faire : que savons-nous du fait de prendre soin d'autrui ? Que savons-nous de ce qui est fait pour nous ? Les gestes, les intentions d'autrui envers nous qui tissent le maintien, la cohérence et jusqu'à l'esthétique de nos vies[1]. Comment le manager peut-il

1. Berenice Fisher et Joan Tronto, « Toward a Feminist Theory of Caring », art. cité, repris *in* Joan Tronto, *Moral Boundaries…*, *op. cit.*, trad. française *Un monde vulnérable. Pour une éthique du* care, Paris, La Découverte 2009, p. 143. Repris dans Pascale Molinier, Sandra Laugier, Patricia Paperman, *Qu'est-ce que le care ?*, *op. cit.*, p. 19.

savoir ce qu'est prendre soin d'autrui ? Ces questions sont toutes aussi aiguës à propos de l'innovation : que voulons-nous dans et pour notre vie ? Comment devons-nous y répondre ? Avec quelles intentions et quelles cohérences ?

L'innovation-*care* vient reposer ces questions à propos de toutes formes d'innovations, et ce, afin de constituer celles-ci au regard des besoins individuels profonds. Autrement dit, c'est questionner la décision de mise sur le marché d'une innovation quand sa finalité sera opposée ou du moins très écartée de principes universels déclarés. Si les aspects économiques de l'innovation sont très clairement compris par les stratèges d'entreprises, il s'agit de penser au-delà de la part de marché que va générer telle ou telle innovation. Car la vulnérabilité d'une entreprise ne porte finalement pas tant sur la qualité de son bilan que sur les conséquences sur les individus – qu'ils soient salariés, clients, citoyens – qui y travaillent ou en bénéficient. Il s'agit donc, pour paraphraser Kant, d'innover pour les autres ainsi que l'on voudrait que l'on innove pour soi-même.

Joan Tronto souligne d'ailleurs que, dans le *care*, il y a une dyade qui articule deux sortes d'individus : le *care-giver*, celui qui donne le soin, et le bénéficiaire (*care-giver*). Or émerge un rapport de force entre la puissance du premier vis-à-vis du second[1]. Même s'il est différent, ce rapport de force entre donneur et receveur se retrouve dans la notion d'innovation-

1. Joan Tronto, « *Care* démocratique et démocraties du *care* », *op. cit.*, p. 36.

care. En effet, l'entreprise innovante, l'innovateur sont en position de force face à leurs clients – bénéficiaires –, qu'ils connaissent, qu'ils ont étudiés, dont ils savent les besoins, etc. Ce rapport de force dont l'innovateur risque d'abuser constitue un élément majeur de l'innovation-*care* qui peut se formuler en ces termes : dans quelle mesure puis-je exploiter la faille de celui qui a besoin de moi ? Dans un exemple extrême – mais non moins réel –, dans quelle mesure un fabricant d'armes qui innove en élaborant un appareil plus performant prend-il réellement en compte celui qui va l'acheter ? C'est évidemment le cas des produits alimentaires et de la nouvelle technologie. À titre d'exemple, la question de l'impact sur la santé des lignes à très haute tension n'est toujours pas scientifiquement tranchée, dans un sens comme dans l'autre[1].

Les sphères de l'individu

C'est dans ce contexte qu'émerge la problématique de la sphère privée *versus* la sphère professionnelle à l'endroit de l'innovation en général, pour l'innovateur en particulier. Depuis quelques années, les entreprises occidentales – comme d'ailleurs les gouvernements – ne cessent de promouvoir la nécessité

1. Voir le rapport du sénateur Daniel Raoul sur « Les effets sur la santé et l'environnement des champs électromagnétiques produits par les lignes à haute et très haute tension », remis à l'office parlementaire d'évaluation des choix scientifiques et technologiques, mai 2010.

d'une claire séparation entre vie professionnelle et vie publique ou vie civile, le fameux *work/life balance*. L'enjeu est de faire en sorte que les individus ne soient pas dans leur vie personnelle troublés par le travail. Dans le même temps, une autre conséquence est le risque d'une ignorance voire d'un mépris des effets de l'un sur l'autre. Autrement dit, à vouloir que le manager devienne un citoyen sans songer à son travail après ses heures de bureau, on le pousse à être uniquement dans ce rôle quand il est dans l'entreprise. Le manager se demande-t-il face à une innovation à fort potentiel pour son entreprise qui pourrait lui faire obtenir primes et promotions s'il ne serait pas raisonnable de renoncer à cette innovation compte tenu d'hypothétiques risques sur ses concitoyens ?

Il y a une disparité entre le pouvoir et la sollicitude, *care*, et cette disparité est celle à l'origine de conflits possibles pour le manager. Comment le manager peut-il répondre à cette question ? Grâce à ses valeurs ? sa morale ? Toutefois, la morale comme les valeurs sont très difficilement déterminables de façon universelle[1]. Nous savons que ce qui est moral en Asie n'est pas perçu de la même manière en Afrique et encore plus simplement que la sensibilité morale est différente entre un homme et une femme[2]. Or les innovations les plus significatives aujourd'hui trans-

1. Mark S. Schwartz, « Universal Moral Values for Corporate Codes of Ethics », *Journal of Business Ethics*, 2005, vol. 59, p. 27-44.
2. Sandra Laugier, Patricia Paperman, « La voix différente et les éthiques du *care* », *op. cit.*, p. III et XXIV.

cendent largement les frontières et les continents. Cette dichotomie manager/citoyen doit être reposée. Doit-on promouvoir une séparation manager/citoyen ou au contraire mieux l'articuler pour que l'un ne domine pas l'autre ?

Il y a à définir autrement la responsabilité dans l'innovation en prenant en considération tous les acteurs quels que soient leurs rôle et fonction. Une responsabilité où il est question de s'interroger sur l'individu susceptible d'être impacté par l'innovation – qu'il soit client, prospect, citoyen, etc. L'innovateur doit non seulement comprendre qu'il est en même temps citoyen, mais aussi que la sphère professionnelle est là pour prendre soin de la sphère privée. Ainsi que le suggère Empédocle reformulé par Jean-François Balaudé : « Il ne peut y avoir de communauté humaine juste et harmonieuse qu'à la condition que ses membres se pensent et se comportent aussi comme des membres de la communauté plus large des vivants[1]. » Autrement dit, l'innovateur ne doit jamais se sentir autre que citoyen, qu'individu œuvrant pour la Cité, pour la communauté dans laquelle il se trouve pleinement.

L'interaction entre sphère privée et sphère professionnelle, c'est l'interdépendance entre manager et citoyen, entre l'innovateur et celui qui reçoit l'innovation dans son ensemble : finalement sphère privée et sphère publique se confondent.

1. Jean-François Balaudé, *Le Savoir-vivre philosophique*, Paris, Grasset, 2010, p. 117.

Compétitivité, interdépendance et vision court terme

Ce que souligne l'innovation-*care*, c'est qu'il n'est pas possible de prétendre à l'autosuffisance ; et l'innovateur comme d'ailleurs le consommateur final doivent accepter cette dimension immuable. Néanmoins si cette situation d'interdépendance entre celui qui innove et les receveurs directs ou indirects de l'innovation peut être comprise, elle n'est toutefois pas réellement intégrée, compte tenu de facteurs exogènes et endogènes à l'entreprise.

• Les conditions exogènes

Les conditions exogènes limitant la compréhension d'interdépendance et dès lors l'innovation-*care* sont intrinsèquement liées à la pression économique dans laquelle l'entreprise évolue, notamment une haute compétitivité globalisée qui n'est pas sans provoquer une tension des processus d'innovation. L'entreprise se doit d'être dans une compétitivité, une productivité non seulement sans faille, mais qui doit sans cesse être reconduite, au risque de disparaître à cause du contexte compétitif intense. Une forme de darwinisme économique semble opérer avec une lutte pour la survie économique de chacune des entreprises, au risque, dans le cas contraire, d'une élimination des plus faibles.

Pour comprendre ce point, il faut regarder une étude réalisée entre septembre 2009 et janvier 2010 auprès de mille cinq cents présidents, directeurs généraux et hauts responsables des secteurs public et privé représentant des organisations et des entreprises de toutes tailles dans soixante pays et trente-trois secteurs d'activité[1]. Les résultats montrent qu'il existe une typologie d'entreprises que l'on appelle « surperformantes », notamment en termes d'innovation. Les différences sur le plan économique entre les « surperformantes » et les autres organisations se font à partir de leurs performances sur le court et le long terme. Et cela à partir de la croissance annuelle de la marge d'exploitation sur quatre ans, de 2003 à 2008, pour mesurer les performances à long terme. Même chose sur un an, de 2008 à 2009, pour mesurer les performances à court terme. Cette approche permet d'identifier les organisations dites « surperformantes », celles qui ont réussi à améliorer leur marge d'exploitation à la fois sur le long et le court terme. De plus, il est à noter que ces entreprises « surperformantes » survivent également mieux lors de crises, dans la mesure où elles sont constituées dans le milieu économique de façon plus robuste et ne cessent de renforcer cette robustesse.

Deux particularités se dégagent de ces « surperformeurs ». D'une part, ces organisations assument de prendre des décisions dans l'incertitude. Elles sont en effet 16 % de plus que les autres à mettre en œuvre des processus de planification stratégique itératifs, au lieu de processus de planification annuels formels[2]. D'autre part, elles savent prendre des décisions bien

1. IBM Institute for Business Value, *Capitalizing on Complexity*, IBM Corporation, 2010.
2. *Id.*

plus rapidement que les autres. Plus exactement, elles sont 54 % à privilégier les décisions rapides[1]. Or ce sont justement ces deux facteurs qui nuisent à la responsabilité de l'innovation, qui aboutissent à la non-prise en compte des impacts négatifs possibles d'une innovation : par définition, décider dans l'incertitude, c'est prendre des risques. Savoir prendre une décision rapidement est aussi risqué que de ne pas avoir sous contrôle l'ensemble des tenants et aboutissants. Bien entendu, nous ne conclurons pas trop hâtivement qu'être « surperformant » signifie, de fait, nuire à la responsabilité de l'innovation. Il nous faudrait pour cela analyser en détail les innovations et les processus de ces « surperformeurs ». De plus, il faudrait analyser un ensemble d'entreprises aux innovations dites « responsables » et confronter leur performance à la fois aux moyennes du marché de leur secteur et à celles de ces « surperformeurs ».

• Les conditions endogènes

Les secondes conditions, endogènes, sont intimement liées aux premières. Elles s'articulent en deux axes. Tout d'abord, la durée d'exercice des dirigeants d'entreprise ; celle-ci ne cesse en effet de diminuer. Sur les dix dernières années, la durée d'emploi d'un dirigeant à son poste a été raccourcie de 25 %[2]. Inter-

1. *Id.*

2. Ken Favaro, Per-Ola Karlsson, Gary L. Neilson, « CEO Succession 2000-2009 : A Decade of Convergence and Compression », *Strategy Business*, été 2010, n° 59.

rogés sur cette situation, les dirigeants d'entreprise soulignent en effet qu'ils ont dès leur prise de fonction à peine le temps d'établir une stratégie. Leur obsession doit être la prochaine publication des comptes, et cela, quel que soit le moment où ils ont pris leur fonction. Or cette publication ne peut se faire sans l'annonce de stratégies, d'innovations à venir, de projets, même s'ils n'en sont qu'à un stade très superficiel. Ils dénoncent le syndrome d'« effet d'annonce » dans lequel ils doivent entrer pour rassurer les marchés et/ou les actionnaires, et/ou les collaborateurs. Dès lors, nul doute n'est permis, nul questionnement n'est compris quand bien même il est dans l'essence de l'innovation d'être dans un état d'incertitude. Pour conserver leur poste, ces dirigeants se voient obligés de maintenir les effets d'annonce et de garantir le succès de l'innovation. En conséquence de quoi, les compétiteurs emboîtent le pas à une surenchère d'effets d'annonce. Il ne s'agit plus tant de viser la palme de l'innovation de l'année que la palme du meilleur effet d'annonce, tout à fait mesurable, d'ailleurs, par l'évolution du cours de l'entreprise en bourse. Cette mécanique étant très limitée dans le temps, les patrons restent ainsi de moins en moins longtemps à leur poste. La pression des marchés, des actionnaires sur une rentabilité à court terme a raison de leur durée de vie et ceux-ci se plaignent de n'avoir pas le temps d'implémenter une réelle stratégie ou de mettre en œuvre une série d'innovations performantes.

Il nous faut également souligner un autre facteur endogène à l'entreprise dont la responsabilité est là encore portée par les dirigeants d'entreprise. Ces derniers ont une relation particulièrement fusionnelle avec l'innovation et souvent une certaine paternité de celle-ci. Ainsi, à l'occasion d'une étude menée auprès de 1 130 dirigeants d'entreprise, tous secteurs, tous continents confondus, ces derniers n'hésitent pas à dire que la responsabilité de l'innovation leur appartient. Ils déclarent à 50 % : « L'innovation, c'est moi » ou qu'elle appartient « à tous les employés[1] », ce qui sous-tend, dans ce dernier cas, que ce sont les dirigeants qui en conservent la paternité, compte tenu du processus hiérarchique. Cette relation présente plusieurs difficultés quant à une possible innovation-*care* et cela soulève notamment une question égologique. Si une innovation échoue, est-ce le dirigeant qui en assume l'échec ? Si oui, comment et dans quelle mesure ? N'y a-t-il pas un acharnement à l'innovation dès lors qu'orgueil, fierté et ambition sont mis sous tension[2] ?

Compréhension de l'interdépendance comme pondération des conditions exogènes et endogènes

L'innovation-*care* s'attelle à travailler à la fois les conditions exogènes et endogènes de l'entreprise à travers la conscience de l'interdépendance. Il y a interdépendance dans l'internationalisation des biens et des services ; il y a interdépendance entre les individus qu'ils

1. IBM, « Global CEO Study », 2008.
2. Voir le comportement du CEO de Ford, Lee Iacocca, à propos du modèle Pinto : Jonathan Raymond, « La Ford Pinto : le contre-exemple américain », art. cité.

soient dirigeants ou salariés ; il y a interdépendance au sein même d'un individu, entre celui qui est manager et celui qui est citoyen. Il y a toujours interdépendance, qu'on le veuille ou non. Et le *care*, c'est accepter cette interdépendance en prenant soin de soi comme des autres. Cette conscience d'interdépendance signifie dès lors que l'on reconnaît qu'un acte de violence finit toujours par se retourner contre soi, tout comme on bénéficie du soin (*care*) fait à autrui[1]. C'est pourquoi les théories du *care* soulignent d'ailleurs toujours l'importance pour la vie humaine de montrer que nous dépendons, tous, des services d'autrui pour satisfaire même ses besoins primordiaux[2]. Dans la perspective du *care*, le soi et les autres ne sont pas représentés comme des entités séparées : la relation constitue la figure centrale à partir de laquelle le sujet moral perçoit le besoin et répond à cette perception. Chacune de ces perspectives saisit les relations entre le soi et les autres[3].

De la médecine à la conduite sur une route, de l'éducation à l'information, du management à la collaboration dans un groupe de projet, il y a interdépendance. Intégrer cet aspect nécessite de quitter sa sphère égologique, ce que l'entreprise et ses dirigeants ont le plus de mal à faire en général, et pour innover en particulier. Or, la proposition de l'innovation-*care* est, d'une part, de montrer que l'innovation n'est pas un enjeu solitaire et, d'autre part, que l'échec n'est pas

1. Carol Gilligan, *Une voix différente, op. cit.*, p. 123.
2. Sandra Laugier, Patricia Paperman, « La voix différente et les éthiques du *care* », *op. cit.*, p. IX.
3. *Ibid.*, p. XXXIII.

un signe de faiblesse mais résulte de caractéristiques proprement humaines. À titre d'exemple soulignons une étude sur les accidents d'avions qui a montré que si les membres d'un équipage s'en tiennent à la compréhension de la situation uniquement offerte par le pilote, ils sont incapables de corriger une erreur. Dès lors, si les pilotes et le reste de l'équipage apprennent à reconnaître leurs erreurs et à accepter leurs faiblesses, ils peuvent résoudre les problèmes de manière plus efficace[1].

*Innovation-*care *et maîtrise de soi*

L'innovation-*care* est cette prise de conscience de l'interdépendance entre individus, entreprises, nations, citoyens, managers, clients, usagers, etc. L'innovation-*care*, c'est la conscience des porosités entre les frontières de la sphère privée et de la sphère publique. L'innovateur pourra alors prendre en compte la notion de *care*, dès lors qu'il comprend qu'il est dans un processus mêlé où lui-même est bénéficiaire de *care* et lui-même impacté par les innovations. Autrement dit qu'à titre personnel il souhaite être « *caring* ».

En comprenant l'ensemble de ces processus mêlés, l'innovation n'aura plus la prétention de faire le bonheur des autres à leur place. C'est une tentation naturelle de l'innovation, mais c'est aussi une tentation qui peut nuire au *care*. Joan Tronto distingue d'ailleurs le

1. Joan Tronto « *Care* démocratique et démocraties du *care* », *op. cit.*, p. 53.

« bon » *care* du « mauvais » *care* en donnant l'exemple des colonisateurs qui, en leur temps, n'étaient pas persuadés qu'ils étaient en train d'exploiter les peuples colonisés[1]. C'est la même interrogation que l'on peut formuler à propos de l'innovation.

A priori, les entreprises « surperformantes » que nous avons évoquées semblent prendre ce chemin – écouter autrui – et semblent plus particulièrement déterminées à écouter le client pour le mettre en avant dans leur réflexion. Positionner le client au centre de leur stratégie devient même une obsession. D'ailleurs, pour 95 % d'entre elles, c'est-à-dire 14 % de plus que les autres, « se rapprocher du client » est la priorité[2]. Toutefois, penser l'innovation-*care* n'est pas que cela. Si l'innovateur considère que quelque chose est « bon » pour lui ou même pour son client, ce n'est peut-être pas le cas pour le reste de la société. L'innovation-*care* va donc s'appliquer à prendre en compte l'avis d'autrui. Mais l'avis d'autrui n'est pas nécessairement l'avis du client potentiel. L'avis d'autrui, c'est l'ensemble de ceux qui sont potentiellement touchés par l'innovation à venir. On retrouve ici l'un des axes de l'innovation responsable.

Cette problématique est particulièrement sensible car l'innovation du point de vue du client est essentiellement valable dans le cadre d'innovations incrémentales. Or, les questions les plus sensibles quant à l'impact d'une innovation concernent surtout les

1. *Ibid.*, p. 39.
2. IBM Institute for Business Value, *Capitalizing on Complexity*, IBM Corporation, 2010.

innovations de rupture. Les innovations incrémentales sont, par définition, plus prévisibles car, au moins partiellement, déjà sur le marché. L'innovation radicale réclame de fait bien plus d'attention car les impacts sont absolument inédits. D'ailleurs, un problème supplémentaire apparaît puisque la notion même de rupture ou d'incrémental n'est pas mondialement entendue de la même façon[1].

Déterminer une innovation-*care*, c'est donc avoir une approche holistique de celle-ci. C'est ne pas agir seulement en fonction de ce qui est bien pour soi, pour l'entreprise, uniquement. C'est agir en fonction de ces éléments, mais tout autant pour l'ensemble de la société qui peut être impactée par l'innovation produite. Un fabricant de cigarettes doit songer aux non-fumeurs ; un fabricant de détergents ménagers, à l'élimination de ses produits dans l'eau comme aux enfants qui seront en contact avec eux ; un marchand de véhicules, aux piétons et aux cyclistes avec qui il y a un partage de la route.

Ce changement de paradigme qu'impose l'innovation-*care* n'est finalement qu'une résurgence des principes kantiens, plus particulièrement de ses maximes universelles. Ainsi, la première, importante pour notre propos :

1. Prof. Norma Harisson, PhD, *Disruptive innovation in China*, Conférence donnée au CEIBS (China Europe International Business School) Shangaï, 30 juin 2010. À l'occasion de cette conférence, Norma Harisson est revenue sur la question de l'innovation incrémentale *vs* l'innovation de rupture en soulignant que ce qui est incrémental pour le marché américain peut être de rupture pour le marché chinois. Cela explique que, globalement, l'innovation en Chine est incrémentale à partir d'innovations occidentales, notamment sur le *business model*.

« Agis seulement d'après la maxime grâce à laquelle tu peux vouloir en même temps qu'elle devienne une loi universelle[1] », force la compréhension de l'interdépendance. Elle souligne l'obligation de ne pas regarder en fonction du prisme individuel, personnel, mais en fonction d'un impact global et du fait que d'autres puissent, dans le même temps, avoir les mêmes préoccupations que soi-même. Autrement dit, cette maxime, qui pourrait être celle de l'innovation-*care*, est : agir en prenant soin, c'est agir en fonction d'un regard universel sur l'action que je m'apprête à réaliser.

La seconde est : « Agis de façon telle que tu traites l'humanité, aussi bien dans ta personne que dans toute autre, toujours en même temps comme fin, et jamais simplement comme moyen[2]. » Ici, l'innovation-*care* est particulièrement soulignée dans la perspective de l'humanité à préserver et cela est un but en soi. Cette maxime kantienne, tout comme la précédente, cherche à engager l'individu de façon nécessaire comme prérequis à toute action. Si, à l'évidence, Kant n'avait pas nécessairement la question de l'innovation à l'esprit en écrivant ces maximes, il reste un grand observateur des Lumières et, avec celles-ci, des nombreuses problématiques liées au progrès et à la science, ainsi d'ailleurs que le condamnera Rousseau dans son *Discours sur les sciences et les arts*[3].

1. Emmanuel Kant, *Fondation de la métaphysique des mœurs* in *Métaphysique des mœurs*, I, *Fondation, Introduction*, trad. Alain Renaut, Paris, Flammarion, 1994, p. 97.

2. *Ibid.*, p. 108.

3. Rousseau, *Discours sur les sciences et les arts*, Paris, GF-Flammarion, 1992, p. 29-56.

*De l'innovateur à l'innovateur-*care *?*

Ce qu'appellent les maximes de Kant, mais plus généralement ce qu'appelle l'innovation-*care*, c'est une nouvelle attitude de l'homme dans son ensemble. C'est une nouvelle attitude de l'humain face aux autres comme face à lui-même. Lorsque Hans Jonas introduit le « principe responsabilité », il va jusqu'à se demander si l'humanité doit exister[1]. Si oui, alors il est fondamental que l'être humain adopte une nouvelle attitude de sollicitude envers le monde, une nouvelle posture que l'individu au sens large doit savoir prendre. Face à la montée de la technologie et de sa puissance, face à une globalisation étendue, l'être humain se voit naturellement obligé d'assumer sa responsabilité par rapport au monde et dans le monde.

Cela est du ressort de l'innovateur et n'est pas sans poser la question du profil de celui-ci, de celui qu'il devrait adopter si ce n'est de porter au fond de lui-même une attitude *care*. Or les travaux classiques concernant l'innovation, tant en gestion, en économie qu'en sociologie s'intéressent bien plus à l'innovation comme processus et donc davantage à ce que font les innovateurs plutôt qu'à ce qu'ils sont[2]. Même si cet aspect est abordé, la question de la responsabilité de

1. Hans Jonas, *Le Principe responsabilité*, *op. cit.*, p. 95-106.
2. Renelle Guichard, Laurence Servel, « Qui sont les innovateurs ? Une lecture socio-économique des acteurs de l'innovation », *Sociétal*, 2006, n° 52, p. 26-31.

l'innovateur est totalement absente. Schumpeter voit dans l'innovateur un sportif animé d'un fort esprit de conquête, voire un « esprit animal », qui ambitionne d'obtenir des succès[1]. La littérature récente sur l'entrepreneuriat s'interroge sur les caractéristiques personnelles de l'innovateur-entrepreneur, que ce soit chez Roberts[2] ou Sahlman[3], toutefois cela n'inclut pas davantage la question de la responsabilité. Quels que soient les types d'innovateurs que l'on peut nommer, à la suite d'Alter, « centraux », « spécialisés », « relais » ou encore « suiveurs », aucun ne se soucie de porter cette caractéristique[4]. Le seul point émergeant des différentes recherches sur le profil de l'innovateur est que ces derniers sont souvent vus comme iconoclastes, originaux, hors norme, marginaux, voire déviants « parce qu'ils mettent en œuvre des comportements qui heurtent les normes établies[5] ». Ce dernier point, non négligeable, fait écho à Michel Foucault qui régulièrement utilisait le terme d'« innovation » en évoquant les comportements, notamment sexuels, sortant des normes[6].

1. Joseph A. Schumpeter, *Théorie de l'évolution économique*, *op. cit.* ; François Perroux, *La Pensée économique de Joseph Schumpeter* (1935), Genève, Librairie Droz, 1965, p. 83.

2. Edward B. Roberts, *Entrepreneurship in High Technology : Lessons from MIT Beyond*, New York, Oxford University Press, 1991.

3. William A. Sahlman, « How to Write a Great Business Plan », *Harvard Business Review*, 1997, vol. 4, n° 75.

4. Norbert Alter, « Entreprise : les innovateurs au quotidien », *Futuribles*, janvier 2002, n° 271.

5. Norbert Alter, *L'Innovation ordinaire*, Paris, Puf, 2003, p. 18.

6. Michel Foucault, *Le Courage de la vérité, Le gouvernement de soi et des autres II, Cours au Collège de France (1984)*, Paris, Gallimard/Seuil, « Hautes Études », 2009, p. 228. Voir Michel Foucault, « Le triomphe social du plaisir sexuel : une conversation avec

Enfin, si les ouvrages moins classiques, moins académiques, abordent plus fréquemment la question des profils d'innovateurs, ils n'intègrent pas plus la question de la responsabilité qu'ils doivent porter. À titre d'exemple, l'un des derniers ouvrages à succès de Tom Kelley, *The Ten Faces of Innovations*, n'aborde pas du tout la question de la responsabilité de l'innovateur. Alors que l'auteur organise les comportements face à l'innovation en trois catégories : les « apprenants », les « organisateurs » et les « constructeurs »[1] et qu'il en délimite les spécificités, jamais l'un ne possède ou ne doit posséder certaines qualités responsables.

Stigmatisation de l'innovation, de l'innovateur et maîtrise de soi

Intégrer un comportement responsable à sa politique, à son comportement d'innovateur n'est pas synonyme de contraintes supplémentaires ou d'éléments susceptibles de brider l'innovation. Et à l'évidence, il ne s'agit pas de stigmatiser l'innovation, ni de rejoindre un comportement rousseauiste voyant dans

Michel Foucault », in *Dits et écrits II, 1976-1988*, Paris, Gallimard, « Quarto », 2001, p. 1127-1133. Voir également, Richard Shusterman, *Vivre la philosophie. Pragmatisme et art de vivre*, trad. Christian Fournier et Jean-Pierre Cometti, Paris, Klincksieck, 2001, p. 45.

1. Thomas Kelley, *The Ten Faces of Innovation : IDEO's Strategies for Defeating the Devil's Advocate and Driving Creativity Throughout Your Organization*, Broadway Business, 2005. Pas plus d'éléments dans l'ouvrage de Jean-Philippe Deschamps, *Innovation Leaders*, San Francisco, Jossey-Bass, 2008.

le progrès l'avilissement de l'homme, ou de chercher à démontrer que l'état naturel lui serait plus profitable[1].

Ce qui semble nécessaire apparaît selon deux ordres. Tout d'abord, ainsi que nous l'avons dit, savoir s'interroger sur la capacité d'une innovation responsable et à ce titre se confronter aux trois aspects soulignés par Bernadette Bensaude-Vincent que nous avons rappelés plus haut. Ensuite, avoir la capacité de ralentir l'innovation dans le souci que celle-ci soit définitivement en adéquation avec la sphère économique, sociale et sociétale dans laquelle elle va se trouver. Ce dernier point appelle tout naturellement à la maîtrise de soi telle que les stoïciens l'entendaient : intimement liée à la liberté[2]. Et se maîtriser, c'est être libre de ses passions, des éléments extérieurs, des événements qui peuvent survenir, etc. Autrement dit, pour l'innovateur-*care*, se maîtriser, c'est ne pas être dépendant des marchés, de la pression économique, des situations qui feraient que l'innovation serait lancée sans avoir été évaluée en fonction de ses possibles impacts. Il ne s'agit pas de dire qu'il faut être aveugle quant au contexte dans lequel se meut l'innovation, mais il ne faut pas être dépendant de celui-ci. D'ailleurs, si le produit ou le service lancé est réellement innovant, alors ces questions sont secondaires.

1. Jean-Jacques Rousseau, *Discours sur l'origine et les fondements de l'inégalité parmi les hommes*, Paris, Flammarion, 1989.

2. Voir la Préface de Pierre-Maxime Schuhl et l'Introduction d'Émile Bréhier, in *Les Stoïciens*, *op. cit.* Élément important que l'on retrouve chez Épictète dans ses *Entretiens*.

Se maîtriser pour l'innovateur-*care*, c'est aussi savoir déterminer ce qui pousse à agir, à lancer cette innovation. Pourquoi cette innovation est-elle bonne en soi, pour soi, pour les autres ? C'est la maîtrise du processus de l'innovation, jusqu'à ses impacts les plus profonds. Toutefois, se maîtriser, pour l'innovateur-*care*, c'est aussi faire acte de renoncement comme le maître stoïcien montrera sa capacité à renoncer à ses passions. Même si celles-ci sont attirantes, procurent du plaisir, il s'évertuera à se maîtriser et à ne pas y succomber[1]. L'innovateur-*care* doit donc atteindre une certaine sagesse à laquelle nul autre ne répond : il est certes sensible aux besoins d'autrui, mais ne doit agir qu'en conséquence de ce qu'il sait, car les autres comptent sur lui[2]. Il se doit d'être capable d'anticiper les actes qui pourraient éventuellement susciter de la souffrance[3], car lui plus qu'un autre est responsable du bien-être de chacun[4]. C'est toute l'éthique du *care* qui repose sur le précepte de la non-violence, de ne faire de tort à personne[5], qui vient prendre pied dans l'innovation.

Ainsi, quand bien même cette innovation peut générer une augmentation significative du chiffre d'affaires, faire atteindre les objectifs et provoquer un bonus significatif, il s'agira toutefois de savoir renoncer si cela va à l'encontre du « soin » auprès des individus, de la société. L'innovateur-*care* est

1. *Id.*
2. Carol Gilligan, *Une voix différente*, *op. cit.*, p. 93.
3. *Ibid.*, p. 215.
4. *Ibid.*, p. 235.
5. *Ibid.*, p. 277.

une conscience. Non seulement pour lui mais pour son entreprise, son organisation et pour la société. Il n'agit pas en fonction de ses propres intérêts, mais en fonction des intérêts communs. Et là où l'innovation responsable pouvait prendre en compte l'impact sur la communauté, l'innovation-*care* se considère dans le soin vis-à-vis de la communauté. Autrement dit, l'innovation-*care* a un rôle positif et bienveillant envers la communauté, envers la Cité, et l'innovateur-*care* est le premier concerné par le principe éthique kantien : « *Que dois-je faire*[1] *?* » On comprend aussi alors que l'innovation responsable reste à un rôle prédéterminé par rapport aux impacts de celle-ci, l'innovation-*care*, quant à elle, prend soin de l'autre *a priori*.

Care *et performance*

La bienveillance et le soin vis-à-vis des autres sont donc clés dans l'innovation-*care* et cela fait aussi évoluer la notion même de *care*. Car, nous l'avons dit, le *care* s'entend comme « soin pour les autres ». Pour Janet Finch et Dulcie Groves, le *care* est même exactement « une combinaison de sentiments d'affection et de responsabilité[2] ». De la mère de famille à la femme de ménage en passant par la nourrice, il y a des métiers,

1. Emmanuel Kant, *Logique*, Paris, Vrin, 1965, p. 25.
2. Francesca M. Cancian, Stacey Y. Oliker, *Caring and Gender*, Thousand Oaks, Pine Forge Press, 2000, cité par Joan Tronto, *in* « *Care* démocratique et démocraties du *care* », *op. cit.*, p. 36.

des dispositions professionnelles qui sont liés au *care*. Très féministe dans l'approche initiale du *care*, il ne serait d'ailleurs pas inutile de questionner l'innovation-*care* sous un prisme féminin car on sait, d'une part, que les femmes sont très réceptives et s'adaptent plus facilement aux innovations[1] et que, d'autre part, la vie des femmes, comparée à celle des hommes, se nourrit davantage des interactions sociales et des rapports personnels[2].

Quoi qu'il en soit, le manager et l'innovateur se doivent d'entrer dans la liste, peut-être même avant les « opératrices classiques » du *care*, car ils sont à l'évidence en charge du soin des individus dans les innovations qu'ils sont susceptibles de lancer.

Néanmoins, nous tenons à souligner que le *care* dans l'expression même « innovation-*care* » est bien lié à une hiérarchie privilégiant l'innovation. Et même si nous venons de souligner qu'un innovateur-*care* devrait savoir renoncer à une innovation, il n'empêche qu'avant tout son premier attribut, c'est d'innover en vue d'une performance économique. Le *care* n'est pas la responsabilité, ce n'est pas la responsabilité sociale des entreprises, cela ne relève pas non plus

1. Ellen Garbarinoa, Michal Strahilevitzb, « Gender Differences in the Perceived Risk of Buying Online and the Effects of Receiving a Site Recommendation », *Journal of Business Research*, 2004, vol. 57 ; S. Güzin Mazman, Yasemin Koçak Usluel et Vildan Çevik « Social Influence in the Adoption Process and Usage of Innovation : Gender Differences », *World Academy of Science, Engineering and Technology*, 2009, n° 49. Et aussi Carol Gilligan, *Une voix différente*, *op. cit.*, p. 25.

2. Carol Gilligan, *Une voix différente*, *op. cit.*, p. 23.

des problématiques du développement durable. Enfin, et surtout, le *care* n'est pas non plus un cadre ou une contrainte pour l'innovation. C'est un dispositif qui s'articule avec elle, mais en aucun cas n'est positionné en dernière instance. Car c'est l'innovation en tant qu'instrument connu de performance, de croissance, de durabilité et d'amélioration au sens large de la vie des individus qui se doit de recouvrir une primauté. Une primauté définitive, sans ambiguïté, puisque l'innovation étant ontologiquement première, c'est forcément vers le *care* que les organisations, les leaders et les innovateurs doivent en priorité regarder. D'ailleurs, le bien-être, être *care*, dès les premières pensées de ce mouvement, n'ont jamais été synonymes de sacrifice[1].

Ce qui signifie que la « performance » est indéniablement au cœur de l'innovation-*care*, qu'il n'y a pas d'amphibologie possible dans cette nouvelle intégration, et cela est capital. Ce serait mal comprendre à la fois le sens du *care* en général, de l'innovation-*care* en particulier. Car si pour cette dernière cela peut se comprendre, dans le *care* il ne s'agit pas non plus de faire « mal » ou moins bien la « prestation » de base sous prétexte que demeure le « soin des autres ».

Car le *care* se développe à « l'occasion de ». Cela ne signifierait rien d'être « *care* » en soi, ce serait au mieux une nouvelle forme de compassion. Le *care*, développé sur le continent américain, s'inscrit au contraire dans la continuité du courant pragmatiste et s'articule autour d'effets concrets, sur le réel. L'innovation-*care*, sans la

1. *Ibid.*, p. 92.

focalisation sur l'innovation, resterait un donné-sans-donation. L'intégration dans des outils susceptibles d'accueillir l'innovation-*care* d'ailleurs existe ou préexiste déjà, que ce soit le *Chasm* de Moore[1] ou la *Virtue Matrix* de Martin par exemple[2]. Par ailleurs, son aspect concret peut tout autant prendre effet au sein des méthodes d'évaluation des stratégies d'entreprise existantes, comme le *Dow Jones Sustainable Index*[3] par exemple. Elle peut tout autant être posée sur des axes quantitatifs intégrant des indicateurs composites qui permettraient de s'évaluer et d'être évalué selon sa capacité d'innover-*care*.

La philosophie antique considère que l'engagement est le paramètre fondamental pour mettre en œuvre une manière de vivre philosophique. Un engagement qui se traduit tant dans la pensée que dans les actes c'est la célèbre articulation *theôria/praxis*. C'est aussi l'*elenchos* grec – l'engagement – qui est « penser pour bien agir[4] ».

L'innovation-*care* n'en est qu'aux prémices de son existence et sa posture reste encore à dessiner pour son intégration dans les modèles économiques. Il n'empêche qu'à l'instar des Anciens pour la philosophie, il s'agit de penser l'innovation-*care* comme un engagement. C'est-à-dire selon deux axes, à la fois des pro-

1. Geoffrey A. Moore, *Crossing the Chasm*, *op. cit.*
2. Roger L. Martin, « The Virtue Matrix : Calculating the Return on Corporate Responsibility », *Harvard Business Review*, 1er décembre 2002.
3. http://www.sustainability-index.com/
4. Jean-François Balaudé, *Le Savoir-vivre philosophique*, *op. cit.*, p. 188.

ductions intellectuelles, des théories et des discours, mais aussi des actes. À l'image des autres sciences, la gestion et le management se doivent d'intégrer ces deux pans dans l'innovation-*care*, tant pour son propre développement que pour celui des individus, de la Cité.

Chapitre IV

L'individu innovateur au cœur du questionnement

« Ce que j'appelle, moi, des exercices spirituels, c'est-à-dire des pratiques destinées à transformer le moi et à lui faire atteindre un niveau supérieur et une perspective universelle, notamment grâce à la physique, à la conscience du rapport au monde, ou grâce à la conscience du rapport à l'humanité dans son ensemble [...] Alors, est-ce que tout cela peut avoir un sens actuellement ? Je pense qu'il y a une continuité de ces pratiques doublée d'une discontinuité. Ces exercices spirituels réapparaissent toujours au cours des siècles. »

Pierre Hadot, *Qu'est-ce que l'éthique ?*

Les qualités de l'innovateur

L'innovation interroge notre passé, nos progrès et notre présent pour le futur. C'est un thème mouvant qui se réfère à la notion de changement pour ne pas disparaître, pour ne pas mourir. Cela n'enlève rien à l'existence de la destruction créatrice. Subie, choisie, provoquée, de manière macro ou micro-économique, elle ne cesse de s'appliquer aux nations comme aux organisations. La dernière en date est celle qui consiste à remettre à plat les oligopoles par des propositions collectives, collaboratives. Sous-jacente à cela est la remise en cause du pouvoir que l'on n'accepte plus, celui du capitalisme des années 1970, tant pour sa confiscation des offres, du pouvoir et de l'argent que pour son incapacité à réellement proposer des offres alternatives aux citoyens. À de nombreuses reprises nous avons tenté de qualifier celui qui est à l'origine de ces provocations, ces changements, ces innovations. Dans quelles mesures, l'innovateur, puisque c'est lui dont nous parlons, porte-t-il la responsabilité de ce qu'il développe ? Dans quelles mesures finalement toutes les questions que nous posons ne doivent-elles pas s'adresser à lui et lui seul ?

Jusqu'à aujourd'hui, aucune innovation n'a émergé de manière spontanée extérieurement à un être humain et l'innovation est toujours le produit de l'innovateur. Car l'innovateur est l'entrepreneur, certes, il est le « chargé » d'innovation, mais il est tout autant le biologiste, le scientifique, le mathématicien, l'ingénieur agronome, l'astrophysicien. C'est une erreur de ne voir en l'innovateur que celui qui se charge de développer le profit d'une organisation privée par l'apport d'un nouveau produit ou service. Pasteur, Lumière, Curie, Edison, Watt, Ampère, Bell sont tous des innovateurs qui pourtant n'avaient aucune recherche de profits à l'esprit lors de leurs recherches. Ils ne sont pas moins auteurs d'innovations dont on ne peut dire qu'elles sont absolument sans conséquence sur la société.

C'est donc plus l'innovateur que l'innovation qui doit être finalement questionné, et les questions concernant les conséquences des innovations, leurs rôles, leurs développements ne sont qu'une question d'actes réalisés. Et face aux développements inédits, la question cruciale est peut-être de se demander si l'innovateur d'hier et d'aujourd'hui peut être celui de demain où de nouvelles charges semblent lui incomber ? N'y a-t-il pas nécessité de repenser les qualités de l'innovateur et ses caractéristiques ?

Il devient indispensable d'être un innovateur éclairé, une personne capable de s'interroger sur les enjeux à court, moyen et long termes, capable d'évaluer les opportunités autant que les risques. Autrement dit, d'agir de manière responsable ; et c'est peut-être en ces termes que doit se dessiner la figure de l'innovateur de demain : un être responsable, capable de formuler les questions adéquates destinées non pas seulement à rendre son organisation pérenne – ce qui est un prérequis –, mais aussi bienveillante envers autrui, qu'il soit ou non son interlocuteur.

Il va sans dire que s'interroger ainsi sur le rôle de l'innovateur, ses qualités et caractéristiques est une posture inédite. Habituellement, on recherche en lui le leader, le fédérateur, le créatif, le vainqueur ; les propriétés qui doivent faire l'innovateur de demain doivent être repensées.

Si l'on considère que la matrice de l'innovateur doit être changée, comment s'y prendre ? Est-ce que sa formation doit être revue ? Sachant qu'il n'y a pas à proprement parler de formation d'innovateur, il n'existe que des enseignements à propos de l'innovation pour des individus qui peuvent être issus de formation en ingénierie, en gestion où tout autre domaine comme la médecine, le droit parmi de nombreux autres puisque nous avons bien vu que l'innovation apparaissait à de multiples endroits. On peut se demander quelles peuvent être les disciplines permettant de développer les qualités de l'innovateur de demain, mais, en tout état de cause, c'est bien sur son comportement que nous nous arrêtons lorsque nous demandons à l'innovateur de s'interroger de manière responsable sur les innovations qu'il génère. Il ne peut être qu'un technicien appliquant les méthodes lui permettant d'innover. Il se doit d'être doté d'attitudes, d'habitudes, de comportements hors normes car seul l'innovateur est en prise direct avec le monde et bien souvent sans le savoir. Repenser l'innovateur, celui qui change le monde, à nouveaux frais, avec une perspective inédite, voilà l'enjeu.

L'innovateur et le philosophe, mode d'être et similitudes

Il y a plusieurs raisons pour lesquelles la philosophie semble la piste la plus solide pour aider à repenser l'innovateur, son rôle – ou plus assurément pour que celui-ci arrive à penser son rôle. Notons tout d'abord que la philosophie comme l'innovation ont de nombreux points communs.

Le questionnement

La philosophie est par essence une discipline de questionnement. Le philosophe s'étonne du monde, questionne son fonctionnement, met en doute ce qui semble acquis, il cherche à comprendre. Ainsi Aristote le formule-t-il :

> C'est, en effet, l'étonnement qui poussa, comme aujourd'hui, les premiers penseurs aux spéculations philosophiques. Au début, leur étonnement porta sur les difficultés qui se présentaient les premières à l'esprit ; puis, s'avançant ainsi peu à peu, ils étendirent leur exploration à des problèmes plus importants, tels que les phénomènes de la Lune, ceux du Soleil et des Étoiles, enfin la genèse de l'Univers. Or apercevoir une difficulté et s'étonner, c'est reconnaître sa propre ignorance [...]. Ainsi donc, si ce fut bien pour échapper à l'ignorance que les premiers philosophes se livrèrent à la philosophie, c'est qu'évidemment ils poursuivaient le savoir en vue de la seule connaissance et non pour une fin utilitaire[1].

L'enjeu pour le philosophe, c'est la connaissance, le savoir, et les spéculations qu'il formule sont des hypothèses pour comprendre le monde qui se dresse devant lui. Comprendre les phénomènes naturels, comprendre l'origine du monde prend sa source dans l'étonnement, mais aussi dans le refus. Les philosophes, comme les savants et les scientifiques, ont refusé de prendre pour acquises les réponses qui ont pu leur être données à travers les mythes et religions. C'est par les efforts de recherches, l'établissement d'hypothèses, la

1. Aristote, *Métaphysique*, 982 b 13.

formulation de réponses structurées, organisées, analysées, rigoureuses que le savoir, la connaissance et la pensée ont progressé.

De la même manière, ce qui caractérise l'innovateur, c'est son refus de prendre pour acquises les situations existantes. Qu'il s'agisse de l'invention de l'électricité, de la voiture, de la machine à vapeur ou d'Internet, dans chacun des cas, c'est l'opposition aux situations existantes qui a permis de voir émerger ces initiatives. L'innovateur s'interroge comme le philosophe sur la marche du monde, son fonctionnement, ses acteurs : quel est le contexte ? quelles sont les forces en présence ? Il veille ensuite à l'améliorer. Et si l'innovateur, dans les exemples mentionnés, peut être vu comme quelqu'un qui vise une fin utilitaire, c'est réduire l'innovateur à l'entrepreneur. Or l'innovateur est, comme la philosophie, sur tous les terrains, sur tous les territoires, auprès de toutes les populations. À titre d'exemple, nous pouvons regarder le terrain de la philosophie lui-même, qui est loin d'être dépourvu d'inventeurs et d'innovateurs. Comme nous l'avons vu avec l'art, avec le sport, l'innovation n'est en rien la chasse gardée du monde financier ou commercial, et la philosophie a innové dans de nombreux contextes avec des formes variées. Lorsque la philosophie, discipline orale par excellence, devint une matière écrite, il y eut une innovation majeure. Grâce à l'écrit, elle se diffusa plus largement et avec plus de rigueur, l'innovation était alors très forte, il y eut une création de valeur incontestable quand bien même celle-ci ne serait pas profitable en monnaie sonnante et trébuchante. La philosophie s'étend à l'esthétique dès l'Antiquité bien sûr, mais elle innove avec les apports considérables de Baumgarten ou Burke. Quand Brillat-Savarin écrit sa physiologie du goût, la philosophie s'ouvre au champ culinaire et gastronomique. Si elle innove en s'approchant de thèmes inédits dans l'Antiquité puis développés plus tardivement – ce que l'on pourrait appeler de l'innovation philosophique incrémentale –, ses méthodes, ses approches ne sont pas moins innovantes. Socrate innove avec la maïeutique, avec sa méthode de questionnement ; et l'approche autour de la logique n'est pas moins innovante chez Aristote. Avec le *Discours de la méthode*, Descartes innove clairement en marquant une rupture avec la tradition scolastique et en cherchant à bâtir une pensée fondée sur des bases solides, rigoureuses, scientifiques et techniques ; dans l'espace contemporain, il est possible de considérer Pierre Hadot comme un philosophe innovant, car il nous fait relire la philosophie antique comme un mode de vie, ainsi que Michel Foucault qui décrypte l'espace politique, la sexualité ou encore les « marginaux » et construit dans le même temps des « petites boîtes à outils » qui permettent de décrypter tout autre type de problématiques, de contextes et de savoir. Le philosophe contemporain François Laruelle est tout autant intéressant : il a développé depuis les années 1980 l'idée de la non-philosophie, et déclare ouvertement qu'il est possible d'inventer en philosophie :

> La philosophie est à faire et c'est une bonne nouvelle. Elle n'est pas donnée dans son histoire, ses institutions, ses textes, son inconscient : elle est toujours autre que son passé. Elle doit être inventée à l'occasion des nouveaux savoirs qui

hantent l'encyclopédie, par exemple les technologies et les sciences[1]...

Ainsi, Laruelle montre que la philosophie non seulement invente, mais n'a d'autre choix que d'innover au risque, le cas contraire, de disparaître, happée par d'autres disciplines « concurrentes ». Les nouveaux objets qui hantent le quotidien, l'évolution des sciences et des technologies obligent la philosophie à renoncer à son conservatisme, à se changer elle-même.

La recherche du progrès

Il existe un autre point commun entre la philosophie et l'innovation : il s'agit de la recherche du progrès. Du latin « *progressus* », marche, de « *progredi* », marcher en avant – de « *pro* », en avant, et « *gradi* », marcher –, le progrès c'est la marche en avant, le processus évolutif orienté vers un terme idéal : c'est ce qui avance et se développe dans le temps. Les racines de l'innovation sont celles du progrès et en premier lieu le progrès de la connaissance, l'évolution du savoir. Il y a un lien ténu dans la philosophie entre compréhension et progrès. On ne comprend qu'en progressant, on ne progresse qu'en comprenant. L'étonnement qui caractérise l'origine de la philosophie a eu comme conséquence pour les philosophes de s'interroger sur les phénomènes qui se présentaient, ils se sont mis à comprendre et à progresser dans la connaissance

1. François Laruelle, *En tant qu'un*, Paris, Aubier, 1991, p. 2.

de ce qui les étonnait. Continuellement, et toujours aujourd'hui, les philosophes cherchent à comprendre, ou faire progresser leur compréhension et ainsi le savoir et la connaissance. C'est ce qui explique que les premiers scientifiques, physiciens ou chimistes sont philosophes. On peut citer les théories atomistes de Leucippe, Démocrite et Épicure, les alchimistes du Moyen Âge ou du XVIe siècle comme Paracelse[1] ou encore plus récemment les chimistes comme Berthelot qui relèvent autant du champ de la science que de celui de la philosophie. Ceux-ci n'ont cessé d'être des intellectuels de progrès, ils ont fait avancer la science comme la connaissance, en articulant autant la découverte que la pensée. La philosophie est fille du progrès et de l'évolution, que ce progrès soit « naturel », scientifique ou intellectuel.

Dans le même temps, l'innovateur ne trouve sa raison d'être, lui aussi, que dans le progrès, qu'il vit et dont il use ou qu'il apporte. Que ce soit en termes de nouveautés produites, de services proposés pour celui qui évolue dans le monde des affaires, que ce soit en termes de nouvelles techniques pour le sportif ou pour le musicien, celui qui innove cherche à faire progresser, à tendre vers l'idéal sa discipline, son terrain, son secteur ou l'organisation dans laquelle il s'implique. L'innovateur politique, Lee Kuan Yew, est peut-être le dirigeant qui a le plus évoqué la notion de progrès auprès de ses citoyens. Celle-ci l'a obsédé toute

1. Paracelse essayait, déjà au XVe siècle, d'expérimenter la reproduction « chimique » de la vie, voir Bernadette Bensaude-Vincent, *Histoire de la chimie*, Paris, La Découverte, 2001, p. 35.

sa vie, et ce, avec succès puisque d'un pays du tiers-monde il fit de Singapour l'un des plus riches de la planète en l'espace d'une génération[1]. Héritant d'une quasi-jungle en 1965, il élabora en cinquante ans une ville-jardin avec une mortalité infantile des plus faibles du monde, une espérance de vie des plus élevées, un taux de chômage quasi inexistant, un gouvernement stable, un système de santé universel et un système éducatif considéré comme le meilleur du monde. Dans le monde des affaires, la poursuite du progrès s'est faite sous différents aspects et le secteur automobile est régulièrement cité comme exemple. Lorsque Ferdinand Porsche lance sa première Volkswagen en 1937, il veille au progrès pour tous, convaincu de pouvoir construire la « voiture du peuple », un véhicule accessible à tous. Ce n'est pas si différent quelques années plus tôt, toujours en Allemagne, avec Carl Miele qui met en place une usine pour fabriquer des centrifugeuses à lait puis les célèbres machines à laver, cherchant à travers l'innovation le progrès pour tous.

La créativité

De manière peut-être surprenante, il est possible de voir le philosophe comme un créatif. *Creare* en latin, c'est créer, et le créatif est celui qui possède l'art de créer. Souvent associée à l'artiste, la création est l'action d'inventer, de fonder, de produire quelque chose. Cela

1. Lee Kuan Yew, *From Third World to First*, New York, Harper, 2000.

peut être un genre littéraire, une méthodologie, une pièce de théâtre et bien sûr un ouvrage. Si l'on peut dire que le philosophe est un créatif, c'est parce qu'il ne cesse de produire quelque chose et souvent avec originalité, sur le fond comme sur la forme. Nous avons déjà esquissé cet aspect avec le progrès où le philosophe apporte une nouvelle méthode, une nouvelle philosophie afin de faire avancer la pensée, en cela il est créatif. Le philosophe est un créatif dès lors qu'il cherche une forme d'originalité ou une nouvelle manière d'apporter, de diffuser son propos. Le Jardin d'Épicure par exemple est un lieu créatif, où en associant un nombre d'individus très différents, en créant une communauté à l'extérieur de la ville, il s'agissait de philosopher autrement. Aristote crée le Lycée, Platon invente avant lui l'Académie, tous deux afin de développer un lieu pour philosopher de manière différente. Quand Descartes décide d'employer le « Je » pour la rédaction du *Discours de la méthode*, il marque une rupture créative également. Citons également Montaigne qui fait d'un livre de voyage un essai philosophique dont le but est de le « faire » comme lui-même « fait » son livre : « Je suis la matière de mon propre livre[1] », annonce-t-il clairement. Le philosophe n'est pas un penseur soporifique, ennuyeux, remplissant des pages et des pages d'écriture sans se préoccuper d'apporter quelque chose d'imaginatif que ce soit sur le fond comme sur la forme. Il conçoit de nouvelles propositions d'écriture, avec de nouveaux lieux de diffusion.

1. Montaigne, *Essais*, mis en français moderne et présentés par Claude Pinganaud, Paris, Arléa, 2002, p. 13.

Évidemment, il n'y a pas d'innovation sans créativité et l'innovateur se nourrit en permanence de créativité. Si bien sûr la créativité est l'apport de nouveautés sur un marché comme la notion de progrès le rappelle, l'innovateur peut aussi créer des lieux différents pour développer son idée. C'est ce qu'avait imaginé George Lucas avec le studio Pixar où se mélangeaient artistes, directeurs de production, ingénieurs et designers. L'innovateur imagine de nouvelles manières de comprendre ses clients, c'est le développement du *design thinking* par Rolf Faste dans les années 1980. La créativité peut être également dans la méthode et c'est ce que faisait Steve Jobs lorsqu'il disait que son métier était de relier les points de créativité qui n'avaient apparemment rien en commun et qui se trouvaient aux États-Unis, en Asie ou en Europe. S'il n'est pas lui-même créatif, l'innovateur doit se plonger dans les sources de la créativité que peuvent être ses clients, ses prospects, les chercheurs autour de lui, ses fournisseurs, ses concurrents. Les techniques sont nombreuses pour déceler les moindres créations possibles conscientes ou inconscientes chez tous ces partenaires qui l'entourent. Sans créativité, la source d'innovation se tarit et seules quelques pâles copies se reproduisent, quelques améliorations, sans plus. C'est la même chose pour la pensée : si les philosophes ne sont plus créatifs dans leurs pensées comme dans la diffusion du savoir, la philosophie n'avance plus et finit par disparaître. Pour les philosophes comme pour les innovateurs, la survie passe par la créativité.

L'engagement

La créativité ne se décrète pas, ne se décide pas d'une heure à l'autre, c'est un état d'esprit qui permet d'être en permanence en alerte si quelque chose se présente à soi et peut devenir une idée à développer – là encore que l'on soit philosophe ou innovateur. Le philosophe ne cesse de philosopher, c'est une nécessité pour Sénèque qui nous rappelle qu'il ne faut cesser de déplier son âme et remuer tout ce qu'on y a mis en dépôt, afin que cette richesse soit prête chaque fois que le besoin l'exige[1]. Plotin ne dit pas autre chose lorsqu'il signifie qu'il faut se comporter avec son âme comme le sculpteur avec sa pierre : sans cesse il enlève ceci, il gratte cela, il rend tel endroit lisse, il nettoie tel autre[2]. Et cela n'est pas propre à la philosophie antique, l'espace contemporain regorge de philosophes pour qui la pratique de la philosophie se fait continuellement, nuit et jour. Et c'est d'ailleurs ce qui fait la distinction pour Thoreau entre un philosophe et un professeur de philosophie[3]. Cela ne signifie pas que l'on ne puisse pas être l'un et l'autre, et les philosophes professeurs de philosophie sont évidemment légion depuis les présocratiques jusqu'à Michel Foucault – comme d'ailleurs il y a des philosophes qui ne sont pas professeurs de philosophie.

1. Sénèque, Lettre 72 à Lucilius : « il faut sans cesse étudier la philosophie », in *Les Stoïciens*, *op. cit.*

2. Plotin, *Ennéades*, I, VI (1), 9, 13.

3. Henry David Thoreau, *Walden ou La vie dans les bois*, trad. Louis Fabulet, Paris, Gallimard, 2007, p. 18.

Le philosophe Cléanthe était porteur d'eau, Marc Aurèle était empereur, Spinoza taillait des lunettes d'optique. Cela n'empêchait aucun d'entre eux d'être pleinement philosophe et de penser à leurs propres idées en permanence, d'imaginer des concepts, de réfléchir à leurs thèmes de prédilection. Le philosophe étant en prise directe avec le monde qu'il essaye de comprendre, de faire avancer à travers la pensée, la science, la réflexion, il ne peut être qu'à la philosophie quoi qu'il puisse faire d'autre. C'est un travailleur acharné qui ne compte pas ses heures, qui se tue à la tâche philosophique. De Diogène, qui meurt méditant enroulé dans son manteau selon la légende, à Wittgenstein qui travaille jusqu'à son lit de mort[1], les philosophes sont réputés obsédés par leurs œuvres, à s'en rendre malades ou fous comme Nietzsche. Contrairement à l'écrivain romancier, à l'essayiste, c'est sa vie et son âme qu'il couche sur le papier ou qu'il défend oralement : Descartes est mort d'une pneumonie contractée du fait des leçons matinales qu'il prodiguait au cœur de l'hiver suédois, et Merleau-Ponty est mort à son bureau, en plein travail, la tête appuyée sur un livre de l'auteur des *Méditations métaphysiques*. Littéralement habité par ses pensées, convaincu de ses intuitions, rien ne passe avant son travail – Schopenhauer est lui aussi retrouvé mort assis sur sa chaise. Pour les philosophes, leur propre santé est secondaire, comme leur entourage : ils meurent pour leurs travaux et leurs idées.

1. Ray Monk, *Wittgenstein, le devoir de génie*, trad. Abel Gerschenfeld, Paris, Flammarion, 2009, p. 564.

Dans le même temps, comment ne pas penser au fondateur d'Apple qui, atteint d'une pathologie lourde, était quotidiennement consulté par son équipe de développeurs et tenait à monter sur scène, même à la fin de sa vie, pour présenter le dernier produit de sa firme. Sa vie fut consacrée aux innovations qu'il voulait développer, aux entreprises qu'il conduisait, que ce soient NeXT, Pixar et bien entendu l'entreprise à la pomme qu'il a créée en avril 1976. Loin d'être la caricature de l'obsédé de la réussite financière et de la profitabilité, l'argent n'était pour lui qu'un moyen – au contraire des dirigeants, de l'actionnaire, de l'investisseur. L'innovateur, l'entrepreneur ont néanmoins une obsession, c'est de faire, de créer, de développer leur nouveau service ou produit. Aucune réussite financière, aucune gloire – ni même l'importance de ses échecs – ne peuvent satisfaire leur faim d'entreprendre et peu importe le secteur. Richard Branson a entrepris autant dans les magasins de musique et de livres que dans les sodas, dans les transports aériens et ferroviaires sans oublier la téléphonie mobile ou encore les voyages spatiaux ! Même chose pour Elon Musk que le succès tant honorifique que financier de PayPal aurait pu convaincre de mener une existence des plus oisives sans obstacles ni contrariétés. À l'opposé de cela, il se met en tête de construire la première usine de voitures électriques du monde avec la marque Tesla, de développer et de commercialiser des lanceurs et des propulseurs pour des projets dans le domaine de l'astronautique et du vol spatial avec SpaceX ou encore de repenser les modes de transport grâce au projet Hyperloop. Et ces exemples contemporains ne sont qu'une continuité de l'esprit entrepreneur et innovateur que l'on retrouve chez Jeff Bezos (Amazon), Larry Page (Google), Bill Gates (Microsoft) et de nombreux autres. Cet esprit existait déjà aux États-Unis au XIXe siècle : qu'on pense à Cornelius Vanderbilt qui construisit un empire ferroviaire et maritime, à John Rockfeller et son empire dans le pétrole, l'automobile et l'aviation, ou à Henry Ford dans l'automobile. Nous parlons bien d'un esprit entrepreneur qui a quelque chose d'universel. En France, Xavier Niel est dans le même esprit que ces Américains avec son entrepreneuriat initialement dans le Minitel désormais dans la téléphonie, les médias ou l'éducation avec L'école42. Ou encore Gérard Mulliez, qui ouvrait en 1961 son premier magasin Auchan et se trouve à la tête, quelques décennies plus tard, d'une constellation de plusieurs dizaines d'entreprises allant du sport (Decathlon) aux pièces détachées automobiles (Norauto) en passant par le bricolage (Leroy Merlin) ou encore la vente par correspondance (les Trois Suisses) et autres magasins de vêtements (Kiabi). Et au XIXe siècle, c'était le socialiste utopiste Jean-Baptiste Godin qui fonda la société éponyme, un entrepreneur qui sut mêler recherches de profit et de bien-être pour ses employés ; ou encore les innovateurs dans l'industrie automobile à la même période avec Citroën ou encore Renault. Terminons cette suite d'innovateurs avec l'Asie où là aussi, comme dans le reste du monde, les individus qui dédient leur vie au développement de leurs idées sont légion. Citons le Japonais Tokuji Hayakawa le fondateur du géant Sharp ou Sakichi Toyoda celui qui bâtit l'empire Toyota. Si l'entrepreneuriat et l'innovation furent particulièrement restreints en Chine à l'époque communiste au début du XXe siècle, les Chinois dominent aujourd'hui l'Asie de l'innovation avec des innovateurs emblématiques tel Jack Ma qui a fondé Alibaba opérant autant dans la distribution que dans le cinéma, les systèmes de navigation ou encore le sport électronique et la réalité virtuelle. Ou encore Tencent développé à la fin des années 1990 par Zhang Zhidong et qui est un véritable équivalent des sociétés phares de la Silicon Valley avec WeChat, QQ, etc.

Cette série d'exemples sans frontière, sans sectorisation particulière, montre en quoi l'innovateur est, comme le philosophe, un acharné du travail, un maniaque du développement de ses idées. Il ne s'agit pas de le confondre avec un individu qui agirait par passion comme un musicien, un sportif ou un artiste. L'entrepreneur comme le philosophe ne travaille pas (que) pour lui comme le font ces derniers. Il se met à l'établi pour diffuser ce sur quoi il travaille. Il a l'intime conviction que ce qu'il fait est valable pour d'autres, pour résoudre les problèmes que ses concitoyens ont également, qu'il s'agisse de gérer leurs passions, leurs désirs, de comprendre la marche du monde comme de répondre à des besoins (conduire une voiture, se déplacer rapidement, utiliser un ordinateur ou encore communiquer avec fiabilité, etc.).

La solitude

L'innovateur et le philosophe partagent en commun la solitude du héros. Le philosophe porte une conviction qu'il transmet, à l'oral, à l'écrit, avec ses disciples. Il développe sa pensée seul, avec ses livres, ses observations et analyses, il se confronte aux autres uniquement pour évaluer la solidité de ses arguments, pour convaincre aussi. Autrui pour le philosophe, quand il n'est pas un sujet, est un adversaire ou un passeur. Puisqu'il remet en cause les acquis, il trouve évidemment sur son passage un grand nombre de résistances et face à celles-ci il peaufine son intuition, il solidifie ses arguments. Parfaitement aguerri, autrui devient ensuite le passeur de ses idées. La caisse de résonance du philosophe est son public, ses auditeurs, ses disciples et étudiants. L'image du philosophe méditant seul immortalisée par Rembrandt n'est pas une caricature, c'est une réalité, le philosophe a besoin de se retrouver, de penser seul, longuement, pour peser et mesurer la justesse de ses arguments. Il n'est pas ou n'est plus nécessairement face à un crâne, à une bougie dans un cabinet ou errant en pleine nature, il peut être aujourd'hui avec son ordinateur, déambuler dans les couloirs d'un métro ou attablé dans un restaurant pour méditer. Et si la propagation de ses idées demeure souvent auprès de son public étudiant, il peut aussi utiliser d'autres médias qu'ils soient réseaux sociaux ou plus traditionnels comme les journaux ou la radio par exemple.

Même s'il est doté d'une équipe, l'entrepreneur est aussi un solitaire. S'il peut obtenir un soutien de son entourage, s'il peut bénéficier d'un écosystème nourri qui lui est nécessaire pour développer son organisation – banques, consultants, fournisseurs –, c'est seul qu'il prend la décision ultime, c'est seul qu'il doit élaborer les concepts qu'il souhaite proposer. Au même titre que le philosophe, cherchant à bousculer les acquis, il rencontrera lui aussi des opposants et tout son travail consistera à les écouter, à observer et analyser les clients, les prospects, intégrer leurs remarques pour peaufiner son offre du mieux possible. Sa caisse de résonance à lui, c'est le marché : va-t-il trouver des clients intéressés par son offre ? Quand le philosophe évalue la portée de sa pensée par la reprise de ses idées, le ralliement à ses propositions, l'entrepreneur, lui, évalue son succès par la diffusion de ses produits ou services et l'adhésion des clients à ce qu'il propose, ainsi que leur fidélité à son entreprise. Sa seule satisfaction, la seule compensation de son travail solitaire, de ses idées ne peuvent venir que de la reconnaissance du marché, et malgré les succès et les échecs il demeurera seul quand il s'agira une nouvelle fois d'établir de nouvelles propositions. Steve Wozniak, Bill Gates, Richard Branson ou encore Elon Musk sont parmi les personnalités entrepreneuses les plus célèbres ayant fait part de leur solitude au moment d'imaginer une nouveauté, d'annoncer un nouveau produit, une nouvelle proposition dont le succès n'est évidemment jamais garanti.

L'ego

Il faut mettre cette solitude du héros en rapport avec son ego, son narcissisme. Le philosophe et l'entrepreneur ont une croyance forte, celle de détenir la vérité. Que ce soit Heidegger et la croyance en la suprématie de l'Allemagne, saint Augustin ou saint Thomas d'Aquin en l'existence de Dieu, les stoïciens pour qui être heureux c'est accepter le destin comme il se présente à nous ou les épicuriens qui sont convaincus que les dieux n'ont aucune incidence sur nous puisqu'ils sont dans des intermondes, les philosophes ont toujours considéré détenir la vérité. C'est un véritable paradoxe puisque si ceux-ci passent leur vie à questionner, mettre en doute, observer, analyser, il arrive un moment où ils pensent détenir la vérité – même s'ils peuvent prétendre le contraire. Ils défendront bec et ongles leurs arguments jusqu'à parfois se retirer du monde et vivre de manière recluse à l'image du penseur seul et incompris. Le philosophe publie des ouvrages, il se montre dans des conférences et colloques quand ce n'est pas dans les médias, il est sur scène face à ses étudiants ou en public. Le philosophe est commenté, filmé, enregistré, diffusé, et plus ses idées seront répandues plus le philosophe continuera à les développer, les affiner, plus il continuera à avoir des disciples qui viendront l'écouter, le questionner, l'interroger. Souvenons-nous de Michel Foucault qui avait changé ses horaires au Collège de France pour s'assurer d'avoir les auditeurs les plus motivés, rappelons-nous les salles de cours de Gilles Deleuze remplies, débordantes, son bureau recouvert de dictaphones, d'enregistreurs à cassettes, ou encore Alain Badiou qui conclut ses séminaires dans un théâtre permettant d'accueillir un plus grand nombre de personnes. Ce succès qui avait lieu à l'Académie, au Jardin, au Lycée est inhérent à l'adhésion aux idées dont les philosophes sont les pères. Il ne suffit pas d'avoir raison, il importe de trouver un écho à ses propositions, et le philosophe ratisse large pour assurer une écoute suffisante, sans qu'elle soit trop large néanmoins, au risque de la suspicion de clientélisme, d'une philosophie peu exigeante, populaire, à laquelle le philosophe veillera à ne pas s'abaisser. Le philosophe est ainsi toujours dans cette tension entre la promotion de lui, l'exigence et la reconnaissance.

L'entrepreneur n'est pas moins doté d'un ego surdimensionné. Lui aussi estime être détenteur d'une certaine vérité, il a l'intuition de savoir ce que les clients veulent. Au point, s'il n'arrive pas à les convaincre, de se considérer comme un incompris à l'instar des philosophes, de se considérer comme en avance sur son temps. C'est l'argument que défendait le fondateur d'Apple à la suite de l'échec du Newton Pad, l'ancêtre du célèbre iPad : les clients n'étaient pas encore prêts à acheter la tablette, alors que lui « savait » ce dont ils avaient besoin... L'innovateur est par essence quelqu'un qui cherche à régler des problèmes, une fois qu'il réussit à trouver une solution il considère rapidement que c'est LA solution, seule et unique et qu'il a raison. Cependant, comme en philosophie où la maîtrise des passions peut s'aborder de différentes manières, où la question du beau, de l'esthétique ou de la justice peut être entreprise par des orientations différentes, la solution seule et unique n'est peut-être pas la meilleure ni même la plus pertinente. Ce qui caractérise l'ego, c'est qu'il est individuel, il est propre à un individu, et si celui-ci est démesuré au point de remplacer les avis de ceux qui sont de potentiels clients alors il peut même être un obstacle à l'entrepreneuriat.

Dans le même temps, ce dernier a besoin d'une personnalité forte pour développer son idée, son intuition, pour aller convaincre les autres. Lorsque Sergueï Brin annonce que son ambition n'est ni plus ni moins « qu'organiser l'information mondiale » sur Internet, il faut un ego qui soit bien au-dessus de celui du citoyen moyen. Dans les années 1960, alors étudiant à Yale, Frederick Smith écrit un papier imaginant un service de livraison du jour pour le lendemain. Il a alors 18 ans et les prémices de ce que sera FedEx sont déjà dans son esprit, l'entreprise naîtra officiellement quelques années plus tard. Cette dernière, qui est reconnue désormais comme la première entreprise de livraison express au monde et qui figure parmi les entreprises les plus respectées pour son intégrité, son respect des collaborateurs et ses performances, n'aurait jamais été ce qu'elle est sans la forte personnalité d'un fondateur convaincu avant la majorité de savoir comment livrer au mieux, au plus vite, au meilleur prix à travers le monde. Même chose pour Herb Kelleher, qui seul, sans brevet de pilote, sans même avoir acquis les connaissances de base du secteur aérien – il est avocat de formation –, réussit à bouleverser en 1971 les entreprises traditionnelles du secteur comme American Airlines, Delta Airlines ou Continental Airlines et fait, en quelques années, de Southwest Airlines la première entreprise de transport aérien. On se doute que l'ego de celui qui est considéré comme le plus grand innovateur de tous les temps, Thomas Edison, avec plus de 1 000 brevets déposés, devait être particulièrement important. D'ailleurs, beaucoup de ses inventions sont controversées car elles font aussi l'objet de batailles sur la paternité réelle de l'idée – c'est le cas de l'électricité, du cinéma, de l'ampoule électrique ou encore de l'enregistrement du son. La France contemporaine n'est pas sans entrepreneurs aux convictions fortes, songeons à Alain Afflelou qui à 24 ans ouvre son premier magasin et impose son nom dans le paysage français de l'optique. Et la France du XIXe siècle voit naître bon nombre d'entrepreneurs, d'innovateurs qui veulent révolutionner un secteur d'activité, un mode de vie. Nous en avons cité plusieurs préalablement, d'autres personnalités peuvent être encore mentionnées sans être exhaustif : c'est le cas en 1852 d'Aristide Boucicaut qui fonda véritablement le commerce moderne avec la notion de grand magasin avec à l'époque des concepts innovants : entrée libre et affichage des prix, périodes dédiées aux fortes ventes (jouets en décembre), périodes de soldes, échange et reprise des marchandises, vente par catalogue dans le monde entier et construction de l'hôtel Lutetia pour accueillir les riches clients étrangers. Il sera suivi par Ernest Cognacq pour La Samaritaine et Xavier Ruel pour le Bazar de l'Hôtel de ville. On peut ajouter à cette liste Louis Hachette qui, outre le fait d'avoir fondé une des premières maisons d'édition française, innove sur la commercialisation et le marketing : il est le premier à proposer aux libraires de leur faire parvenir des exemplaires de toutes ses publications, avec la possibilité de les lui renvoyer s'ils ne se vendent pas ; et a l'idée d'installer des points de vente dans les gares ferroviaires.

Entre celui qui souhaite apporter l'électricité dans tous les foyers, celui qui veut faire de la livraison rapide quelque chose d'accessible à tous, un autre qui veut diffuser le savoir par l'édition ou un autre qui veut organiser la distribution des marchandises ou encore organiser l'information mondiale, l'innovateur est une personne à part qui a la conviction que ce qu'il fait, lui seul peut le faire, qu'il détient LA solution pour résoudre un problème. C'est sa forte personnalité, son ego, son narcissisme, qui permet cela ; lui-même ne veut pas être nécessairement sur le devant de la scène, il veut que ce soient sa proposition, son produit, son service comme le philosophe souhaite que ce soient ses idées. Sans une conviction profonde, presque un élan vital pourrait-on dire avec Bergson, l'innovateur comme le philosophe n'auraient certainement pas les ressorts psychologiques pour achever cela. Si leurs idées sont innovantes, nous ne pouvons pas nous assurer qu'ils ont été les seuls à les avoir – et probablement que non. En revanche, ils sont les seuls à avoir été poussés par un désir de réussir, d'accomplir cette mission. Peu importe si d'autres ont échoué, peu importe si cela ne rapporte pas d'argent et même en coûte considérablement, l'important, pour eux, est d'avoir apporté leur pierre à l'édifice. D'avoir contribué à faire avancer le monde, le progrès et ce sont eux seuls qui en sont les auteurs.

Le foisonnement

L'assouvissement de l'ego est impossible, c'est un tonneau des Danaïdes : aussitôt rempli, il se vide. Aussitôt une idée aboutie pour un philosophe, une vérité considérée comme acquise et définitive, s'il n'y travaille pas de nouveau, s'il ne s'acharne pas à convaincre les autres, que fait-il ? Il recommence sur un autre thème. Le philosophe se drape dans sa prétendue capacité à aborder tous les sujets, tous les thèmes. La philosophie est universelle, Aristote a quasiment écrit sur tous les sujets : la biologie, la physique, la métaphysique, la logique, la poétique, la rhétorique, l'économie ; Platon a autant écrit sur la politique que sur l'éthique, mais à travers Socrate il a abordé la justice, les passions, l'esthétique parmi de nombreux autres thèmes. Les *Essais* de Montaigne est un livre universel, une suite de questionnements, de réflexions et pensées aussi bien sur le cannibalisme que sur l'apprentissage de la mort, autant sur la religion, que la justice, la politique ou encore l'éducation. Dans la philosophie contemporaine, Michel Foucault aborde autant la question des anormaux que des prisonniers, autant la question du savoir que celle de la sexualité ; Sartre s'est intéressé au marxisme comme à l'existence, à la liberté comme à l'âme et peu importe le support où ses idées se développent : un édito ou un long essai, dans un journal ou dans la NRF, au théâtre ou au cinéma, dans un auditorium ou dans la rue.

Le philosophe prend ce qui lui tombe sous la main, il choisit ce qu'il aime ou l'opportunité qui se trouve dans son époque, dans l'actualité face à lui. Ce n'est pas une question de sujet, c'est une question de méthode ; parfois ce n'est même pas une question d'attirance pour un champ ou d'intérêt personnel qu'il peut susciter, mais le défi qu'il représente, sa difficulté. Autrement dit, le philosophe aime la philosophie pour elle-même, comme l'innovateur aime l'innovation pour elle-même. C'est le goût de l'innovation, du risque, de la découverte, du développement qui le stimule. Nous avons cité Richard Branson, Xavier Niel ou Jack Ma dont la galaxie d'innovations qu'ils ont développées est quasiment sans limites. Aujourd'hui, Google se développe dans le domaine de l'Internet autant que dans celui des véhicules autonomes, aussi bien dans l'intelligence artificielle que dans les systèmes de navigation. Régulièrement, ces innovateurs investissent d'autres domaines pour se donner des défis supplémentaires, c'est pourquoi ils goûtent à la politique. Les États-Unis sont particulièrement sensibles à cet aspect, et si le 45e président est tout à fait dans cette lignée d'entrepreneur-politicien il est loin d'être le premier : Rudolph Giuliani, l'ancien maire de New York, est un entrepreneur réputé ; Mitt Romney, qui fut dans la course à la présidentielle face à Barack Obama, l'était également ; et encore récemment, le président de Starbucks, inquiet des dispositions politiques de son pays, a fait part de sa volonté de s'investir sur ce terrain.

Le philosophe et l'innovateur, un même mode de vie

Assouvir son ego, rechercher le progrès, ressentir la solitude du héros, être créatif, questionner l'existant, investir tous les sujets, être un travailleur acharné sont les grands points communs entre le philosophe et l'innovateur. S'il peut paraître surprenant qu'il soit possible d'associer ainsi entrepreneur et philosophe, c'est parce que ceux-là sont généralement réduits respectivement au carnassier à la recherche d'argent à tout prix et à celui qui ne fait que des recherches spéculatives sans grande utilité. Or, avec un peu d'analyse, il est aisé de voir en quoi cette réduction est très éloignée de la réalité. Les caractéristiques communes que l'on vient de dresser entre eux sont indispensables, immuables, fondamentales pour quiconque est philosophe ou veut le devenir, pour n'importe quel entrepreneur. Quel que soit le secteur d'activité ou le thème sur lequel ils jettent leur dévolu, les philosophes et les entrepreneurs ont en commun ces signes distinctifs.

Il n'est pas question de dire ici qu'innovateur et philosophe se confondent pleinement, leurs traits communs respectifs ne peuvent en rien dissimuler leurs singularités. Si tous les deux veulent accomplir quelque chose de fort, d'unique en rendant la vie plus simple en quelque sorte, la finalité de l'accomplissement n'est pas identique : le premier cherche à rendre la vie plus simple ou matériellement plus confortable par une offre des produits, de services. Le second veille également à rendre la vie plus simple mais par le travail de l'esprit, par l'acquisition de la sagesse et son amour. Et c'est peut-être ici que se trouve le point déterminant de notre propos. Face aux innovations majeures qui se développent sous nos yeux depuis à peine quelques décennies, compte tenu des innovations récentes qui bouleversent autant l'homme, l'humanité que l'environnement, compte tenu du caractère quasi incontrôlable des évolutions en cours, la question d'intégrer pour l'innovateur cette recherche de la sagesse et son amour ne devrait-elle pas aussi lui incomber ?

Et si le travail de l'esprit était également un devoir, un paramètre pour l'entrepreneur en plus de ses responsabilités ? S'il n'y a pas lieu d'exiger du philosophe qu'il acquière l'esprit de l'innovateur même si certains le possèdent, nous avons l'obligation d'exiger de ce dernier qu'il acquière l'esprit du philosophe.

Il ne s'agit pas de demander aux innovateurs de ne plus être ce qu'ils sont, il s'agit de faire en sorte qu'ils comprennent les conséquences de leurs actes, qu'ils comprennent qu'ils ne peuvent plus agir sans le discernement nécessaire, sans la responsabilité de prendre soin de soi et des autres. Si les expertises et les analyses, les sciences, les hypothèses et les déductions sont souvent les outils de décisions des innovateurs, en aucune manière elles n'ôtent le caractère incertain des offres qu'ils peuvent mettre sur le marché. Les risques que prennent les innovateurs, qu'ils font prendre à leurs clients et parfois aux citoyens dans leur ensemble doivent être de plus en plus pris en compte dans les décisions de lancement et cela ne peut exclusivement passer par des tests, des essais ou des analyses. L'innovation a pour définition d'échapper des mains de son innovateur : il y a bien longtemps que les réseaux sociaux n'appartiennent plus à leurs créateurs ; que le séquençage de l'ADN désormais rapide et peu coûteux est aux mains d'innombrables organisations et non plus seulement aux mains des scientifiques qui en sont à l'origine ; que les prémices du clonage sont aujourd'hui présentes sur quasiment tous les continents. Et il ne s'agit pas d'attendre que les lois ou la régulation viennent se charger de cadrer l'innovation : l'innovation vient avant la loi, c'est un fait. Si ni la régulation législative ni l'anticipation scientifique n'ont de prise sur notre futur, comment nous y prendre si nous souhaitons que celui-ci soit humainement durable ?

Le choix philosophique d'un avenir humainement durable

Souhaitons-nous un avenir humainement durable ? Plus exactement : en quoi un avenir humainement durable est-il préférable à un autre que nous ne connaissons pas et que par définition nous condamnons ? L'intelligence artificielle effraye parce qu'elle a le potentiel de dépasser nos connaissances et notre intelligence ; le clonage comme le transhumanisme nous font peur car nous avons peur de perdre notre identité ; le *big data* nous dérange car nous redoutons la fin de notre liberté. Même chose pour l'environnement : nous voyons le réchauffement climatique comme une menace, la disparition des espèces comme une catastrophe et la fonte des glaciers, la montée des océans ainsi que l'augmentation d'émission de gaz à effet de serre comme quelque chose de terrifiant à éviter absolument. Nous pourrions nous demander s'il n'y a pas quelque chose d'extrêmement conservateur ou un certain égoïsme et anthropocentrisme dans cette approche. Depuis environ 4,5 milliards d'années, plusieurs millions d'espèces sont apparues sur Terre. Elles se sont développées, parfois sont devenues majoritaires, quelquefois dominantes puis les mêmes ont disparu. Il y a d'ailleurs de très fortes probabilités qu'un très grand nombre d'espèces qu'elles soient animales ou végétales aient existé, mais nous n'en avons aucune trace, aucun fossile pour s'en assurer. Au sein de ces multiples développements se trouve l'*Homo sapiens*. Cette espèce dont nous faisons partie – on compte 8,7 millions d'autres espèces vivantes sur la Terre – est très récente, environ 200 000 ans. Dans une certaine mesure, nous pouvons la considérer comme dominante puisqu'elle a réussi à conquérir l'ensemble des territoires, elle se développe massivement, elle prend plus ou moins le contrôle de la nature. Est-ce que cela veut pour autant signifier qu'elle est immortelle ? Qu'elle doive être protéger plus qu'une autre ? Que celle-ci ne doive pas évoluer, se modifier, plus exactement s'adapter à son environnement : autrement dit, innover au sens latin du terme ? Si nous apparaissons il y a 200 000 années comme *Homo sapiens*, c'est à la suite d'un long processus d'évolution qui nous a fait passer du stade de petites algues, de poissons, de simples vertébrés au stade de mammifères avant que les premiers hominidés émergent il y a environ 7 millions d'années. Les paléontologues considèrent que *Sahelanthropus tchadensis* serait l'une des premières espèces de la lignée humaine, vraisemblablement très proche de la divergence entre les *Panines* – incluant les chimpanzés – et le genre *homo* – incluant l'homme – avec l'emblématique Toumaï. Depuis cette époque, plusieurs espèces d'hominidés ont disparu, c'est le cas de Néandertal, d'*Homo floresiensis* ou encore de l'homme de Dénisova – groupe asiatique. Ce qui veut dire que nous sommes les derniers rescapés de l'espèce humaine. Cela ne signifie pas que nous ne disparaîtrons pas à notre tour, ou que nous n'évoluerons pas sous une autre forme. C'est bien l'un des points majeurs soulignés par Darwin dans *L'Origine des espèces* : les espèces ne sont en rien immuables, elles ne cessent d'évoluer en fonction de leur environnement, de leurs besoins. Aristote le répète en particulier dans son ouvrage *Les Parties des animaux*, que la « nature ne fait rien en vain[1] », ce qui veut clairement dire que celle-ci, selon le Stagirite, s'adapte dans un but, dans une téléologie qui est celle de sa continuité de progression, d'avancée.

Dans les derniers siècles de notre ère, notre espèce a prolongé son espérance de vie, les corps se sont allongés, des modifications corporelles majeures ont eu lieu, et tout cela pour continuer à survivre. Pourquoi devrait-elle s'arrêter pour garder de manière immuable la forme que nous lui connaissons ? Quel sens cela peut-il avoir, sinon notre volonté de garder ce que nous connaissons, d'être réticents au changement, de considérer avec arrogance que ce que nous avons vécu et ce que nous vivons est nécessairement bien et mieux que ce qui peut advenir. N'est-ce pas la peur qui nous fait agir de la sorte ? N'est-ce pas notre anthropocentrisme maladif qui nous pousse à de tels arguments ? Nous voulons avoir des enfants, des petits-enfants, des arrière-petits-enfants qui nous ressemblent, que l'ensemble de nos descendants nous ressemblent. Nous pensons ainsi par peur de notre propre disparition, notre mort individuelle bien sûr mais qui finit par être acceptée par résignation – même si les investissements dans la santé et le transhumanisme montrent le contraire –, mais l'ultime

1. Aristote, *Les Parties des animaux*, II, 691b.

résistance que nous semblons montrer, que nous voulons montrer face à la mort, c'est qu'au moins notre espèce survivra : une petite part de nous continuera de vivre et par procuration nous rendra immortels. Si la nature ne fait rien en vain comme le dit Aristote, elle ne le fait pas « pour nous » humains. Elle fait ce qu'elle doit faire pour sa propre survie en tant qu'organisme vivant au sein d'un cosmos non moins vivant.

Le corps que nous avons, en quoi est-il si préférable à celui que nous pourrions avoir dans plusieurs millénaires alors qu'il sera tout à fait adapté à l'environnement dans lequel il se trouvera ? Si par adaptation nous avions un organe de moins ou de plus, un membre de cette forme plutôt que d'une autre, un cerveau développé selon ces caractéristiques plutôt que d'autres, en quoi cela serait-il particulièrement gênant[1] ? Qui sommes-nous pour condamner, juger une évolution de la nature ? Certes, des espèces disparaîtront encore et encore : chaque année les scientifiques découvrent en moyenne 16 000 espèces nouvelles, et il y en aurait encore entre 8 à 30 millions à découvrir… Et en effet dans le même temps, l'Union pour la conservation de la nature souligne que, tous les ans, 25 000 espèces vivantes, animales ou végétales disparaissent. Humblement, nous faisons partie de cette évolution que paradoxalement pourtant nous admirons et décrions dès lors qu'elle nous concerne en tant qu'espèce.

1. À ce titre, les travaux de l'artiste Agatha Haines, où sont imaginées des transformations corporelles en fonction de l'évolution de l'environnement, peuvent être vus comme absurdes, dérangeants ou prospectifs…

Alors pourquoi finalement devrions-nous repenser à nouveaux frais l'innovation et ses conséquences ? Pourquoi ne pas « laisser faire » tant les hommes que la nature en acceptant *the struggle for existence* darwinienne, la grande lutte pour l'existence ? Si, finalement, nous acceptons que l'évolution et l'adaptation de la vie soient permanentes – et non l'immuabilité de la seule jeune espèce *Homo sapiens* –, et si nous pensons que nous nous adapterons d'une façon ou d'une autre, ce qui est tout à fait respectable, pourquoi s'évertuer à protéger en vain notre espèce ? Pour tenter de répondre à cela, nous avons besoin de décaler notre point de vue, en regardant la théorie de l'évolution certes comme un fait, mais aussi comme une contingence. Le point de vue à adopter serait celui de Sirius, l'étoile la plus brillante dans le ciel après le Soleil, c'est-à-dire avec hauteur autant qu'avec lumière, avec générosité et bienveillance autant qu'avec sagesse. Qu'est-ce que notre espèce si l'on se place du point de vue de cette étoile ? Henry David Thoreau y répond :

> Si quelqu'un pouvait examiner notre ruche depuis un observatoire céleste, il percevrait un surprenant degré de bourdonnement au cours de ces derniers temps. Ici, on martèle et cabosse, on cuit le pain et on brasse la bière, là, on achète et on vend, on fait des transactions monétaires et de beaux discours. Quelle impression recevrait-il d'un tel survol global et impartial ? Lui appartiendrait-il que l'humanité a usé de ce monde sans en abuser[1] ?

1. Henry David Thoreau, *L'Esprit commercial des temps modernes et son influence sur le caractère politique, littéraire et moral d'une nation*, trad. D. Bazy, Villeneuve-en-Perseigne, Le Grand Souffle, 2007. p. 28.

Certes, nous ne sommes qu'une jeune espèce appelée sans aucun doute à disparaître et personne ne la regrettera. Néanmoins, la réalité de notre existence, l'opportunité que nous avons d'exister est issue d'un processus long, d'un faisceau de conjonctions grâce auquel nous pouvons vivre, jouir, aimer, nous déplacer, apprendre, jouer, ne serait-ce que quelques années, ne serait-ce que quelques tout petits instants à l'échelle du temps. Cette chance qui nous est donnée ne signifie pas qu'elle doit être gâchée. Non pas tant pour l'espèce humaine que pour toutes les espèces. Autrement dit, notre évidente disparition en tant qu'espèce ne signifie pas forcément qu'il faille tout détruire sur notre passage et mépriser une continuité, même différente. C'est pourtant ce que nous faisons au quotidien. Car s'il y a eu des millions d'espèces depuis l'apparition de la vie, l'espèce humaine est globalement la seule dont les dégâts et les conséquences constituent un risque réel pour la planète et pour la suite de la vie d'une manière générale. L'espèce humaine a joué avec la nature au risque de la détruire. De fait, les propositions précédentes se renversent, qui sommes-nous pour détruire quelque chose qui a fait ce que nous sommes ? Dans quelles mesures, possédons-nous l'endroit où nous sommes apparus ? Il ne s'agit pas d'essayer d'être culpabilisateur, moralisateur ou attendrissant en considérant que nous empruntons la terre à nos enfants et petits-enfants, personne ne prend en compte cela puisqu'il est difficile de se projeter dans ce que nous ne connaissons pas, ne voyons pas : comme le souligne Dominique Bourg, nos sens ne nous disent rien sur les problèmes environnementaux et des écosystèmes[1]. L'enjeu est ailleurs et il est double : d'une part, de respecter ce pourquoi nous sommes et avons du plaisir à être ce que nous sommes ; et d'autre part, considérer que d'autres espèces peuvent avoir le droit d'en jouir comme nous en jouissons aujourd'hui. Certes, il est probable avec cette approche que notre propre espèce prolongera son existence de seulement quelques siècles, peut-être même quelques millénaires à peine. Peu importe, l'enjeu ne se trouve pas ici, il est dans le futur d'un ensemble dont nous héritons, et que nous léguons. Ainsi, l'importance des conséquences de nos actes pendant ce passage n'est pas anodine. Une autre raison, bien plus égoïste, pourrait nous faire adopter une attitude plus responsable. Certes, notre désir d'offrir un monde identique à nos descendants est salutaire – même si une nouvelle fois rien ne nous dit que le monde dans lequel nous vivons est préférable à un monde futur différent –, mais la question se pose aussi pour nous, ici et maintenant, pour les quelques années à venir que ce soit une cinquantaine ou une centaine d'années. Si les innovations d'aujourd'hui et de demain peuvent amener une vie différente de la nôtre à l'horizon de plusieurs centaines d'années, elles ont aussi une influence ici et maintenant. Ainsi, supposer que les ondes wifi puissent avoir des répercussions sur le cerveau de l'être humain et le modifier d'une manière ou d'une autre à très long terme de manière définitive – et peut-être même de manière avantageuse –, c'est

1. Dominique Bourg, « Climat : le thermomètre et le philosophe. Spécial 2° avant la fin du monde », *#DataGueule*, France 4, 17 novembre 2015.

une chose ; le refuser parce qu'à court terme cela est nuisible pour soi en est une autre. Il est probable que notre corps s'adaptera à l'ingestion d'organismes génétiquement modifiés et qu'il pourra en consommer sans aucun problème, cependant c'est notre droit de ne pas accepter d'être les cobayes qui sont en première ligne, qui seront les premiers malades avant que notre espèce s'adapte et puisse accepter de tels aliments. Certes, le séquençage de l'ADN a d'importants intérêts pour anticiper les possibles pathologies dont nous pouvons souffrir, pour adapter notre alimentation et nous prémunir contre les risques, voire, à l'avenir, pour totalement éradiquer des maladies, mais souhaitons-nous aujourd'hui différencier les individus qui peuvent y avoir accès ? L'avenir de l'humain est-il continental, grand et blanc parce que c'est l'homme blanc qui aura eu accès aux innovations ? C'est toute la question du *big data* qui est ici en jeu : ce à quoi ces données peuvent conduire à longue échéance avec des effets bénéfiques que nous ne remettons pas en cause ; mais dans quelle mesure ici ces effets ne sont-ils pas néfastes à l'heure actuelle ? Ce que nous sommes en train de défendre ici, c'est que l'innovation est non seulement incertaine dans ces effets, mais aussi qu'à l'évidence un effet à long terme n'est pas forcément le même que celui à court terme pour les mêmes individus. Et si nous pouvons accepter l'idée d'évolution des espèces, de notre évolution, de notre adaptation et même de notre disparition, cela ne suppose en rien l'acceptation de la maladie, de la souffrance et de l'inégalité pour l'ici et maintenant.

Que ce soit pour des raisons court-termistes comme celles que nous venons d'énoncer, que ce soit pour des raisons de respect vis-à-vis de ce que nous avons reçu et de ce que nous devons faire pour la continuité des espèces en général, ou même pour espérer prolonger de quelques siècles notre propre espèce, nous avons besoin de songer différemment à ce que nous faisons en termes d'innovation. Nous avons la nécessité de penser à notre responsabilité, et, plus particulièrement, l'innovateur a besoin de penser cette responsabilité, lui qui est en charge de la marche du monde. Il faut cependant l'aider à remettre en question son identité, partant du principe qu'il ne le sait pas lui-même qui il est. Depuis des siècles, l'innovateur fait, façonne : les premiers hominidés se servent d'une pierre comme d'un outil, des outils dits primaires ; puis, émergent les outils secondaires qui sont le résultat d'un façonnage grâce à un autre outil, c'est le cas du couteau silex qui est un outil taillé avec un percuteur. C'est le début de l'*Homo faber* pour Henri Bergson qui y voit un lien avec le développement de l'intelligence : « En définitive, l'intelligence, envisagée dans ce qui en paraît être la démarche originelle, est la faculté de fabriquer les objets artificiels, en particulier des outils à faire des outils, et d'en varier indéfiniment la fabrication[1]. » Qu'est-ce qu'aujourd'hui l'ordinateur sinon un outil plus sophistiqué ? Élaboré par la main de l'homme, l'« outil des outils[2] » selon Aristote. L'innovateur est donc une machine à outils, une machine à outils des outils ; il fait, il résout les problèmes, mais ne s'inquiète

1. Henri Bergson, *L'Évolution créatrice* (1907), Paris, Puf, « Quadrige », 2007 (édition critique), chap. II, p. 138-140.
2. Aristote, *Traité de l'âme*, livre II, partie I, chap. VIII, 431b20.

pas outre mesure des conséquences de ses actes : pour filer la métaphore, il n'est pas programmé pour intégrer une forme de sagesse, de bienveillance pourtant nécessaire. Et si nous devons questionner son rôle, c'est pour le reformater, pour que son « processeur », si l'on peut dire, intègre cette dimension de sagesse.

Si la philosophie semble la voie préférable pour aider l'innovateur à être un l'innovateur bienveillant qu'il doit être, le philosophe est semble-t-il celui qui est capable de l'aider. Comme un guide, un maître, il est celui qui peut permettre à quelqu'un d'être un autre, l'aider à voir qui il est et comment agir autrement. Pour le comprendre, nous pouvons nous appuyer sur le rôle du maître dans la philosophie antique. Le rôle du philosophe auprès de ses disciples est alors de conduire correctement ces derniers vers le savoir et la connaissance, vers le savoir-faire et le comportement. Le maître va avoir pour mission de sortir le disciple de la *stultitia*. La *stultitia* est une notion fondamentale de la philosophie stoïcienne, comme on peut le lire notamment chez Sénèque dans *De la tranquillité de l'âme*[1]. *Stultitia* vient de « *stultus* », « qui n'a pas souci de lui-même », et la *stultitia* est la situation dans laquelle on se trouve avant que l'on ait pris soin de soi, avant que l'on ait commencé le cheminement de la philosophie[2]. Est *stultus*, explique Sénèque, celui qui est ouvert à tous les vents, celui qui laisse entrer dans son esprit tout ce qui se présente à

1. Sénèque, *De la tranquillité de l'âme*, II, 6-15, trad. R. Waltz, cité par Michel Foucault, *L'Herméneutique du sujet, Cours au Collège de France (1981-1982)*, Paris, Gallimard/Seuil, 2001, p. 126.
2. *Id.*

lui sans examen ni analyse[1]. Ne se souvenant de rien, ne se remémorant aucun acte, le *stultus* change d'avis sans cesse et laisse s'écouler la vie sans songer un instant à prendre soin de soi.

Sortir de cet état pour Sénèque, c'est avoir la volonté d'accéder au soi. Néanmoins la difficulté, c'est que ce qui caractérise la *stultitia*, c'est justement l'incapacité du *stultus* à en sortir, car il ne le désire pas, la *stultitia* se définit précisément par ce non-rapport au soi. La seule issue possible est l'intervention d'autrui. L'individu extérieur permettra de polariser la volonté de sortir de cette *stultitia* et aidera le *stultus* à être maître de soi. Cet individu induisant cette sortie, son opérateur, c'est le philosophe. Que ce soit chez les épicuriens ou les stoïciens, seul le philosophe est capable d'aider les autres en les dirigeant, « le philosophe est celui qui est l'*hêgemôn*, le guide, pour tous les hommes, en ce qui concerne les choses qui conviennent à leur nature[2] ». Les philosophes disent comment il faut se conduire tout comme ils expliquent comment il faut conduire les autres hommes, ainsi que le résume Foucault à propos du rôle de la philosophie : « La philosophie, c'est l'ensemble des principes et des pratiques qu'on peut avoir à sa disposition, ou mettre à la disposition des autres, pour prendre comme il faut soin de soi-même ou soin des autres[3]. »

1. *Ibid.*, II, 37-4, cité par Michel Foucault, *L'Herméneutique du sujet*, *op. cit.*, p. 127.

2. Musonius Rufus, fragment XIV : « *hêgemon tois anthrôpois esti tôn kata phusin anthrôpô prosêkontôn* », *Reliquiae*, éd. O. Hense, p. 71, cité par Michel Foucault, *L'Herméneutique du sujet*, *op. cit.*, p. 130.

3. Michel Foucault, *L'Herméneutique du sujet*, *op. cit.*, p. 131.

L'innovateur ne sait pas comment sortir de son état exclusif de « producteur d'offres », en conséquence de quoi il ne pense pas à ce qu'il fait, il est dans cette *stultitia* qui le rend aveugle. Il n'est que dans une certaine forme d'analyse, celui qui lui montre une nouvelle façon de faire, d'agir, de progresser, d'évoluer, mais en aucune manière il n'intègre une bienveillance qui, de fait, lui est étrangère. Et il ne s'agit pas simplement de lui dire qu'il faut intégrer de la responsabilité et de la bienveillance, de la sagesse et du respect dans ses innovations, il entendra sans savoir comment faire. C'est son éducation qui est à refaire, c'est son modèle qui est à repenser en repartant des fondamentaux dont les racines se trouvent dans la philosophie. L'innovateur doit mourir au profit de l'innovateur bienveillant, la destruction créatrice doit s'appliquer également à lui-même, il doit disparaître pour faire émerger une nouvelle forme d'innovateur : l'innovateur du XXIe siècle.

Comprendre la philosophie ?

« Qu'est-ce que la philosophie ? » est certainement l'une des questions les plus anciennes et des plus complexes qui soient. Il ne s'agit pas ici de reprendre à notre compte cette question, encore moins d'y répondre, mais de la même manière que nous avons cherché rigoureusement à revenir sur la notion d'innovation, il nous a paru nécessaire de revenir sur les fondamentaux historiques de la philosophie pour évaluer ce qu'elle est, autant que son rôle, et par conséquent sa pertinence pour l'innovateur. La philosophie n'est pas subjective, elle n'est pas abstraite ou vaporeuse, elle trouve ses origines dans l'histoire et elle se développe de manière structurée. Sa compréhension, sa connaissance, ses principes fondamentaux permettent d'en espérer ses effets, même si cela n'est pas suffisant puisqu'elle doit être pratiquée pour être pleinement opérante.

L'origine grecque de la philosophie

Comme le montre Jean-Pierre Vernant, le courant milésien apparaît au VIe siècle avant J.-C. À travers Thalès, Anaximandre et Anaximène surgit, comme une vérité révélée, le « miracle grec[1] ». Le terme « philosophie » n'existe pas encore, celui-ci n'apparaissant qu'au Ve siècle chez Héraclite avec l'adjectif « *philosophos* »[2], ainsi que « *philosophia* » toujours au Ve siècle, dit siècle de Périclès[3]. Toutefois, ce n'est qu'avec Platon et Aristote que naît véritablement la philosophie. Platon définit le terme au IVe siècle. « Philosophie » est alors un terme très technique. Dans

1. Jean-Pierre Vernant, *Mythe et pensée chez les Grecs*, Paris, La Découverte, 1996, p. 406.

2. *Ibid.*, p. 404.

3. Notons que, pour Hadot, « les présocratiques du VIIe et du VIe siècle avant J.-C., Xénophane ou Parménide, et même probablement, malgré certains témoignages antiques mais très discutables, Pythagore et Héraclite, n'ont connu ni l'adjectif *philosophos*, ni le verbe *philosophein*, à plus forte raison le mot *philosophia* ». Pierre Hadot, *Qu'est-ce que la philosophie antique ?*, *op. cit.*, p. 35.

les commentaires néoplatoniciens aux œuvres d'Aristote, on peut lire les définitions que donnait Platon de la philosophie. La philosophie est premièrement définie comme « la connaissance de ce qui est, en tant qu'il est » ; deuxièmement comme la « connaissance des choses divines et humaines » ; troisièmement comme l'« exercice de la mort » ; quatrièmement comme l'« assimilation à Dieu » ; cinquièmement comme l'« art des arts et la science des sciences » ; sixième et dernièrement comme l'« amour de la sagesse ». Ces différentes définitions se rassemblaient en trois catégories : la catégorie des définitions « théoriques », pour les deux premières ; la catégorie des définitions « pratiques » pour les deux suivantes ; enfin la catégorie des définitions « mixtes » pour les troisième, quatrième et sixième[1].

La notion même de « philosophie » pour Platon a une connotation polémique, car se dire « philosophe », c'est s'inscrire en faux contre les milésiens qui se limitent aux analyses de la nature. C'est aussi se distinguer du *sophos*, « sage », ou des *sophistés*, « sophistes », catalogués par Platon comme des maîtres en persuasion, à compétence prétendue universelle[2].

1. Définitions reprises par Elias, « Proleg. Philos. », dans *Commentaria in Aristotelem Graetica*, XVIII, 1, p. 7, 26-29, cité par Juliusz Domanski, *La Philosophie, théorie ou manière de vivre, controverse de l'Antiquité à la Renaissance*, Paris, Cerf, 1996, p. 11.

2. Nonobstant, on ne peut soutenir qu'il n'y a pas de filiation entre les pensées milésiennes et la philosophie constituée. Aristote reconnaît par exemple en Thalès l'« initiateur de ce type de philosophie [le matérialisme] ». Aristote, *Métaphysique*, 983b20, cité par Jean-Pierre Vernant, in *Mythe et pensée chez les Grecs, op. cit.*, p. 405.

Cette distinction n'est pas sans soulever difficultés et controverses ainsi que l'indiquent les travaux de Jean-François Balaudé. En effet, et contrairement à la position de Platon, le fait d'être philosophe (*philosophos*), de philosopher (*philosophein*), n'est pas initialement conçu en opposition à la sagesse, la *sophia*[1]. Pour comprendre cela, il faut s'appuyer sur les recherches de Walter Burkert, qui montrent que le mot « *philosophos* » est composé de la racine *phil-* ne signifiant pas l'amour ou la recherche de quelque chose d'absent, mais soulignant plutôt la « fréquentation » de quelque chose de présent[2]. Il n'y aurait donc pas d'opposition initiale entre *philosophos* et *sophos* contrairement à ce qu'on observe chez Platon qui, dans le *Phèdre* et *Le Banquet*, situe les philosophes entre savoir et ignorance, contrairement aux dieux qui n'ont pas à philosopher, puisque sages[3]. On peut même voir une dimension positive dans *philosophos*, car associée à la *sophia* l'utilisation de la racine *phil-* signifie type de savoir. *Philosophia* suggérerait donc une certaine « pratique du savoir ». Cela est important, et un désaccord peut même naître entre Socrate et Platon. Pour le premier, l'action de philosopher, *philosophein*, est pleinement dans la visée d'amélioration de soi. Quant à Platon, son projet est différent, c'est celui d'un programme de

1. Jean-François Balaudé, *Le Savoir-vivre philosophique*, Paris, Grasset, 2010, p. 37-39.

2. Walter Burkert, « Platon oder Pythagoras », *Hermes*, 1969, n° 88, p. 159-177, analysé ici par Jean-François Balaudé, *Le Savoir-vivre philosophique*, *op. cit.*, p. 41

3. Platon, *Le Banquet*, 204a-d, trad. Léon Robin, Paris, Gallimard, « Bibliothèque de la Pléiade », 1950, p. 737-738.

connaissance[1]. Alors que, pour Socrate, il existe à la fois une *sophia* humaine et une *sophia* divine, Platon « fixe comme référence au savoir humain le savoir divin qui conduit à la distinction entre *philosophia* et *sophia*[2] ». Dès lors il y a chez ce dernier une sorte de désir, d'admiration de ce que l'on n'a pas et même que l'on ne pourra posséder car n'étant accessible qu'aux dieux. Cependant, ainsi que Jean-François Balaudé le résume, pour l'un comme pour l'autre, l'enjeu demeure « la réalisation du meilleur en l'homme, accomplissement pratique qui gravite autour de la recherche d'un savoir : de soi et de ce qui vaut, pour Socrate ; du vrai total, pour Platon. Un savoir qui, pour tous deux, ne peut être qu'approché[3] ».

Revenant au rôle des milésiens dans l'origine de la philosophie, il faut noter que celui-ci a pour apport majeur la lecture désincarnée des mythes. En s'appuyant sur l'immanence de la nature, les milésiens cherchent à dépasser l'apparence des choses, les principes permanents. Même si certains mythes subsistent dans la pensée et les discours, les milésiens ne font pas apparaître d'êtres surnaturels, et les éléments comme l'eau, la terre, l'éclair, le tonnerre, etc., sont appréhendés en termes positifs ; avec eux rien n'existe, rien ne s'est produit ni ne se produira jamais qui ne se trouve dans la *phusis*[4].

1. Jean-François Balaudé, *Le Savoir-vivre philosophique*, *op. cit.*, p. 44.
2. *Id.*
3. *Ibid.*, p. 45.
4. Jean-Pierre Vernant, *Mythe et pensée chez les Grecs*, *op. cit.*, p. 406.

Derrière l'analyse de la nature milésienne s'ouvre une réalité plus vraie, des chemins qui se créent se doivent d'être révélés par le philosophe et ses méditations. Comme le dit Vernant, c'est le moment où la philosophie prend la relève de la pensée religieuse[1] en étant dans les mêmes cadres de l'invisible, du contraste entre dieu et homme, mortel et immortel. Si le philosophe atteint l'accès à la vérité à travers une initiation[2] élitiste, son but n'est toutefois pas de préserver l'ineffable, mais d'éclairer les questions de l'existence à travers le dialogue et le débat.

L'histoire de l'émergence de la philosophie est aussi rapportée par Cicéron dans l'introduction au livre V des *Tusculanes*[3]. Ce dernier explique en effet que les « philosophes » étaient initialement nommés « sages », *sapientes*. Les fameux sept sages grecs étaient appelés par leurs contemporains « *sophoi* », « *sapientes* », jusqu'à Pythagore. Héraclide du Pont rapporte que Léon, le tyran, étonné de la sagesse de Pythagore, avait demandé à celui-ci quel était son métier. Il répondit qu'il n'exerçait aucun métier, qu'il était philosophe. Léon, ne comprenant pas la signification du mot, Pythagore répondit métaphoriquement que la vie humaine ressemble aux jeux panhelléniques auxquels trois genres d'hommes participent : ceux qui cherchent à gagner la gloire ; ceux qui viennent pour vendre ou acheter ; et ceux qui viennent regarder ce

1. *Ibid.*, p. 409.
2. *Ibid.*, p. 410.
3. Cicéron, *Tusculanes*, V, 3, 7-9, trad. Émile Bréhier, Paris, Gallimard, 1962, livre V, § XVII.

qui s'y passe. Ces derniers sont les moins nombreux, mais sont les plus nobles, ne recherchant ni gloire ni richesse. Les philosophes, explique alors Pythagore, sont ceux qui sont venus à cette vie d'une autre vie, non pour y gagner gloire et argent mais en méprisant ces prétendus biens. Les philosophes recherchent la nature des choses, la réalité elle-même. Comme l'indique leur nom, ils « tendent à la sagesse ». Leur noblesse réside dans le fait qu'ils ne s'intéressent qu'à la recherche de la nature des choses et à sa contemplation[1].

Cicéron précise que l'évolution du terme « philosophe » a été profondément marquée par Socrate, premier philosophe à détourner la philosophie de ses intérêts pour la nature. Socrate la replace en milieu humain, il la réduit aux problèmes éthiques avec comme primat l'ouverture au monde. C'est dans cette ouverture au monde que l'on peut aussi lire l'origine de la philosophie selon le couple Socrate-Platon. Car c'est l'étonnement qui est à la base de la philosophie : « S'étonner, déclare le Socrate du Théétète, la philosophie n'a pas d'autre origine[2] », car c'est « l'étonnement qui poussa les premiers penseurs aux spéculations philosophiques[3] ».

1. Anne-Marie Malingrey, *Philosophia. Étude d'un groupe de mots dans la littérature grecque, des présocratiques au IVe siècle après J.-C.*, Paris, Klincksieck, « Études et commentaires », 1961, p. 29-30, cité par Pierre Hadot, in *Exercices spirituels et philosophie antique*, Paris, Albin Michel, 2002, p. 71.

2. Platon, *Théétète*, 155d, trad. Léon Robin, Paris, Gallimard, « Bibliothèque de la Pléiade », 1950, p. 103.

3. Aristote, *Métaphysique*, 982b13.

En s'écartant des mythes, en s'étonnant, en visant la sagesse proposée par Pythagore, la philosophie devient une attitude, un comportement, une manière d'être. La contemplation de la nature, la recherche de la réalité elle-même, le refus de la gloire et de la richesse sont tous des attributs qui font de l'individu s'y consacrant un philosophe.

La philosophie procède donc d'une évolution avec de nombreux développements qui font ce qu'elle est aujourd'hui. Cependant, s'arrêter sur son origine ainsi que nous venons de le souligner rapidement nous permet déjà de repérer des axes importants pour notre propos. Comme nous le voyons chez Pythagore, les philosophes sont des individus qui dédient leurs vies au mépris de l'argent et des biens et qui recherchent la nature des choses, la réalité et la vérité, ils tendent vers la sagesse. C'est pour ces raisons historiques, ces prises de position et fondements que la philosophie apparaît toujours aujourd'hui comme détachée des biens matériels, comme une discipline de l'ascèse. Et cela nous paraît bien éloigné des entrepreneurs qui ne recherchent pas tant la vérité que la production d'idées, de biens qui possiblement généreront du profit pour pouvoir survivre. Cela étant dit, c'est réduire la perception de l'innovateur et à de nombreuses reprises nous avons souligné que l'innovateur n'était pas qu'un individu à la recherche du produit et de l'accroissement de marchandise mais qu'il recouvrait plusieurs formes ; l'innovateur est aussi investi en politique, dans des associations non lucratives, en religion ou même en philosophie.

Le fait que Socrate veille à replacer la philosophie en milieu humain et non simplement comme une contemplation de la nature est important pour nous car cela montre l'importance de ne pas exclure la philosophie du monde de l'homme du commun : celle-ci n'est pas réservée à une frange de la population mais vient au contraire prendre pied dans le monde réel. À l'instar de Socrate qui allait sur les marchés, à la rencontre des autres, l'entrepreneur est pleinement dans le quotidien, il s'intéresse à la vie réelle. Plus exactement, nous savons que la philosophie est avant tout une manière de vivre, elle est une façon d'être en permanence ; et ce que nous avançons ici, c'est d'une part que l'innovateur aussi a une manière de vivre permanente – ce que nous avons déjà souligné plus haut –, mais que d'autre part, il doit réussir de la même manière à se comporter en articulant pensées et actions, ce qu'il ne fait pas nécessairement aujourd'hui. Or la philosophie s'est toujours articulée autour de la pensée et du faire de manière singulière, ce que l'on peut dire des exercices spirituels que nous détaillerons plus loin et qui sont peut-être clefs pour une innovation bienveillante dans l'avenir.

La pratique de la philosophie : articulation theôria/praxis

La philosophie est une manière de vivre, cela signifie qu'elle a une prise directe avec le monde et n'est pas seulement dans une forme spéculative. Cela dit et si c'est l'étonnement qui poussa les premiers penseurs aux spéculations philosophiques, cela n'explique pas d'une part ce que sont les spéculations et d'autre part, et même surtout, leurs conséquences.

L'acte de « philosopher » ne peut prendre réalité qu'avec ses deux versants que sont *theôria* et *praxis*. Depuis Platon, souligne Juliusz Domanski, il y a une *communis philosophorum opinio* qui nous dit que, pour être un vrai philosophe, certes il est important de savoir comment il faut mener sa vie, mais il est tout aussi indispensable de vivre en plein accord avec ce savoir : « La vie du philosophe, son comportement, sa personnalité constituent ainsi l'accomplissement de la notion complète et intégrale de la philosophie[1]. » Pierre Hadot de son côté précise également que « le discours philosophique doit être compris dans la perspective du mode de vie dont il est à la fois le moyen et l'expression et, en conséquence, que la philosophie est bien avant tout une manière de vivre, qui toutefois, est étroitement liée au discours philosophique[2] ».

Theôria et *praxis* sont en effet les deux dimensions tout à fait indissociables de la philosophie, même si la pratique est ce qui prédomine logiquement puisque l'enjeu *in fine* est de savoir quelle est la meilleure façon de se comporter. La philosophie est donc moins une forme discursive qu'un mode de vie, ainsi que l'a lancé Socrate, à qui l'on demandait la définition de la philosophie : « Au lieu de la dire, je la fais voir par mes actes[3]. »

Si la théorie n'est pas absente et est même nécessaire en philosophie, c'est notamment pour le maître qui doit

1. Juliusz Domanski, *La Philosophie, théorie ou manière de vivre ? Les controverses de l'Antiquité à la Renaissance*, *op. cit.*, p. 11.

2. Pierre Hadot, *Qu'est-ce que la philosophie antique ?*, *op. cit.*, p. 19.

3. Xénophon, *Mémorables*, IV, 4, 10, trad. L.-A. Dorion, Paris, Les Belles Lettres, « Collection des universités de France », 2003.

enseigner, transmettre à ses disciples la meilleure façon d'être. La théorie ne porte pas sur les dogmes de l'école du maître, car ceux-ci sont indiscutables, en revanche les élaborations théoriques peuvent l'être[1]. Mais, surtout, il y a une continuité entre mode de vie et discours philosophique, d'ailleurs la théorie elle-même semble être une pratique. Le discours fait entièrement partie du mode de vie, il contribue, lorsque le maître l'expose, à la transformation intérieure du disciple qui l'entend, il aide ainsi à la transformation spirituelle[2]. Foucault insiste particulièrement sur l'utilisation de textes comme exercices spirituels ayant un effet réel – qu'ils soient sous forme de discours, de notes ou d'entretiens. Ainsi, précise-t-il, ces textes « prétendent donner des règles, des avis, des conseils pour se conduire comme il faut : textes "pratiques", mais qui sont eux-mêmes objets de pratique dans la mesure où ils demandent à être lus, appris, médités, utilisés, mis à l'épreuve et où ils visent à constituer finalement l'armature de la conduite quotidienne. Ces textes ont pour rôle d'être des opérateurs qui permettent aux individus de s'interroger sur leur propre conduite, de veiller sur elle, de la former et de se façonner soi-même comme sujet éthique[3] ». Notons ici l'utilisation de la notion de « sujet éthique », qui s'articule avec « substance éthique », « travail éthique » et se trouve définie et développée dans *Histoire de la*

1. Pierre Hadot, « L'histoire de la pensée hellénistique et romaine. Leçon inaugurale au Collège de France », in *Exercices spirituels et philosophie antique*, *op. cit.*, p. 275.
2. Pierre Hadot, *Qu'est-ce que la philosophie antique ?*, *op. cit.*, p. 22.
3. Michel Foucault, « Usage des plaisirs, techniques de soi », in *Dits et écrits II*, *op. cit.*, p. 1365.

sexualité[1]. Ce « sujet éthique » fait sens avec nos propos articulant *theôria* et *praxis*, car c'est l'élément, la partie ou la composante de l'individu qui doit être soumis à la modification, au travail et à la transformation. Le travail éthique, c'est la forme que prend l'activité que le sujet effectue sur lui-même ; il correspond chez les Grecs et les Romains à une activité de maîtrise, *enkrateia*. Ce sujet éthique, dans la période hellénistique et romaine, est le témoignage d'une éthique favorisant la souveraineté que le soi peut avoir sur lui-même.

Cette articulation entre *theôria* et *praxis* permet de comprendre que les philosophes de l'Antiquité, et ce, jusqu'à une certaine période – qui fait toujours débat – ne considéraient pas la philosophie comme un système conceptuel mais avant tout comme une pratique[2]. Hiéroclès d'Alexandrie par exemple montre spécifiquement l'articulation nécessaire entre théorie et pratique pour permettre une progression de l'être ou plus exactement une élévation : « La philosophie pratique [*praxis*] a le pouvoir d'engendrer la vertu ; la contemplative [*theôria*], celui de nous donner la vérité [...]. Il faut donc premièrement devenir homme et, seulement après, vouloir devenir Dieu[3]. »

1. Michel Foucault, *Histoire de la sexualité,* II. *L'Usage des plaisirs*, Paris, Gallimard, « Tel », 1984, p. 127-183.

2. Pierre Hadot, « La philosophie antique : une éthique ou une pratique », *in* Paul Demont (dir.), *Problèmes de morale antique*, université d'Amiens, 1993, p. 7-37.

3. Hiéroclès, *In Aureum Pythag. Carmen Comment, Prolog.*, 3, p. 6, 11 köhler, trad. M. Meunier, *in* Hiéroclès, *Les Vers d'or* (1925), Paris, Guy Trédaniel Éditeur, rééd. 1979, p. 41, cité par Juliusz Domanski, *La Philosophie, théorie ou manière de vivre, op. cit.*, p. 16.

Cette articulation des deux pans de la philosophie antique indissociables l'un de l'autre doit aider notre compréhension des Anciens, même si cela n'est pas sans complexité. Les écrits qui nous sont parvenus ne peuvent être lus avec le prisme de la philosophie conceptuelle ainsi qu'elle est en partie devenue. L'écrit philosophique antique n'est pas transposable au modèle de l'écrit philosophique moderne sans risque d'erreur ou de mauvaise interprétation. C'est pourquoi si, dans la philosophie moderne, le texte d'une œuvre est désormais cohérent, structuré, articulé, ce n'est pas ce que l'on doit rechercher dans la philosophie antique, où l'écrit est à comparer plutôt à une somme de thèmes et variations[1]. Pour que la pensée antique soit comprise, il est fondamental qu'elle soit située dans la *praxis* vivante dont elle est issue. Autrement dit, indique Hadot : « À l'arrière-plan de l'écrit philosophique antique, il y a la vie d'une école, c'est-à-dire la communauté de disciples à laquelle le philosophe s'adresse en priorité ; et il y a un philosophe qui parle, non pas avant tout pour échafauder un édifice de concepts, mais pour former ce groupe de disciples, soit à l'aide de discussions avec eux, soit par un cours magistral[2]. » Les philosophes antiques ne sont ni professeurs ni écrivains, ce sont des hommes avec un certain style de vie, choisi volontairement, et qui vivent avec leurs concitoyens sans pour autant vivre comme eux. Leur conduite, leur morale, leur franc-

1. Pierre Hadot, « La philosophie antique : une éthique ou une pratique », *op. cit.*
2. *Id.*

parler, leur manière de se nourrir et de se vêtir sont singuliers. Merleau-Ponty, que Hadot voit comme un philosophe contemporain mettant en œuvre une philosophie pratique, affirme également de son côté que, « pour retrouver la fonction entière du philosophe, il faut se rappeler que même les philosophes-auteurs que nous lisons et que nous sommes n'ont jamais cessé de reconnaître pour patron un homme qui n'écrivait pas, qui n'enseignait pas, du moins dans des chaires d'État, qui s'adressait à ceux qu'il rencontrait dans la rue [...], il faut se rappeler Socrate[1] ».

De plus, les écrits antiques sur lesquels nous travaillons sont à lire à travers le prisme de l'enseignement et nécessairement associés à l'oralité : « Par rapport à l'enseignement philosophique, l'écriture n'est qu'un aide-mémoire[2]. » La philosophie est avant tout orale, la vraie formation est orale, car seule la parole permet le dialogue et l'échange. Le disciple ne peut découvrir la vérité qu'avec le jeu de questions-réponses avec son maître. Ce dernier adapte son discours en fonction du disciple, en fonction des questions. Les écrits philosophiques ne sont d'ailleurs souvent qu'un prolongement de l'enseignement oral, parfois de simples aide-mémoire. L'image qui est souvent choisie pour comprendre l'utilisation de ces écrits est celle de la « boîte à outils » (ou du « poignard »). L'individu doit se constituer par lui-même cette boîte à outils

1. Maurice Merleau-Ponty, *Éloge de la philosophie, leçon inaugurale au Collège de France*, Paris, Gallimard, 1960, p. 39.

2. Pierre Hadot, « L'histoire de la pensée hellénistique et romaine », *op. cit.*, p. 275.

contenant préceptes, dogmes, principes. Elle est toute personnelle, façonnée par chacun en fonction de ses peurs, des maux et obstacles qu'il redoute, cela afin de mieux la posséder, la comprendre, l'utiliser. Celui qui en a besoin doit l'avoir en permanence sur lui, à l'esprit, afin de l'utiliser au quotidien, dès que nécessaire. Il peut la « sortir » et choisir l'outil adéquat dès qu'il s'agit d'affronter telle ou telle difficulté. Cette image de la boîte à outils utile face aux difficultés est perceptible, sous diverses formes, déclinée en diverses métaphores dans chacune des écoles antiques, qu'elles soient stoïcienne, épicurienne ou cynique.

Ainsi, les Anciens refusaient de considérer l'activité philosophique comme intellectuelle, théorique et formelle. C'est même avant tout une pratique qui se détermine à travers des exercices spirituels, comme nous le verrons. Cela est important car ce que l'on peut noter, c'est que la philosophie en son essence est une pratique, une mise en œuvre ; l'important n'est pas tant la spéculation philosophique que les actes que nous menons au quotidien. Pour le dire de manière plus directe, nous ne demandons pas à un directeur des ressources humaines, à une femme politique, à un responsable de l'innovation, à un chef de service dans un hôpital ou à un président de société de citer un philosophe, d'avoir une connaissance de la philosophie ou d'en avoir obtenu un diplôme, on lui demande d'agir en fonction du domaine qui est le sien. On demande que son comportement, sa personnalité soient conformes à la philosophie, à la recherche de la sagesse. En d'autres termes, dans une organisation, quelqu'un qui se veut ou se déclare « responsable » ou « bienveillant » doit le montrer par ses actes pour paraphraser le « père » de la philosophie.

Tout un chacun peut décider de mépriser responsabilité, bienveillance, soin des autres, mais on ne peut se dire doté de ces caractéristiques sans le montrer dans ses actes, sans se constituer, ainsi que le souligne Foucault, comme un sujet éthique avec des règles. À la décharge de celui qui n'agit pas de la sorte, et contrairement aux philosophes anciens, il n'y a pas de règle précise à suivre, pas de conseil pour lui dire comment se comporter, pas de maître pour le ramener régulièrement dans le droit chemin.

Ce qui est également utile dans cette compréhension de la philosophie, dans l'articulation entre *theôria* et *praxis*, c'est l'aller-retour permanent entre la théorie et sa mise en œuvre. Car il ne s'agit pas d'agir sans savoir, d'être responsable en fonction seulement de ce que l'on croit être responsable. C'est se conformer à des savoirs établis, à des règles, des théories et des idées. Ce qui veut dire que celui qui a l'ambition de conduire une activité responsable doit sans cesse être influencé, se nourrir de connaissances qui lui permettent d'agir « correctement ». Et c'est souvent le maître qui joue ce rôle.

L'enjeu des exercices spirituels

Si nous voyons bien l'origine de la philosophie avec « le miracle grec », avec l'étonnement qui fut celui des premiers hommes destinés à comprendre le monde qui se dessine, la philosophie comme voie vers la sagesse ne peut en aucun cas être décorrélée du quotidien ; il y a une dimension fondamentale de pratique, de mise en œuvre. Ce fut un enjeu pour les philosophes anciens : comment associer *théôria/praxis* ? Comment rendre la philosophie pratique au quotidien ? Mais surtout et ce qui compte par-dessus tout, comment peut-elle aider à mieux vivre ? La réponse se trouve dans ce que Pierre Hadot a nommé « exercices spirituels ».

Les exercices spirituels, l'essence de la philosophie

Toute la philosophie antique est exercice spirituel, expression qui désigne toute pratique destinée à transformer, en soi-même ou chez les autres, la manière de vivre, de voir les choses. C'est à la fois un discours, qu'il soit intérieur ou extérieur, et une mise en œuvre. C'est en ces termes que Pierre Hadot décrit la philosophie antique, qui pour lui, dans la lignée des Anciens, est une discipline destinée à aider l'homme à mieux vivre, à mieux être, à jouir de ce qu'il vit plutôt qu'à vivre soumis à ses passions, finalement jamais assouvies[1].

1. « Exercices spirituels et philosophie antique », article paru pour la première fois dans l'*Annuaire de la Ve section de l'École pratique des hautes études*, t. XXXIV, 1977, p. 25-70, puis repris dans la revue *Études augustiniennes*, 1981, p. 13-58. Cet article a été ensuite publié dans l'ouvrage de Pierre Hadot, *Exercices spirituels et philosophie antique*, Paris, Albin Michel, 2002, p. 19-74. Nous nous référerons par la suite à cette dernière édition. Voir également Pierre Hadot, *La Philosophie comme manière de vivre*, Paris, Albin Michel, 2001, p. 149.

Cette notion d'exercice spirituel s'élabore au sein des différentes écoles de l'Antiquité essentiellement chez les stoïciens, mais aussi les épicuriens et les cyniques, qui vont développer techniques et méthodes pour que chacun puisse parvenir à un mieux-être. Toutes vont mettre en exergue l'homme et sa sérénité, l'homme en harmonie avec la conscience que la vie est courte et que le temps à vivre est incertain, que l'existence est ponctuée quotidiennement de maux, de douleurs et d'obstacles qu'il s'agit de savoir surmonter.

Cette pratique de la philosophie comme exercice spirituel irrigue toute l'Antiquité, de la période hellénistique jusqu'à l'avènement chrétien, moment où la philosophie est en partie relayée par la religion et devient une discipline au service de Dieu. Les travaux de Pierre Hadot, mais aussi ceux de Michel Foucault montrent particulièrement que le christianisme n'a forgé ses propres exercices spirituels qu'à l'aube du IIe siècle, alors qu'il cherche à se constituer comme un concurrent de la philosophie grecque. Toutefois, et en conséquence de cette récupération, une alternative au religieux s'est développée pour « ceux qui ne peuvent ou ne veulent vivre selon un mode de vie religieux : la possibilité de choisir un mode de vie purement philosophique[1] », précise Hadot.

Il est important de comprendre l'expression « exercice spirituel » par les deux termes qui le composent. Le terme « exercice » trouve son étymologie dans le latin « *exercitium* » et signifie « action d'exercer quelqu'un

1. *Ibid.*, p. 70.

à quelque chose » ou de « s'y former soi-même[1] ». Les définitions classiques de ce mot montrent que l'exercice peut concerner le corps – exercer son corps à faire quelque chose, une marche, un assouplissement... – ou l'esprit – faire un exercice de mémorisation, par exemple. La notion d'exercice est intimement liée à la notion de travail, d'entraînement, de répétition, également d'apprentissage. Ces éléments sont importants, car « répéter », « s'entraîner », « apprendre » sont les actions fondamentales, les piliers de la mise en œuvre des exercices spirituels. Néanmoins, « pratiquer », « exercer », doit avoir, comme toutes occupations, un sens, une finalité. Avant même de commencer à s'exercer à quelque chose il faut en déterminer le sens final, le pourquoi, justifier ce que l'on veut être ou devenir par le biais de l'exercice. Comme le stoïcien Épictète le dit, que l'on soit coureur de stade, charpentier ou forgeron, il faut toujours rapporter à une fin ce que nous faisons et ce pourquoi nous allons nous exercer[2].

Le terme « spirituel » est un peu plus complexe à cerner. La notion de spirituel tourne autour de ce qui est immatériel, de l'âme, de la nature de l'esprit. C'est une activité de l'esprit, où la raison ne semble pas apparaître sans pour autant en être exclue. Cette activité de l'esprit fait corps avec les perceptions sensorielles et, en même temps, avec les interrogations métaphysiques, qui englobent la réflexion sur soi, et ce qui l'entoure : son environnement, les autres, le

1. Dictionnaire Littré, entrée « Exercice », Paris, Le Livre de Poche, 1990, p. 660.

2. Épictète, *Entretiens*, in *Les Stoïciens*, *op. cit.*, p. 1015.

monde. La religion, notamment chrétienne, a utilisé très tôt et abondamment le terme « spirituel » pour désigner le rapport de l'esprit, de l'âme, avec Dieu. Toutefois, il faut rappeler que le rapport à l'âme n'est pas exclusivement déterminé par la religion ou Dieu.

Ce qui est spirituel est libre. De fait, les Églises s'en sont toujours méfiées en le confisquant aux hommes, comme le rappelle Paul Lombard[1]. C'est d'ailleurs parce que le spirituel est libre, individuel et subjectif que les religions ont eu la volonté de le contrôler. Il peut conduire à Dieu, comme il peut tout autant ignorer son existence. Cette liberté a pu créer des religions sans Dieu et, à l'évidence, il peut y avoir un « spirituel » sans Dieu[2]. Dès lors, la notion de spiritualité est neutre en regard de celle de « foi en Dieu » ; la spiritualité est la rencontre et le questionnement de sa propre vie intime, intérieure. En cela, elle se dissocie de la foi religieuse, qui, elle, est extérieure, car elle se réfère à un Dieu transcendant, ainsi que l'expose le pasteur Alain Houziaux : « La spiritualité est une préoccupation de la vie intérieure et intime, alors que la foi, en faisant référence à un Dieu transcendant, est extravertie, tendue vers une force transcendantale[3]. »

1. Paul Lombard, « Existe-t-il une spiritualité sans Dieu ? », *in* Alain Houziaux (dir.), *Existe-t-il une spiritualité sans Dieu ?*, Paris, Éditions de l'Atelier, 2006, p. 48.

2. De nombreux articles vont en ce sens, voir la revue *Esprit*, « Le temps des religions sans Dieu », juin 1997, n° 233.

3. Alain Houziaux, « La mort de Dieu et le renouveau de la spiritualité », *in* Alain Houziaux (dir.), *Existe-t-il une spiritualité sans Dieu ?*, *op. cit.*, p. 15.

Le spirituel semble donc être quelque chose d'inconnu, mais pas pour soi-même. Le spirituel est connaissable de soi et par soi, il ne s'appuie sur rien d'extérieur à soi ; c'est une expérience subjective qui se vit de l'intérieur. Cela le distingue des religions, qui se manifestent par des rites extérieurs, des mythes et des dogmes. La religion est, en effet, extériorité de gestes, de comportements, de conventions. Le spirituel, lui, est individuel, sensible aux émotions, excentré par rapport à lui-même, mais toujours intérieur, et c'est cette dimension qui est capitale. Il est, par ailleurs, pleinement ancré dans la vie, ce qui le rapproche très clairement de la notion de « vivre du mieux possible », car il peut accepter, voire exiger, une forme de discipline, une forme d'ascèse dans le but de vivre l'existence de la façon la plus entière, la plus pleine, la plus intense possible. « Si [la spiritualité] accepte une forme de discipline et même quelquefois d'ascèse, c'est pour pouvoir mieux explorer tous les possibles de l'existence avec ses affects, ses contradictions et ses passions », précise Houziaux[1].

Ces quelques propos nous montrent donc que l'association « exercice » et « spirituel » donne à penser qu'il y a « exercice », c'est-à-dire travail, entraînement, dans un rapport à l'âme. Pour la philosophie antique, ce rapport à l'âme est orchestré dans un travail et une visée qui est celle de l'homme ; pour les religions, ce rapport à l'âme n'a qu'un objectif : Dieu. Toutefois, cette posture est loin d'être la seule envisageable ; l'âme, l'esprit, le spirituel ne sont pas la chasse gardée

1. *Ibid.*, p. 19.

des religions et, d'ailleurs, n'apparaissent dans aucune religion originellement.

Les exercices spirituels vont chercher à répondre à deux problématiques importantes : l'importance de prendre soin de soi et de se préparer à ce qui peut advenir. Les exercices spirituels sont donc destinés à nous aider à mieux vivre, mieux réussir à vivre, éventuellement vivre du moins mal possible. En associant les discours qui peuvent être intérieurs ou extérieurs et une mise en œuvre, les exercices spirituels veillent à résoudre ce qui préoccupe les hommes.

Élever son existence

Il faut garder à l'esprit que les exercices spirituels ne sont qu'outils, ils ne sont pas finalité en eux-mêmes. La finalité, c'est la tension vers une liberté intérieure, un état dans lequel le moi ne dépend que de lui-même. Un « moi » qui a pris soin de lui pour en arriver à ce stade, et qui continue à prendre soin de lui afin de s'élever. Pour le comprendre, notons que notre existence est confrontée à trois niveaux[1] : le premier est celui de la conscience sensible, qui forme avec le corps une seule et même entité. Il y a ici comme un écrasement entre la conscience et le corps, qui a pour conséquence l'oubli ou le déni de l'esprit – comme chez le nourrisson par exemple qui dès lors qu'il a faim se met à pleurer jusqu'à ce qu'il soit nourri.

1. Pierre Hadot, *La Philosophie comme manière de vivre*, *op. cit.*, p. 140.

Il n'a aucune capacité à la résistance, à la réflexion permettant la patience. Le deuxième niveau du moi est la prise de conscience de l'âme, de sa capacité à la réflexion. C'est la reconnaissance d'une première distinction, d'une première séparation des éléments constituant l'individu. Et dès lors, ce niveau permet d'établir un premier contact entre soi, son esprit et son corps. Nous pourrions dire ici que c'est l'homme du commun qui a conscience qu'il a une capacité de réflexion, qu'il n'est pas qu'un corps. Si le nourrisson n'est que « corps » qui cherche à grandir, à se développer, l'homme – enfant, mais surtout adolescent ou adulte – est, lui, capable de réfléchir, de penser, d'envisager et de discerner les choses autour de lui. Enfin, le troisième et dernier niveau est celui de la conscience spirituelle. Le moi comprend à ce stade qu'outre la distinction de l'esprit d'avec le corps il y a une transcendance à la fois qui le dépasse et dont il a conscience. Ici l'individu a conscience qu'il peut travailler sur lui, il y a une transcendance à laquelle il aspire. Notons que la reconnaissance de la transcendance n'amenuise pas une certaine immanence du corps, de l'esprit, de l'individu en général. L'immanence et la transcendance ne s'opposent pas, et c'est à ce troisième niveau du moi que cela se comprend. Il y a connaissance de la conscience, connaissance de ses multiples dimensions et enfin connaissance d'un possible travail, d'une possible influence sur ces dimensions.

Tout l'enjeu de la philosophie, des exercices spirituels, est d'élever l'individu du premier au troisième niveau. Par le biais de différentes techniques et de méthodes, les exercices spirituels vont permettre à l'homme du commun, peu conscient de lui-même par nature, d'être conduit à une certaine maturité spirituelle qui, une fois qu'il aura quitté le chemin de l'ignorance de soi, l'amènera à celui de la réalisation de soi. Ce succès de la réalisation de soi nécessite un accompagnement, c'est le rôle du maître qui conduit correctement le disciple vers le savoir et la connaissance, vers le savoir-faire et le comportement. Le maître va avoir pour mission de sortir le disciple de la *stultitia*[1]. Ne se souvenant de rien, ne se remémorant aucun acte, le *stultus* change d'avis sans cesse et laisse s'écouler la vie sans songer un instant à prendre soin de soi. Cet individu est au coin de la rue, c'est celui qui ne se forge pas d'opinion par lui-même, ne développant pas d'esprit critique par rapport à ce qu'il entend ou voit, c'est encore celui qui vote parce qu'on lui dit de voter sans s'interroger sur cet acte, celui qui s'engouffre dans le travail des heures durant sans penser que la vie puisse être autrement.

À quel niveau se trouve le « moi » de l'innovateur ? N'est-il pas comme le nourrisson qui ne se questionne pas, qui ne s'interroge pas, qui agit sans réfléchir aux conséquences ? Le nourrisson affamé se jette sur son biberon sans réfléchir à ce qui est bien pour lui ou non. Même avec des difficultés de surpoids ou de diabète par exemple, le bébé continuera à vouloir manger autant que possible et il pleurera si on lui retire ce qui peut permettre de le rassasier. L'innovateur qui, sans réflexion, va continuer d'innover, de lancer des produits, des services, tant que cela est possible, n'est-il

1. Sénèque, *De la tranquillité de l'âme*, II, 6-15.

pas dans cette même démarche ? Peu importent les enjeux environnementaux, peu importent les conséquences sociales, il lui faut récupérer un maximum de profits, un maximum d'adhérents, un maximum de voix, etc. On peut facilement conclure que la plupart des innovateurs sont à ce stade. Le niveau deux serait de prendre conscience de ce qu'il est en tant que corps. Peu importe l'organisation, sa forme est un corps social, un corps politique et celle-ci a besoin de se reconnaître comme telle dans la société car elle agit, interagit avec les autres et doit les prendre en compte dans sa relation quotidienne, ses conséquences et ses enjeux. Enfin, le troisième niveau du moi de l'innovateur que l'on peut espérer atteindre est celui qui permet de comprendre que l'innovation a un rôle déterminant dans la société, qu'elle joue le rôle qu'aucune autre discipline, qu'aucune autre « technique », ne joue, et en conséquence lui confère des droits, mais surtout des devoirs et responsabilités. L'innovateur doit en conséquence imaginer comment réussir à sortir de sa *stultitia* qui le cantonne au premier niveau du moi pour lui permettre d'atteindre un rôle déterminant au deuxième et au troisième stade. Il doit réussir à prendre connaissance de ses actes, à agir de manière responsable : c'est en quelque sorte une transcendance qui permet à l'innovateur de s'élever, de prendre une hauteur de vue sur les enjeux qu'il peut résoudre ou qu'il peut amener en fonction de l'innovation qu'il est en train de développer. Pour cela, le maître à un rôle déterminant tout comme l'éducation également, mais il faut préalablement que l'innovateur comprenne qu'il a besoin de prendre soin de lui-même.

La nécessité de prendre soin de soi

Prendre soin de soi est une expression déterminante dans la philosophie car si les techniques et méthodes des exercices spirituels sont fondamentales pour vivre mieux, il s'agit avant toute chose de penser à la posture que nous avons vis-à-vis de nous-mêmes. Et il nous faut tordre une idée commune pour comprendre cela : « *Connais-toi toi-même* » ; or ce n'est pas tant de se connaître qui est important, mais de prendre soin de soi. C'est en cela que consiste l'*epimeleia heautou*, se soucier de soi-même, une notion capitale dans la culture grecque.

Prendre soin de soi, c'est le fait de s'occuper, de se préoccuper de soi-même. Cette notion a été obscurcie par celle de *gnôthi seauton*, le « connais-toi toi-même[1] ». Michel Foucault, Jean-Pierre Vernant, parmi d'autres, s'accordent à dire que le « *connais-toi toi-même* » n'avait peut-être pas même une signification philosophique, mais seulement une demande de connaissance de soi pour tous ceux qui venaient consulter le dieu, les oracles d'Apollon. Il fallait comprendre cela comme une règle, une recommandation en lien avec l'essence même de la consultation. Cette formule signifiait qu'il fallait se rappeler que l'on n'était qu'un mortel et non un dieu et qu'il ne fallait pas se surestimer par rapport à soi ainsi que vis-à-vis des divinités. Mais cela n'allait pas plus loin. Prendre soin de soi au contraire est une façon d'être, une manière de vivre.

1. Michel Foucault, *L'Herméneutique du sujet*, *op. cit.*, p. 3-20.

On peut néanmoins établir une articulation entre le « connais-toi toi-même » et le « prendre soin de soi »[1]. Cette liaison s'effectue dans la question du souci de soi. Le souci de soi n'est pas la connaissance de soi, ce n'est pas une introspection, c'est se constituer comme sujet d'action face aux événements, à son environnement. Le souci de soi, ce n'est pas se désengager du monde et des autres, c'est au contraire agir et assumer ses responsabilités. Ainsi, Épictète est dans le souci de soi quand il expose la nécessité de s'interroger sur ses devoirs en tant que père de famille ou sur ceux qu'il doit accomplir en tant que citoyen[2]. Il y a ici à la fois l'importance de se connaître en tant qu'acteur, en tant que participant à la vie d'une organisation et de prendre soin de soi pour mener à bien ses missions.

Le souci de soi dans l'Antiquité est une manière de vivre, une forme de vie, que l'on suit tout au long de son existence, car, pour les philosophes antiques, « on doit être pour soi-même, et tout au long de son existence son propre objet[3] ». Épicure préconise donc de philosopher tout au long de la vie pour prendre soin de soi et le stoïcien Musonius Rufus ou encore Galien explique aussi que : « Pour devenir un homme accompli, chacun a besoin de s'exercer pour ainsi dire toute sa vie [même s'il vaut mieux] avoir, dès son plus jeune âge, veillé sur son âme[4]. » C'est ce dernier

1. *Id.*
2. *Ibid.*, p. 56.
3. Michel Foucault, « L'herméneutique du sujet », in *Dits et écrits II*, Paris, Gallimard, « Quarto », p. 1175.
4. Michel Foucault, *Le Gouvernement de soi et des autres*, *Cours au Collège de France, 1981-1982*, Paris, Gallimard/Seuil, 2008, p. 44.

point que l'on note chez Socrate lorsqu'il recommande à Alcibiade de s'occuper de lui-même alors qu'il est encore jeune, car, à 50 ans, ce serait trop tard[1]. En effet, Socrate est celui qui incite les autres à s'occuper d'eux-mêmes, à se préoccuper d'eux plus qu'à se connaître ; ainsi lance-t-il : « Tu ne rougis pas de donner tes soins [*epimeleisthai*] à ta fortune pour l'accroître le plus possible, ainsi qu'à ta réputation et à tes honneurs ; mais quant à ta raison, quant à la vérité et quant à ton âme, qu'il s'agissait d'améliorer sans cesse, tu ne t'en soucies pas, tu n'y songes même pas[2]. »

Le souci de soi n'apparaît pas spontanément dans la philosophie grecque, c'est plutôt ce qu'on nomme un principe courant. Cette préoccupation de soi était au centre de la culture grecque ancienne et est héritée d'une sentence lacédémonienne, ainsi que le rapporte Plutarque. C'est Alexandride, un Lacédémonien, à qui on aurait demandé un jour : « Enfin vous autres les Spartiates, vous êtes tout de même un peu étranges. Vous avez beaucoup de terres et vos territoires sont immenses, ou en tout cas très importants. Et pourquoi est-ce que vous ne les cultivez pas vous-mêmes, pourquoi les confiez-vous à des hilotes ? », qui aurait répondu : « Eh bien, tout simplement pour pouvoir nous occuper de nous-mêmes »[3].

Notons que l'*epimeleia heautou* est fondamentale dans toute la philosophie hellénistique et romaine,

1. Platon, *Alcibiade,* 133c.
2. Platon, *Apologie de Socrate*, 29d.
3. Plutarque, *Œuvres morales*, t. III, trad. F. Fuhrmann, Paris, Les Belles Lettres, 1988, p. 171-172

que ce soit chez les épicuriens qui prônent que tout homme, nuit et jour, et tout au long de sa vie, doit s'occuper de sa propre âme[1] ; comme chez les cyniques ou encore les stoïciens, à l'instar de Sénèque pour qui la notion latine de *cura sui* est capitale tout au long des *Entretiens*. Prendre soin de soi engendre donc un certain nombre d'actes que l'on exerce sur soi : méditations, mémorisation, examen de conscience – dans une optique de modification de soi, de purification ou de transformation.

Il est important de remettre la philosophie des exercices spirituels au centre de la Cité, au cœur des organisations sous toutes les formes que celles-ci peuvent recouvrir. Et la question du souci de soi en est une démonstration. La philosophie d'hier comme celle d'aujourd'hui n'est pas uniquement dans les jardins ou les acropoles, pas plus que dans les lycées et les académies. Elle doit être en permanence dans toutes les couches de la société. Épicure, Musonius et Socrate alertent de manière très claire sur l'importance de se soucier de soi-même, de se préoccuper de soi. Car si l'on ne prend pas soin de soi, alors il n'est pas possible de se développer, il n'existe pas de réflexion sur ce qui est en train d'être fait. Et cela doit être tout au long de sa vie. À travers des exercices spirituels, des pratiques comme la méditation, l'examen de conscience, la mémorisation, parmi de nombreux autres, il est possible de commencer à prendre soin de soi par cette introspection nécessaire. Comme le

1. Épicure, *Lettres et maximes*, trad. M. Conche, Éditions de Mégare, 1977, chap. 122, p. 217

souligne Épictète, l'idée n'est pas du tout l'extraction du monde mais au contraire la compréhension de son rôle à jouer dans le monde. Quels sont les devoirs que l'innovateur doit comprendre pour pouvoir les porter ? Cette question n'est possible qu'avec cette conscience de prendre soin de soi.

Prendre soin d'autrui

Prendre soin de soi n'a pas toujours une connotation très positive ; cela parce qu'elle place le soi de l'individu au centre de sa propre existence. L'individu existe à l'évidence dans le groupe et le collectif, mais le groupe ne doit pas pour autant l'anéantir. On retrouve cela dans les propos du cynique Diogène de Sinope : « Quand tu te préoccupes d'un autre, c'est alors que tu commences à te négliger toi-même[1]. » Il s'agit de mettre en avant l'individu au sens d'existence de différentes entités qui composent un groupe, c'est d'ailleurs bien différent de l'égoïste qui ne défend que son propre bien. Un exemple intéressant pour comprendre l'individualisme est celui de la devise de la troupe de la Comédie-Française : « Être ensemble et être soi-même ». Il y a une troupe de théâtre, c'est un ensemble. Il y a des comédiens, c'est la multiplicité des individus, la multiplicité des « soi-même ». Au sein des « soi-même », il ne peut y avoir d'égoïste, un individu ne pensant qu'à ses intérêts propres, car la troupe en

1. Léonce Paquet, *Les Cyniques grecs, fragments et témoignages*, Paris, Le Livre de Poche, 1992, p. 114.

serait nécessairement déséquilibrée. Il ne peut y avoir un individu ne pensant qu'à lui et à sa propre réussite car le principe même de la troupe, c'est à l'évidence le succès commun. Néanmoins, le comédien, tous les comédiens doivent exister par eux-mêmes pour vivre et s'épanouir pleinement. Il ne s'agit pas d'effacer les individus et de ne faire émerger que la notion de troupe car celle-ci est constituée d'individualités. Si seule la troupe apparaît, l'individu se sent amoindri voire inexistant, considéré ici comme équivalent à un autre. L'individualisme a non seulement sa place, mais constitue une voie fondamentale pour un parfait équilibre entre soi et l'autre, soi et la communauté.

L'*epimeleia*, c'est aussi s'occuper de quelqu'un. C'est une certaine sollicitude et cela s'applique aussi bien au berger vis-à-vis de son troupeau que vis-à-vis de sa famille. C'est le cas du médecin qui est *epimeleisthai* dans sa prescription, dans ses conseils, dans son attention. C'est aussi faire en sorte que l'on s'occupe de soi, c'est l'objectif de Socrate qui s'occupe des hommes pour qu'ils apprennent à s'occuper d'eux-mêmes[1].

C'est avant tout dans le dialogue qu'émerge le souci des autres car il y a alors prise de conscience d'un autre point de vue que le sien. Les interlocuteurs doivent dépasser leur vision pour se soumettre aux exigences, à l'objectivité de la raison qui émergent de l'échange. Ce qui est fondamental dans le dialogue et donc dans l'interaction avec les autres, ce n'est pas tant le résultat obtenu que le cheminement effectué par

1. Platon, *Apologie de Socrate*, 29d.

les différents acteurs, entre le disciple et le maître, par exemple. L'enjeu du dialogue est avant tout de réaliser un progrès commun, à travers des accords successifs entre les interlocuteurs comme le fait Socrate[1].

Il faut aussi noter le possible glissement du dialogue avec autrui au dialogue avec soi-même. Se parler à soi-même, à haute voix par exemple, ce qui est le cas du sceptique Pyrrhon. En agissant ainsi, il disait s'exercer à être utile[2]. C'est aussi le cas de Cléanthe qui se faisait des reproches à haute voix[3]. Épictète, quant à lui, proposait comme exercice de se promener seul et ainsi pouvoir converser avec soi-même[4]. Dans cette pratique, là encore, le but est d'accéder à une universalité objective, de prendre de la distance avec soi, de se parler dans un souci de mieux se comprendre.

Ce que montre la relation à autrui, le souci de l'autre, c'est l'exigence d'avoir le souci de soi pour établir une relation avec autrui. Sans le premier principe, la relation avec autrui ne peut être ni vraie ni bonne. Cela a des conséquences tout à fait quotidiennes, par exemple le stoïcien Musonius questionne le souci de l'autre à l'occasion du mariage, car dans cet événement le souci de soi engage le souci de l'autre, il est un processus d'extension vers l'autre de la relation que l'on a à soi-même. Si nous ne sommes pas

1. Michel Foucault, *Histoire de la sexualité*, III. *Le Souci de soi*, Paris, Gallimard, « Tel », 1984.

2. Diogène Laërce, *Vies et sentences des philosophes illustres*, IX, 64, trad. Jacques Brunschwig, Paris, Le Livre de poche, 1999, p. 1101.

3. Diogène Laërce, *Vies et sentences des philosophes illustres*, VII, 171, trad. Richard Goulet, *op. cit.*, p. 894.

4. Épictète, *Entretiens*, III, 14, 1, in *Les Stoïciens*, *op. cit.*, p. 990.

dans une démarche régulière où nous nous soucions de nous-mêmes, alors établir une relation avec autrui sera d'autant plus compliqué.

Si l'innovateur peut être seul, solitaire dans la volonté de changer le monde, il ne l'est pas dans ses actes. Toute innovation va avoir des conséquences comme nous l'avons souligné avec l'innovation responsable. S'il doit donc prendre soin de lui-même, c'est aussi parce qu'il doit prendre soin des autres, d'ailleurs il prend soin de lui-même en prenant soin des autres qui font partie de sa propre communauté d'êtres humains, de son écosystème dans le milieu des êtres vivants. Et il doit bien entendu comprendre que son action première est de dialoguer avec ceux qui se trouvent autour de lui. C'est parce qu'il parlera avec eux qu'il comprendra certes leurs demandes, leurs besoins, mais tout autant leurs risques et leurs peurs. L'innovateur doit être en permanence dans une démarche socratique de discussion, de dialogue avec autrui. Là encore, pas pour avoir raison mais pour chercher un accord, un consentement mutuel entre les risques et les opportunités. L'absence de dialogue aujourd'hui entre l'innovateur et la société civile a pour conséquence un mépris, un manque d'attention, quand il y a au contraire besoin d'un cheminement partagé pour veiller aux meilleures innovations pour tous, au profit de chacun.

La nécessité de se préparer

Comme nous l'avons souligné, l'enjeu des exercices spirituels est de permettre grâce à des discours, des techniques, des méthodes d'aider l'homme à mieux vivre face aux obstacles qui peuvent se présenter à lui. Cela est tout à fait cohérent avec l'objectif de prendre soin de soi, car prendre soin de soi est aussi destiné avant tout à se préparer, la *paraskhuê*, que Sénèque traduit par *instructio*. L'idée est de se préparer aux événements extérieurs, aux aléas de la vie. « Philosopher, qu'est-ce ? demande Épictète. N'est-ce pas s'être préparé à tous les événements[1] ? »

Que l'on soit dans telle école philosophique ou telle autre, on va se « préparer » en suivant plusieurs dogmes, c'est proprement dit la philosophie de l'école à laquelle nous appartenons. Chez les stoïciens, l'un des enjeux principaux est la maîtrise de soi dans toutes les circonstances : c'est apprendre à maîtriser ses passions comme accepter tout ce qui arrive comme conforme à un ordre universel qui est celui de la nature, autrement dit, accepter que certaines choses dépendent de nous et que d'autres n'en dépendent pas. Épictète le dit en ces termes : « Ne cherche pas à ce que les événements soient comme tu veux, mais veuille que les événements soient comme ils sont et tu seras dans la sérénité[2]. » Pour les stoïciens, il faut se préparer à ce qui peut advenir pour ne pas en être déstabilisé, ainsi Marc Aurèle annonce : « Dès l'aurore, dis-toi à l'avance que tu rencontreras un indiscret, un ingrat, un insolent, un fourbe, un égoïste[3]. » C'est bien sûr se préparer

1. Épictète, *Entretiens*, III, 10, 6, 1, in *Les Stoïciens, op. cit.*, p. 982.
2. Épictète, *Manuel*, chap. VIII.
3. Marc Aurèle, *Pensées pour moi-même*, VIII.

à la mort, l'avoir chaque jour devant les yeux pour l'apprivoiser, ne pas la craindre et se rappeler que nous allons mourir.

Chez les épicuriens, il s'agit pour « se préparer » de prendre soin de son âme, pour amener une vie meilleure, pour cela il faut suivre plusieurs propositions. L'une des plus fondamentales énonce que la vie est fondée sur le plaisir et l'évitement des déplaisirs, l'ataraxie – la frugalité diététique notamment. Pour les épicuriens, le plaisir est facile à obtenir, car il s'agit d'avoir très peu de besoins : ne subvenir qu'aux désirs naturels et nécessaires pour vivre heureux – manger et boire avec simplicité, avoir un logement modeste, se vêtir avec sobriété. Cela s'oppose selon eux aux désirs naturels et non nécessaires – notamment l'activité sexuelle – et aux désirs non naturels et non nécessaires – comme la recherche de pouvoir par exemple. Une autre proposition importante chez Épicure est le *tetraphamarkos*, le « quadruple remède ». Celui-ci expose que quatre principes sont à retenir pour vivre heureux : les dieux ne sont pas à craindre ; la mort n'existe pas ; le plaisir est facile ; la douleur est facile à supporter.

Enfin, chez les cyniques, prendre soin de soi, c'est se suffire à soi-même. Pour eux, les plaisirs comme les passions sont trompeurs, nuisibles et éphémères. Il s'agit donc de s'en méfier. Il faut aussi se méfier de la fortune, du pouvoir et de la propriété qui sont des éléments à manier avec prudence pour s'assurer une vie limitant les soucis. Ce qu'il faut viser, pour les cyniques, c'est l'apathie et non le bonheur. L'apathie réside dans la volonté de se retrouver dans un état suffisamment serein pour affronter les aléas de la vie, du quotidien sans éprouver de souffrances. Pour atteindre l'apathie, les cyniques invitent à se conformer à deux ordres : le monde animal et le monde divin. Les dieux n'ont pas de besoins et il est tout à fait utile de copier cette attitude. Il en est de même pour les animaux, car leurs besoins très restreints doivent ainsi être une source d'inspiration.

Une fois ces fondements posés, il faut que les disciples s'entraînent à suivre ces principes pour qu'ils infusent au sein de chacun, qu'ils les comprennent et les pratiquent. Pour cela il faut des méthodes, des exercices qui sont variés : l'ascèse et la méditation, la correspondance et la lecture, l'écriture et l'exercice physique, l'examen de conscience et l'attention à la diététique et bien sûr l'accompagnement par un maître.

Se préparer pour l'innovateur est clef, non pas à l'échec de l'idée qui est en train d'être mise en place, mais aux effets de l'innovation. Pour le dire différemment, il s'agit pour l'innovateur de penser l'action. Ce n'est pas penser l'innovation d'une part et mettre en œuvre de l'autre, c'est, de manière continuelle, se mettre en posture de penser l'action. C'est également ce qui était souligné avec l'innovation responsable où il était précisé qu'il fallait considérer les conséquences des innovations. Cependant, les exercices spirituels que l'on voit se développer avec les trois écoles antiques mentionnées apportent également une sagesse fondamentale qui souligne l'importance de l'acceptation du destin, un destin qui peut apporter la gloire comme la mort, le succès comme l'échec. Il faut également comprendre que l'important ce n'est pas la recherche du plaisir mais possiblement l'absence de déplaisir, pour les épicuriens. Ou encore que les passions sont trompeuses, nuisibles et éphémères. Parmi d'autres dimensions, les exercices spirituels dans ces trois écoles doivent faire comprendre à l'innovateur pourquoi il fait ce qu'il fait. Certes, nous avons décrit un innovateur qui souhaite changer le monde, qui veut l'améliorer. Mais est-il capable de se modérer ? Est-il en mesure de s'interroger sur ce qu'il faut faire ou ne pas faire et pourquoi ? Que recherche finalement l'innovateur ? L'argent ? la gloire – cette situation éphémère dit Marc Aurèle ? À quel prix ? Celui de compromissions, d'arrangements, de trahisons, explique encore l'empereur philosophe. N'y a-t-il pas, pour reprendre la classification épicurienne, des innovations non naturelles et non nécessaires qui finalement ne valent pas la peine d'être développées ? D'autant plus que celles-ci peuvent être nuisibles pour l'environnement et pour les individus ? C'est peut-être le cas de certaines voitures de sport ou de véhicules tout-terrain, par exemple. Une innovation naturelle et nécessaire à l'instar d'un vaccin n'est-elle pas prioritaire en termes de ressources humaines et financières ? Qu'est-ce qui pourrait faire en sorte que cela soit le cas, si ce n'est la volonté, l'esprit de l'innovateur ? N'a-t-il pas l'obligation de s'inspirer dans la philosophie cynique de l'apathie, en s'inspirant des animaux et des dieux ?

La problématique ici est donc claire : l'innovation telle qu'elle est aujourd'hui remet de plus en plus en cause les fondements sur lesquels l'humanité s'est bâtie que ce soit par le biais du transhumanisme, du posthumanisme ou de l'exploitation de la nature par exemple. Le choix d'un avenir humainement durable comme nous l'avons élaboré oblige, et c'est le seul moyen, de repenser à nouveaux frais qui nous sommes, ce que nous faisons et ce que nous voulons. Cela oblige à questionner la vie que nous voulons mener ici et maintenant et ce que nous voulons transmettre. Cela oblige à renoncer à ce que nous avons appris, renoncer à ce que nous faisons habituellement, par réflexe. Cela oblige à couper les branches qui ont fait ce qu'est aujourd'hui l'innovateur pour bouturer d'une nouvelle manière. Nous sommes les fruits des innovateurs des années 1960, 1970, 1980, 1990 et même 2000, une cinquantaine d'années où les possibilités d'innovations n'ont rien à voir avec celles d'aujourd'hui. Nous agissons pour innover comme lorsque le séquençage de l'ADN démarrait, les greffes d'organes également ; Internet n'existait pas, la robotisation en était à ses balbutiements, la vitesse d'information elle-même n'est pas comparable, comme la mondialisation qui n'a cessé de se développer. Autrement dit, les innovateurs d'aujourd'hui agissent avec un esprit formé par ceux qui n'ont pas été confrontés à des innovations exponentielles qui pouvaient faire basculer l'être humain d'une situation à l'autre. Ces innovations paradigmatiques changent profondément et de manière durable l'humain, si encore une fois cela a pu être le cas dans l'histoire de l'espèce humaine, jamais cela ne l'a été autant et de manière aussi rapide. Les innovateurs doivent-ils continuer à se laisser écraser par eux-mêmes ou doivent-ils reformater leur « processeur », l'esprit de l'innovateur ?

Les méthodes d'innovation, les lois, les législations, les sanctions n'y changeront rien. L'innovation vient toujours avant la loi et les processus sont sans cesse contournés, rien donc ne peut être fait de manière assurée sauf si cela vient de l'innovateur lui-même et les exercices spirituels sont possiblement une piste, sinon quoi d'autre puisque tout a déjà été essayé ? Il y a un impérieux besoin que l'innovateur s'interroge sur son « moi », ce qu'il est et ce qu'il fait, qu'il ait le souci de lui-même pour se constituer en tant que sujet éthique, qu'il prenne soin de lui et des autres. Aucune loi, sanction ou encadrement ne permet cela. Ce besoin est impérieux car il concerne celui qui façonne le monde. Certes, il est important que tout un chacun puisse agir en philosophe et fasse l'effort de pratiquer des exercices spirituels, sauf que pour l'inventeur, c'est prioritaire et déterminant pour tous.

Prendre soin de soi et des autres, pratiquer des exercices spirituels et se préparer nécessitent que l'individu concerné soit prêt à se changer radicalement, à provoquer chez lui une transformation radicale que l'on peut appeler une conversion, c'est-à-dire une nouvelle façon d'être. L'objectif d'une nouvelle façon d'être, d'une nouvelle façon de penser, est tout simplement de provoquer une nouvelle façon d'agir. Il n'est, en effet, pas possible d'agir autrement si nous sommes les mêmes, si nous pensons de la même manière. Il y a donc besoin d'un changement radical. La notion de conversion est certainement la plus appropriée car elle véhicule l'idée de modification profonde, de passer d'un état à un autre.

Se convertir

Selon l'étymologie, « conversion », *conversio*, a deux sens en latin : il signifie d'une part un « changement d'orientation » impliquant l'idée d'un retour à soi, et d'autre part un « changement de pensée » comprenant alors l'idée d'une mutation et d'une renaissance.

La conversion est initialement liée à la conversion politique telle que pouvait l'imaginer Platon dans sa volonté de changer la Cité en transformant les hommes[1]. En effet, plus que religieuse, la conversion dans l'Antiquité est avant tout politique et l'enjeu est de faire en sorte de modifier, de changer l'âme de son adversaire politique par la discussion et les méthodes de persuasion. Il n'est alors pas rare que soient utilisés les techniques de la rhétorique, les arts de la persuasion, pour faire changer d'avis son interlocuteur. Il s'agit ici de changer d'avis, d'aller vers le Bien, de tendre vers le meilleur de soi, pour les autres et la Cité. Celui qui peut véritablement permettre ce changement, c'est le philosophe. Seul le philosophe est capable de transformer les hommes, car il est lui-même « converti »[2]. Il a réussi à détourner son regard des ombres du monde sensible pour se tourner vers le Bien, comme veut l'expliquer Platon avec le mythe

1. Pierre Hadot, *Exercices spirituels et philosophie antique*, Paris, Albin Michel, 2002, p. 225.
2. Platon, *La République*, 518c.

de la caverne[1]. L'idée générale de Platon est que, si on laisse gouverner la Cité par les philosophes, ils convertiront la Cité à l'idée du Bien. Cette proposition se retrouve moins chez les stoïciens et les épicuriens dont la volonté est essentiellement la conversion des individus plutôt que celle, *in fine*, de la Cité[2].

La conversion s'effectue en changeant sa manière d'être de façon radicale, que ce soit sur le plan moral, alimentaire ou vestimentaire. Elle se fait dans la structure immanente de l'individu, dans l'ici et maintenant et non dans l'optique d'un éventuel salut *post-mortem*, contrairement aux conversions religieuses de type chrétien. Car, si la conversion chrétienne, c'est aussi le retour et la renaissance, la perspective est très différente de la conversion philosophique puisqu'il s'agit d'entrer dans le peuple de Dieu, le suivre, mettre sa foi, son avenir en lui. Cette conversion, qui est souvent le sens commun que l'on donne à cette notion, revêt un aspect radical et totalitaire, et on ne pourrait la confondre avec la conversion philosophique. La conversion religieuse est orientée par la foi exclusive en Dieu et exige de ses fidèles une adhésion totale, sans appel. C'est une mutation brutale vers Dieu, une rupture du soi qui va devoir mourir pour renaître ; c'est même un renoncement à soi que la doctrine religieuse réclame puisque c'est le divin qui est visé et non l'humain.

Or, dès l'Antiquité, la conversion philosophique est avant tout un retour à soi, à son essence. Un soi qui

1. *Ibid.*, 515c.

2. Pierre Hadot, *Exercices spirituels et philosophie antique*, *op. cit.*, p. 225.

n'est pas sans transcendance, sur lequel nous avons la possibilité de travailler pour une finalité qui est l'ici et maintenant. Si les philosophes insistent pour que la seule transformation possible de l'homme soit la conversion philosophique[1], c'est parce que c'est la seule manière de faire passer l'individu, son âme, d'un état à un autre, du mal-être au bien-être, de l'angoisse à la sérénité, de la crainte à la maîtrise, de l'obscurité à la lumière. Comme le dit Clément d'Alexandrie, la conversion, c'est « la rotation de l'âme vers le meilleur et que la conversion de celle-ci la détourne de l'obscurité[2] ». En d'autres termes, la *conversio* cherche à amener celui qui est dans le mal-être, le souci, le stress et l'angoisse, à construire un endroit de paix, de sérénité, un endroit reclus en soi, qui est protégé de l'extérieur.

Ce retour à soi par la conversion s'effectue grâce à l'activité spirituelle, qui vise tout d'abord à s'arracher du quotidien. Mais cet arrachement a comme finalité un retour au monde, à un monde désormais converti, c'est-à-dire un monde original, authentique. Entre cet arrachement au monde du commun et le retour au vrai s'opère donc la conversion, qui est rendue possible à l'occasion de l'élévation. Cette élévation se met en œuvre par des techniques que l'on retrouve dans les grandes écoles de l'Antiquité, que ce soit chez les stoïciens, les épicuriens ou encore les cyniques. Ces méthodes sont les exercices spirituels mentionnés plus haut : l'acceptation du *tetrapharmakos* épicurien,

1. *Ibid.*, p. 234.
2. Clément d'Alexandrie, *Stromates*, IV, VI, 27, 3.

l'expérience du dialogue socratique, la volonté de se connaître soi-même ; c'est aussi le suivi de dogmes tels que comprendre ce qui dépend de soi et ce qui n'en dépend pas, comprendre que la passion est à combattre ou encore que le plaisir n'est ni une chose utile ni un bien. Ces dogmes, techniques et méthodes qui ont pour but de nous transformer tout en nous élevant doivent être mis en œuvre, expérimentés, éprouvés. C'est la pratique des exercices spirituels qui permet la transformation de soi ; et pour les philosophes en quête de sagesse, la seule vraie transformation n'est possible qu'en pratiquant ces exercices qui rendent la conversion possible[1].

Les exercices nous poussent à l'objectif final qui est la conversion. On se convertit vers une philosophie au sens propre, on devient quelqu'un d'autre. La *conversio* cherche à construire un endroit de paix, de sérénité, un endroit reclus en soi qui est protégé de l'extérieur, un sentiment d'immensité. C'est une transformation de soi par la pratique des différents exercices spirituels, ce sont eux qui la rendent possible et qui permettent de se mouvoir dans un monde qui n'est plus tout à fait identique, puisqu'il est désormais « converti ». C'est un état duquel on ne revient pas. C'est en quoi l'exercice spirituel a quelque chose d'élitiste, car, disponible pour tous, seul un petit nombre y accède réellement. Leur apparente simplicité cache en réalité la

1. Nous nous permettons de renvoyer aux deux tomes publiés sur ces thèmes : Xavier Pavie, *Exercices spirituels. Leçons de la philosophie antique*, Paris, Les Belles Lettres, 2012 et Xavier Pavie, *Exercices spirituels. Leçons de la philosophie contemporaine*, Paris, Les Belles Lettres, 2013.

nécessité d'une volonté hors norme pour les mettre en œuvre afin de bénéficier de leurs effets. De même, la diffusion large des propositions philosophiques, que ce soit sur un marché, sous un portique stoïcien ou dans un jardin épicurien, ne signifie pas, loin de là, que les exercices spirituels soient devenus populaires. C'est au contraire parce qu'ils sont rares, difficiles et élitistes que les Anciens cherchaient à être entendus par le plus grand nombre. Si le désir d'accès à la sagesse, à un mieux-vivre est partagé par le plus grand nombre, les voies complexes qui y mènent découragent la très grande majorité. À qui l'on demandait combien d'individus Socrate avait réussi à convertir à la philosophie, on répondait : pas même un sur mille[1]. En conséquence de quoi il y a nécessité de convertir au mieux, au plus vite, ceux dont la conversion a des effets auprès du plus grand nombre : les gouvernants pour Platon, et aujourd'hui les innovateurs.

La conversion de l'innovateur

À quoi l'innovateur doit-il se convertir ? Et pourquoi doit-il le faire ? Le philosophe veut convertir les gouvernants dans l'Antiquité, ceux qui dirigent, ceux qui font et agissent dans la société. Il le souhaite car le philosophe a conscience que les politiques peuvent agir selon le Bien ou le Mal, usent de démocratie ou d'autoritarisme. Et puisque le dirigeant ne sait pas

1. Sénèque, *Entretiens*, III, 1, 18-19 cité par Michel Foucault, *L'Herméneutique du sujet*, *op. cit.*, p. 115.

comment faire, étant pris dans les filets de la *stultitia*, le philosophe va l'aider à s'en sortir.

C'est le but du philosophe aujourd'hui que d'aider l'innovateur à agir selon le bien, à le convertir à d'autres types de comportements et d'actions. Le but pour le philosophe n'est pas de changer l'innovateur pour lui-même, comme avec les gouvernants, le but est de changer *in fine* la Cité. En tant qu'acteur du monde, l'innovateur a le pouvoir de diriger celui-ci et c'est précisément ce qui préoccupe le philosophe, que la cité dans son ensemble, le monde au sens large du terme se dirige plutôt vers la bienveillance et la sagesse plutôt que vers l'exploitation et la dégradation. C'est pourquoi d'ailleurs c'est bien la conversion philosophique qui est à suivre, les autres types de conversion ne mènent pas à l'homme en tant qu'homme ici et maintenant, elles peuvent mener à une transcendance, mais ce dont nous avons besoin c'est la conversion pour l'homme ici et maintenant et son environnement.

Pour se convertir, l'innovateur doit dans un premier temps s'arracher au quotidien, par la pratique des exercices spirituels. Il s'agit de se sortir des habitudes que l'innovateur peut avoir, changer ses réflexes, ceux qu'il a toujours appliqués. Il doit quitter le monde du commun pour se mettre à penser différemment. Faisant face à un grand nombre de pressions liées à la concurrence, ses actionnaires, son écosystème, son management, ses partenaires, ses clients, ses adhérents, ses partisans, ses patients, ses fournisseurs, l'innovateur n'a jamais la possibilité de sortir de sa sphère exclusivement consacrée à la production d'offres, de nouvelles idées, de services nouveaux destinés à survivre et disons-le à n'importe quel prix. Autrement dit, changer sa façon de percevoir les choses, agir différemment ne peuvent se faire d'une heure à l'autre, ne peuvent se faire en quelques heures, quelques jours ou quelques semaines. C'est une véritable ascèse que l'innovateur doit mettre en œuvre pour espérer arriver à une nouvelle façon d'être. Et cela en passe donc par cet arrachement au quotidien, à ce qui fait son monde aujourd'hui. Par la pratique des exercices spirituels, la méditation, la préparation à ce qui peut advenir, la considération du *tetrapharmakos*, mais aussi par les exercices des Anciens que sont la lecture, l'écriture, la remémoration. Si l'innovateur exerce son esprit, il le modifie. Par le travail de son esprit, l'exercice de sa conscience, l'introspection, l'innovateur devient quelqu'un d'autre, il devient converti à la philosophie et ses attributs que sont la recherche de la sagesse et la bienveillance. L'enjeu est évidemment le retour au monde, l'implication nécessaire pour le quotidien ; et la pratique des exercices spirituels n'est pas une fin en elle-même, et si elle conduit à la conversion c'est pour agir de manière différente. Autrement dit, l'innovateur converti doit avoir appris à se conduire différemment. Et il est important de souligner que c'est une conversion qui s'opère, ce n'est pas qu'un comportement à adopter. C'est pourquoi la notion d'« éthique » semble peu adaptée ; l'origine grecque nous rappelle que l'éthique renvoie à l'idée de comportement juste qui pourrait peut-être faire sens dans le contexte de l'innovation, toutefois il ne s'agit pas tant d'agir de manière *ad hoc*, de façon temporelle sur une question, une problématique, un point précis, un enjeu particulier.

C'est un mode d'être qu'il s'agit d'atteindre, un mode de vie que seule la conversion à la philosophie par les exercices spirituels peut apporter.

De manière concrète, un individu qui pratique les exercices spirituels, qui s'interroge sur l'intérêt de la gloire et du pouvoir par exemple, ce qui dépend ou non de lui, qui pratique la méditation, qui pratique l'introspection pour s'interroger sur lui-même, qui se remémore ses actes et les consigne sous formes d'*hupomnêmata*[1] – ces petits carnets personnels que les philosophes antiques avaient toujours sur eux et qui servaient à prendre des notes, mais aussi à relever des citations, à inclure des extraits d'ouvrages, des récits, à écrire des anecdotes, aphorismes et réflexions destinés à être relus et médités –, devient un homme non seulement différent, mais surtout qui agit différemment. Ce n'est pas pour autant un homme qui s'exclut du monde ; s'il a pu s'en extraire par nécessité, pour se modifier, c'est pour mieux y revenir. Et il ne s'agit pas d'abandonner ses fonctions par risque de ne pas y arriver, par rejet finalement, après la conversion établie, tant s'en faut, car d'autres certainement plus malveillants prendront sa place. Ce qu'il faut ce n'est pas l'absence d'innovateurs, c'est une autre forme d'innovateur, cet innovateur bienveillant qu'il est possible d'espérer.

L'empereur Marc Aurèle, dont le règne fut marqué par la complexité tant d'un point de vue politique qu'in-

1. Foucault travaille cette notion chez les Anciens dans de très nombreux articles : « Usage des plaisirs et techniques de soi », in *Dits et écrits II*, *op. cit.*, p. 1602. ; « L'écriture de soi », in *Dits et écrits II*, *op. cit.*, p. 1234 ; « À propos de la généalogie de l'éthique », in *Dits et écrits II*, *op. cit.*, p. 1443.

dividuel pour le philosophe qu'il était, n'a jamais abandonné malgré la difficulté de faire cohabiter batailles et sagesse. Dès sa prise de pouvoir, il doit faire face à la recrudescence des guerres sur tous les fronts. Pour l'empereur, régner consiste surtout à tenter de colmater les brèches qui s'ouvrent dans les frontières d'un Empire immense et attaqué de toutes parts. Il combat, il tue ; son règne se signale notamment par des violences à l'égard des chrétiens qui subissent d'importantes persécutions. Dans le même temps, il écrit ses *Pensées* qui deviendront un ouvrage à portée universelle dans lesquelles il médite, philosophe sur les techniques stoïciennes, exerce son esprit. Sans compter qu'il produit une œuvre législative importante, il accomplit également de nombreuses actions sur le plan de l'éducation notamment avec l'ouverture des premières chaires de philosophie. Les historiens antiques et actuels sont unanimes pour louer le personnage et admettent sa grande rigueur morale sans pour autant passer sous silence les très nombreuses difficultés de son règne[1]. C'est la spiritualité, la complexité, la responsabilité en acte.

De la même manière, l'innovateur continuera d'accomplir sa mission, mais de quelle manière ? En pratiquant cette philosophie des exercices spirituels, l'innovateur continuera à œuvrer. Nul ne pourra empêcher – et peut-être qu'il n'y a pas lieu de le faire – un leader politique de lancer une nouvelle proposition innovante, un médecin d'apporter une nouvelle forme d'opération, un responsable associatif de trouver une nouvelle façon d'attirer ses adhérents,

1. Voir Pierre Grimal, *Marc Aurèle*, Paris, Fayard, 1991.

un entrepreneur de formuler des services ou des produits que ses concurrents n'avaient pas imaginés. Mais peut-être que ce leader, ce médecin, cet entrepreneur, ce responsable rodé à la pratique des exercices spirituels considérera son innovation de manière différente, bienveillante et si celle-ci peut présenter des risques, pour lui en tant qu'homme, pour son écosystème, il la repensera à nouveaux frais. Peut-être même qu'il renoncera à une innovation qui aurait pu lui faire prendre des risques à lui comme à son environnement, peut-être la différera-t-il pour l'améliorer entre-temps ?

L'innovateur doit se convertir à lui-même, à l'homme qu'il est. Il se convertit à l'humanité dont il a la charge et dont il doit prendre soin. Y a-t-il d'autres choix que cette conversion, cette pratique, si le choix est celui de préserver un avenir humainement durable ? Cette conversion de l'innovateur par les exercices spirituels n'est pas une simple voie, une proposition parmi d'autres, elle est nécessaire, fondamentale à défaut d'être obligatoire. Aucune autre voie ne semble permettre une considération bienveillante du dessein de l'humanité que celle qui repense pour la société d'aujourd'hui avec ses acteurs, ses codes, son écosystème les fondamentaux de la philosophie.

L'actualité brûlante des exercices spirituels

Dès ses origines, la philosophie est exercice spirituel : son enjeu prédominant est de travailler, d'exercer son âme, son esprit, pour vivre du mieux possible face aux obstacles que la vie apporte nécessairement. Quand on les pratique, les exercices spirituels permettent le soin de l'âme. Ils sont véritablement une médecine, une thérapie, afin que celui qui les met en œuvre puisse vivre du mieux possible. Et on le voit bien, cette prise en compte de soi n'est finalement ni solitaire ni égoïste ; elle se fait avec, par et pour la communauté. Si cette pratique est ici réduite à la population des innovateurs, elle n'en est pas moins importante et fondamentale pour tous.

Tant dans les théories, les discours que dans les pratiques, l'exercice spirituel traverse toute la philosophie hellénistique et romaine, toutes écoles confondues. Ces exercices si particuliers pour notre spiritualité demeurent au-delà de l'Antiquité ; les discours des Anciens dans leur ensemble ont une portée radicalement universelle. Et il serait innocent que de ne pas comprendre l'actualité et la nécessité des exercices spirituels pour notre temps. Quelle que soit l'école – stoïcienne, épicurienne ou cynique –, les propositions sont encore et définitivement en résonance avec les besoins contemporains. Ainsi que Pierre Hadot le soulignait clairement : « À mes yeux, le modèle de la philosophie antique est toujours actuel, ce qui signifie qu'une quête de la sagesse est toujours actuelle et toujours possible. [...] Je dirais seulement qu'il y a, me semble-t-il, des attitudes universelles et fondamentales de l'être humain, lorsqu'il cherche la sagesse [...][1]. » C'est une erreur de lire

1. Pierre Hadot, *Exercices spirituels et philosophie antique*, *op cit.*, p. 376.

Pierre Hadot uniquement pour le domaine réservé de la philosophie – la philosophie ne s'adresse pas qu'à elle-même. Certaines philosophies oui, mais clairement pas celles de l'Antiquité et certainement pas les philosophies dont l'essence est de trouver la meilleure manière de vivre, le meilleur mode de vie possible. Les attitudes universelles et fondamentales auxquelles fait référence ici Pierre Hadot, si elles ne s'adressent qu'aux philosophes alors la philosophie court à sa perte. Sa pratique doit être là où le monde est. Et l'on peut même se demander si la philosophie ne s'est pas fait dépasser ces quelques dernières décennies, en effet son discours n'est pas audible, n'a aucun poids face aux questions que portent l'intelligence artificielle, le « big data », le séquençage de l'ADN, les modifications sur le génome humain. La philosophie elle-même n'a-t-elle pas déserté ces champs de l'innovation et du progrès ? Début 2017, une équipe de chercheurs chinois est parvenue pour la première fois à modifier le génome d'embryons humains viables : où se trouvent le discours et l'acte philosophiques aujourd'hui face à ces enjeux qui changent de manière paradigmatique l'espèce humaine ? De quoi s'occupe aujourd'hui la philosophie ? De commentaires de faits divers ? De commentaires politiques ? Et lorsqu'elle est pertinente et rigoureuse, où prend-elle la parole ? À l'université ? C'est-à-dire seulement auprès de jeunes disciples, *quid* du reste de la population ? Il est impératif que la philosophie réinvestisse le champ du quotidien, l'espace du citoyen, et l'investissement du terrain de l'innovation semble plus que nécessaire.

Les exercices spirituels naissent avec la philosophie dans l'Antiquité, mais ceux-ci évoluent ensuite et se développent au-delà de cette phase[1]. Ils perdurent, dans la philosophie du Moyen Âge, dans celle de la Renaissance, de l'âge classique et de l'époque moderne. C'est fondamental, car, de façon plus ou moins marquée et plus ou moins reconnue, Montaigne, Descartes, Shaftesbury, Kant ou encore Rousseau ont tous un impact sur les philosophies contemporaines. À l'évidence, cette filiation avec les exercices spirituels des Anciens ne s'arrête pas là. La philosophie contemporaine, dès la fin du XIXe siècle, n'est pas moins concernée par une influence, voire une présence des exercices spirituels antiques. Des penseurs de Wittgenstein à Peirce, en passant par Foucault ou encore Thoreau, vont contribuer, à leur manière, à prolonger les exercices spirituels. Emerson, que nous avons déjà abordé plus haut pour comprendre le développement de la pensée entrepreneuriale aux États-Unis, peut être qualifié de père fondateur des exercices spirituels dans la philosophie contemporaine. Que cela concerne la lecture, l'écriture, l'esthétique de l'existence, la méditation, Emerson reprend en effet à son compte la philosophie des Anciens qu'il transmettra à Thoreau et dans sa suite aux penseurs américains jusqu'à Hilary Putnam, Stanley Cavell, Richard Shusterman parmi d'autres[2].

1. Xavier Pavie, *Exercices spirituels et philosophie contemporaine*, Paris, Les Belles Lettres, 2013.
2. *Id.*

Le choix d'innover

La question n'est donc pas de savoir s'il faut innover mais plutôt de savoir comment innover. Et la piste de la pratique des exercices spirituels pour innover semble être la voie nécessaire. Cela étant dit ce n'est pas la voie de la facilité, il est toujours plus simple de se contenter d'innover sans regarder les conséquences de ses actes, sans prendre soin des autres et se contenter de faire. Dans quelles mesures, l'innovateur d'aujourd'hui qui a la nécessité de se transformer de manière radicale aura-t-il le courage, la force d'assumer cette nécessité de se repenser ? Il a besoin d'être le parangon d'un nouveau monde et doit porter en drapeau les couleurs du courage de la pensée pour agir, et cela, même si cela représente une remise en cause de plusieurs siècles d'innovation aveugle. *Sapere aude !*, affirme Horace dans les Épîtres[1]. Kant, dans son texte sur les Lumières en 1784, explique que *Sapere aude !*, c'est :

> Le mouvement des Lumières [qui] est la sortie de l'homme de sa minorité dont il est lui-même responsable. Minorité, c'est-à-dire incapacité de se servir de son entendement sans la direction d'autrui, minorité dont il est lui-même responsable, puisque la cause en réside non dans un défaut de l'entendement mais dans un manque de décision et de courage de s'en servir sans la direction d'autrui. *Sapere aude !* Aie le courage de te servir de ton propre entendement ! Voilà la devise des Lumières[2].

1. Horace, *Épîtres*, I, 2, 40, in *Œuvres*, trad. François Richard, Paris, Garnier-Flammarion, 1993.
2. Emmanuel Kant, *Beantwortung der Frage : Was ist Aufklärung ?* [« Réponse à la question : "Qu'est-ce que les Lumières ?" »] publié en

L'innovateur doit avoir le courage de comprendre ce qu'il est en train de faire, par l'entendement, par la raison et par l'intelligence, et cela, pour agir avec comme visée un avenir humainement durable. L'innovateur est le seul à savoir ce qu'il fait, pourquoi il le fait et comment il le fait, il est donc le seul capable d'avoir le courage de se servir de son propre entendement pour savoir quoi faire. Ni la législation, ni les processus, ni les sanctions n'ont de réels effets pertinents. La loi court après l'innovation, les processus ne pensent pas, les sanctions sont toujours *a posteriori*, quand il est trop tard. Il n'y a pas d'autres choix que de s'en remettre à l'innovateur.

L'innovateur a désormais le choix : ou bien il se décide à se changer pour changer le monde ou il décide de continuer comme si de rien n'était, faisant ainsi une croix sur un avenir humainement durable, pour un avenir qui n'est peut-être pas à condamner mais qui n'est pas celui connu ces derniers siècles. L'innovateur se retrouve face à ce choix que les Anciens appelaient le *bivium*. Dès la haute Antiquité, Hésiode dans son poème *Les Travaux et les Jours* fait référence à ces choix de vie qui s'offrent à nous : « Accumuler les vices et en avoir à foison, rien de plus aisé : une route courte y mène, et nulle n'est plus proche de nous. À la vertu au contraire, les puissances divines ont mis l'obstacle de la sueur et, pour y accéder, ils l'ont placé une route longue et difficile[1]. » Il est facile d'innover de manière

décembre 1784. Traduction de Stéphane Piobetta, in *La Philosophie de l'histoire*, Paris, Aubier, 1947, revue par Cyril Morana, in *Qu'est-ce que les Lumières ?*, Paris, Mille et une nuits, 2006.

1. Hésiode, *Les Travaux et les Jours*, 287-290, trad. Paul Mazon, Paris, Les Belles Lettres, 2002, p. 97.

classique, de faire ce que l'on fait depuis des décennies, mais bien plus compliqué de choisir un chemin qui présente de nouveaux obstacles, qui obligent à se questionner, qui nécessitent un nouveau mode d'agir.

Les pythagoriciens ont symbolisé cette alternative entre deux choix de vie, entre des décisions à prendre avec la lettre Y[1] ; c'était même le signe de la secte. Ce Y représente la croisée des chemins, l'alternative que doit surmonter chaque disciple pour pouvoir entrer dans la secte, suivre ses règles, pour faire de lui un homme divin. Cette idée des chemins de vie est aussi reprise par Prodicos le Sophiste, qui dit qu'au seuil de l'adolescence « les jeunes gens devenant indépendants déjà, laissent voir s'ils se dirigeront vers la vie par le chemin de la vertu ou par celui du vice[2] ». Donc, depuis le VIIIe siècle av. J.-C. au moins, on formalise cette conception du carrefour de la vie, des choix complexes mais fondamentaux pour l'existence des hommes, entre d'une part une route qui est large, d'accès facile, mais aboutit à la honte, et d'autre part le sentier raide et difficile, où se trouvent l'honneur, la gloire, le repos et la liberté.

L'allégorie de la lettre pythagoricienne Y ressurgit chez les calligraphes du Moyen Âge[3]. Ceux-ci tracent

1. Franz De Ruyt, « L'idée du "Bivium" et le symbole pythagoricien de la lettre Y », *Revue belge de philologie et d'histoire*, 1931, t. X, fasc. 1-2, p. 137-145.

2. Xénophon, *Mémorables*, I, 21-34.

3. Baldine Saint Girons, « Du caractère héroïque chez Shaftesbury et Vico : Hercule et le trouble de mémoire de Shaftesbury », *in* M. Malherbe et F. Brugère (dir.), *Shaftesbury, philosophie et politesse* (actes du colloque de Nantes, 1996), Paris, Champion, 2000, p. 135-173.

cette fois la branche gauche du Y d'un long trait fin et l'autre branche d'un trait court et large. L'idée est la même : c'est, d'une part, la voie étroite de la vertu, celle qui est promise à une longue gloire mais qui n'est pas sans sinuosités, sans difficultés ; d'autre part, la voie facile du plaisir dans laquelle s'éteint la vie de l'esprit. De nombreux artistes, Carrache, de Matteis, Soggi, parmi d'autres, ont cherché à matérialiser ce choix de vie, ce dilemme, cette lettre Y dans des tableaux représentant le « choix d'Hercule », entre une vie de débauche et de plaisirs faciles, sans examen, ou une vie de travail sur soi, d'honneurs et de sens.

Il va sans dire que l'idée du *bivium* dans la philosophie antique est destinée aux choix de vie que l'on souhaite avoir et les exercices spirituels ont pour but d'avancer sur le chemin complexe qui mène à la sagesse. Cette proposition n'est cependant pas si éloignée de l'idée élaborée ici pour les innovateurs en tout genre. Quel choix de vie souhaitent-ils suivre ? Seront-ils plus enclins à choisir la facilité pour innover avec les conséquences que l'on peut imaginer ou préféreront-ils un mode de vie adapté à la continuité d'un développement humainement souhaitable ? Le pari qui est fait est que l'innovateur qui prend conscience de ses actes, des risques qu'il fait encourir consciemment ou non à la société se décidera à choisir le chemin sinueux des exercices spirituels qui l'amènera à conduire une politique d'innovation bienveillante. Comment fait-il aujourd'hui ? Qu'est-ce qui permet à l'innovateur de conduire une politique d'innovation responsable ? Comment en a-t-il conscience ? Comment s'interroge-t-il ? Rien, aucun outil, aucune méthode, aucun accompagnement n'encadre avec souci les actes de l'innovateur. Ce dernier a le choix d'innover en s'affranchissant de la philosophie des exercices spirituels, comme il le fait depuis des siècles, en assumant ses actes d'homme en tant qu'homme. Car il a aussi le choix de pratiquer des exercices spirituels permettant de s'interroger sur soi, de savoir se maîtriser, notamment maîtriser sa passion de faire à tout prix, de s'interroger sur la gloire ou le succès que l'on recherche et pour quelle fin. La route longue et sinueuse en découragera certainement plus d'un et même la plus grande majorité des innovateurs car la pratique de la philosophie rebute la plupart des individus. L'effort réclamé décourage, rebute, fait renoncer la plupart de ceux qui pourtant en ont le plus grand besoin, simplement parce qu'ils ont en charge la Cité et son devenir. C'est pour cela d'ailleurs qu'il est certainement fondamental d'en passer avant tout par une intégration de ses enjeux dans l'éducation.

L'éducation aux exercices spirituels pour les innovateurs ?

« Nul n'est méchant volontairement[1] », exprime Platon, en justifiant que si quelqu'un agit avec malveillance envers autrui, c'est par manque d'éducation, manque d'instruction et de savoir. Car le savoir est la clef du monde, si tant est que l'on puisse y accéder. L'acquisition de connaissances pour elles-mêmes

1. Platon, *Ménon*, 77a-78b.

n'est pas une fin en soi. Et un individu normalement informé connaît le réchauffement climatique qui se propage, a une idée de l'accélération des disparitions des espèces animales, est conscient des conséquences des activités humaines sur la couche d'ozone par exemple. Toutefois, l'important n'est pas tant l'acquisition des connaissances que leur utilisation. Sans compter qu'une majeure partie du temps, il est possible de penser que nous agissons correctement alors que ce n'est pas le cas. L'usage des connaissances doit nous permettre d'agir autant que de remettre en cause ce que nous croyons savoir, de modifier ce que nous tenions pour des certitudes, de nous rapprocher au plus près de la vérité. Nous forgeons des certitudes depuis les premières heures de notre naissance, alors que nous arrivons dans un état brut. Charge à nous de travailler à les défaire. Le nourrisson est certain qu'il lui faut continuer à prendre du lait malgré un risque de surpoids, comme le jeune enfant a la certitude que le jeu vidéo n'a rien de néfaste même s'il y passe des heures entières. Que ce soit lors de notre adolescence, à l'âge adulte, à l'âge mûr, nous sommes empreints de certitudes. Parce que nous avons été convaincus, parce que nous avons trouvé cet argument séduisant, parce qu'il est plus simple de ne pas creuser la question et parfois d'entendre ce qui nous déplaît, parce que cet argument va peut-être nous faire changer d'avis. Seul le savoir, seule l'éducation permettent de remettre en cause nos certitudes les plus tenaces. C'est d'ailleurs pourquoi, si l'éducation doit être présente tout au long de notre vie, c'est pendant la jeune phase de « pétrissage » intellectuel que cela est plus évident et nécessaire. C'est dès le plus jeune âge que l'éducation se fait, mais aussi l'éducation à l'éducation. Apprendre à apprendre, apprendre à s'approcher du savoir. La posture d'esprit socratique consistant à dire que la seule chose que l'on connaît est que l'on ne connaît rien doit nous habiter jusqu'à notre mort. Celui qui est considéré comme le « père » de la formation continue, Nikolai Frederik Severin Grundtvig, était convaincu que tout le monde devait jouir d'une instruction significative tout au long de la vie, comprenant non seulement des notions, mais aussi de la responsabilité civique, et visant à la réalisation personnelle et culturelle. Deux aspects doivent être regardés de près : l'enseignement des exercices spirituels et celui de l'innovation.

Si la pratique des exercices spirituels semble complexe, absconse, brumeuse, voire inappropriée ou inutile, c'est par méconnaissance de ses atouts et intérêts malgré ses trois mille ans d'histoire – si l'on considère les premiers exercices spirituels chez Homère[1] –, mais surtout parce qu'elle est inhabituelle. D'une heure à l'autre il est certainement compliqué pour un adulte de se décider à méditer, de consigner sur papier ses pensées, ses réflexions et celles des autres. Il n'est pas d'usage courant de réfléchir à ce qui dépend de soi et ce qui n'en dépend pas, ni de se préparer aux maux qui peuvent advenir. Pris dans des habitudes qui sont rarement celles de l'introspection, l'homme du commun est souvent dans le rejet

1. Homère, *Odyssée*, XX, 18-23, trad. R. Flacelière et V. Bérard, Paris, Gallimard, « Bibliothèque de la Pléiade », 1955, p. 673.

de ce genre de pratiques qui peuvent être qualifiées d'« inutiles », de « théoriques » ou de « spéculatives ». C'est pourquoi c'est auprès des plus jeunes que cette habitude doit être acquise.

L'innovateur, répétons-le, est celui qui apporte une idée, la développe avec un certain succès. N'importe qui n'est pas innovateur, tant s'en faut, mais les innovateurs peuvent venir de tous horizons, c'est pour cette raison que l'éducation à la bienveillance, au respect de soi et de son entourage, bref aux exercices spirituels, doit commencer chez les plus petits, dans les petites sections où l'apprentissage sur la relation à soi et aux autres commence. L'enseignement traditionnel glorifie ceux qui ont les meilleures notes dans un enseignement par discipline plutôt que ceux qui prennent le plus soin des autres par exemple. Bien entendu, il est plus simple de noter un bon résultat en mathématiques, en français, en sport qu'évaluer un bon comportement, ainsi un élève qui aide un camarade mais qui de fait n'a pas le temps de finir son exercice par exemple n'est en rien valorisé. En se focalisant exclusivement sur les notes, nous encourageons une attitude d'écrasement de la part de ceux qui réussissent sous cette forme plutôt que la valorisation de ceux qui se comportent le mieux vis-à-vis des autres.

Le temps de silence dans les petites classes est commun, souvent à l'heure de la sieste, mais afin que les plus petits se reposent pour mieux travailler ensuite, et ne pas être dans l'excitation liée à la fatigue. Sans exclure ce moment important, apprendre aux enfants à méditer, quelques minutes, simplement, qu'ils pensent à leur corps, aux sensations qu'ils éprouvent, en ne pensant à rien d'autre – sans pour autant s'endormir – n'est pas moins important. Et pourquoi réserver cet instant précieux aux petites sections : un collégien, un adolescent a peut-être encore plus la nécessité de calmer son esprit et se recentrer sur lui-même l'espace de quelques minutes par jour. Néanmoins, un jeune adulte de 17 ans ne pratiquera pas la méditation s'il n'a pas eu le réflexe de cette pratique au moins dix ans auparavant. Même chose à l'occasion des études supérieures : un individu qui a pris l'habitude de méditer quelques minutes à 5 ans, à 10 ans, à 15 ans n'aura aucune difficulté à se mettre dans cette disposition à 25 ans et ne trouvera absolument pas cela saugrenu.

Ce simple exemple avec la méditation n'est pas moins vrai pour l'ensemble des exercices spirituels. Apprendre à accepter ce qui dépend de nous ou non, apprendre à écrire ses pensées, apprendre à se maîtriser et à pondérer ce que nous appelons succès et échec, gloire et déboire, le rapport à l'argent : tout cela s'acquiert dès le plus jeune âge pour espérer une facilité d'usage en tant qu'adulte. Mais surtout, conscient que les exercices spirituels ne sont pas une fin en eux-mêmes, cette pratique permettra à l'individu, toute sa vie d'adulte, de pratiquer l'introspection et de veiller à agir autant que possible de manière sage et juste. La question n'est pas : faut-il apprendre à philosopher dès le plus jeune âge ? La réponse est forcément positive ; toutefois la philosophie aujourd'hui est particulièrement éloignée des exercices spirituels, elle se concentre sur l'apprentissage de concepts et de méthodes comme l'exercice de la dissertation. Il ne s'agit donc pas d'être trop ambitieux mais réaliste et pragmatique pour atteindre un but qui nous concerne tous. Si dès l'âge de 3 ans, les critères de la réussite sont définis en excluant gloriole et accumulation de biens par exemple, si l'on apprend à agir en s'interrogeant sur la préservation d'un avenir humainement durable, les réflexes changeront indubitablement. Il ne fait pas de doute qu'il subsistera des individus toujours avides d'argent et de notoriété futile et éphémère, néanmoins cette « réussite » sera désormais relativisée par le dédain d'une partie de la population, puisque formée différemment.

On peut évidemment douter de cette proposition : une éducation aux exercices spirituels pour mieux innover face à la mondialisation de l'éducation et des innovations peut paraître dangereuse. Car cela pourrait faire perdre le goût de la compétitivité, de la productivité, du gain nécessaire de parts de marché et des profits (pour ce qui est du domaine des affaires). Cependant, la question ne peut plus se poser en ces termes car ces quêtes furent celles de ces dernières décennies avec les conséquences néfastes que l'on connaît. De plus, un innovateur bienveillant n'est pas forcément un innovateur de « moins bonne qualité » du point de vue de la performance. Il n'a pas forcément des idées moins pertinentes parce qu'il respecte son écosystème. Peut-être même, au contraire, que sa façon d'être permettra de fédérer un plus grand nombre d'acteurs autour de lui, un grand nombre de partenaires qui lui feront plus confiance, qui préféreront avoir à travailler avec lui plutôt qu'avec un innovateur avide d'argent et de gloire.

Sans coût supplémentaire pour les élèves et étudiants, sans formation dispendieuse pour les enseignants, il s'agit donc de repenser ce que nous promouvons comme façon d'être auprès des plus petits. C'est apprendre l'introspection et s'écrire à soi-même, à constituer ses *hupomnênata* dès le plus jeune âge ; c'est apprendre à se parler à haute voix comme le faisait le philosophe Cléanthe pour s'écouter ; c'est apprendre à dialoguer et que le dialogue n'est pas forcément avoir raison sur son interlocuteur mais avoir raison ensemble ; c'est apprendre qu'il faut agir sur ce qui dépend de nous et ne pas chercher à contrôler ce qui n'en dépend pas ; c'est apprendre à lire, non pas par « simple » souci d'accroître ses connaissances mais pour méditer sur les lectures, par exemple celles des Anciens ; c'est apprendre à considérer de quoi nous nous nourrissons et non pas manger par réflexe ; c'est apprendre à prendre soin de son corps en l'exerçant, le ressentant, l'expérimentant[1]. Les activités permettant aux plus petits de débuter les exercices spirituels ne manquent pas, elles sont riches, variées et permettent d'appréhender le monde, l'environnement, soi et les autres. L'acquisition de ces réflexes deviendra une habitude et, à l'instar des philosophes de l'Antiquité, un mode de vie. C'est vraisemblablement une voie qui permettra aux innovateurs en puissance d'acquérir une façon d'être respectueuse, bienveillante de soi et des autres.

1. Xavier Pavie, *Exercices spirituels. Leçons de la philosophie contemporaine*, *op. cit.*, p. 165.

La question du maître

Si les exercices spirituels semblent une voie importante pour l'éducation des innovateurs, encore faut-il aider à ce changement, cette conversion, et c'est le rôle du maître. Avoir un maître a pour but principal de nous aider à sortir de l'état de *stultitia*, cet état d'aveuglement que nous avons sur nous-mêmes et qui ne permet pas de changer notre rapport au monde. Empêtrer dans nos certitudes depuis notre plus jeune âge, notre éducation, notre environnement, seule l'intervention d'autrui peut nous aider à changer notre vision. Cet individu extérieur permettra de souligner notre enfermement et ses limites, notre obstination et ses risques, notre ignorance et ses dangers.

Si nous devons nous confronter à autrui qui puisse nous guider pour nous enrichir et, *in fine*, nous aider à voir autrement le monde, autrui peut être beaucoup plus que cela pour nous. Il peut être aussi celui qui nous mène vers la conversion, le changement que nous devons opérer. C'est d'ailleurs une nécessité que d'avoir un guide, quelqu'un pour nous diriger dans notre conversion, quelqu'un qui prend intérêt au bien universel. Le maître dans l'Antiquité est celui qui nous aide à faire le tri dans ce qui est bon pour nous et ce qui ne l'est pas : quelles lectures nous sont favorables, à quels arts doit-on se confronter, comment méditer pour nous améliorer, quelles pratiques corporelles exercer ou encore quelle diététique il est important de respecter, quel enseignement doit-on suivre ? De Platon à Montaigne, d'Aristote à Marc Aurèle, les grands philosophes ont tous eu des maîtres[1]. Et pas seulement dans la période antique, ni exclusivement dans la philosophie. La question d'avoir un maître pour nous aider à voir « la lumière » dans le compagnonnage est un principe courant. S'il est nécessaire d'avoir un maître, et d'autant plus lorsque nous décidons de changer de posture, c'est parce que nous convenons, consciemment ou non, que nous nous trouvons dans un contexte qui nécessite notre changement. Ce n'est pas forcément clair, nous ne pouvons pas toujours formuler avec précision ce qui ne nous plaît pas, seuls les effets se font ressentir : des situations que nous vivons mal, des relations qui nous stressent, des difficultés que nous n'arrivons pas à surmonter, des obstacles qui nous bloquent dans notre quotidien. Lorsqu'un innovateur se retrouve sous une pression forte exercée par ses actionnaires et son management dont l'obsession est de dégager du profit le plus rapidement en lançant des produits non conformes, on peut comprendre que l'innovateur puisse mal vivre la situation. Et il n'en a pas forcément conscience, il peut être lui aussi enfermé dans son environnement et il veille alors à répondre à la demande des actionnaires sans considérer ce qu'il fait dans son quotidien, sans le discernement qu'il serait nécessaire d'avoir. Lorsqu'un innovateur chez un constructeur automobile viole le Clean Air Act[2],

1. Voir Marc Aurèle, *Écrits pour lui-même*, tome I : *Introduction générale*, Livre I, trad. Pierre Hadot, Paris, Les Belles Lettres, 1998, p. 1-3.

2. https://www.epa.gov/clean-air-act-overview

il est pris dans un engrenage dont il ne peut réussir à sortir seul, il a besoin de quelqu'un d'extérieur qui lui permette de voir la réalité, qui l'aide à regarder objectivement ce qu'il est en train de faire, à lui faire prendre conscience qu'il est aveuglé par le système dans lequel il est et qu'il se doit de retrouver autant la sagesse que la vérité pour le bénéfice du bien commun.

Incapables de voir par nous-mêmes nos limites, les certitudes dans lesquelles nous sommes enferrés, peu enclins à prendre du recul pour remettre en cause nos croyances, il nous faut un œil extérieur, expérimenté et bienveillant pour nous aider. C'est le rôle du maître, c'est lui qui nous montre la voie. Le maître est quelqu'un qui nous aide parce qu'il a vécu des situations similaires ou sait comment résoudre cette difficulté par son expérience. Il montre un chemin qui nous permet de guérir des maux qui nous empêchent d'agir pour le bien de soi et des autres. En d'autres termes, se faire accompagner par un maître, c'est une méthode d'éducation personnalisée dans laquelle le maître suggère un modèle de comportement au disciple. C'est pourquoi les maîtres sont les aînés, les Anciens, et pas nécessairement des philosophes. Dans l'Antiquité, un maître pouvait parfois être un simple homme d'âge mûr, un ami ou encore un amant. L'enjeu reste le même : il transmet des connaissances, des principes, des savoir-faire, dans le but de faire passer quelqu'un du statut d'ignorant à celui de « sachant ».

Établir une relation avec un maître, c'est avoir l'occasion de se livrer, de libérer la parole sur nos angoisses, nos faiblesses, et le désir de les résoudre. Il s'agit de nouer une relation intime et unique qui n'a pas l'engagement du couple, qui n'est pas confrontée au jugement de la famille ou de l'ami d'enfance, qui n'est pas aussi intrusive que la psychanalyse. C'est simplement un autre que soi à qui l'on peut tout dire, pour qu'il nous aide à diriger notre conscience, comprendre nos sensations et impressions. Cette relation ne se cantonne pas à des discussions, le rôle du maître auprès de son disciple, c'est d'inciter, de montrer, d'expliquer, d'influencer. Le disciple, lui, se confie pour pouvoir être changé. L'innovateur est seul face à ses responsabilités et ses doutes, d'autant qu'il existe de nombreuses phases dans le développement d'une innovation où l'acteur principal découvre seul quelque chose : une molécule, l'utilisation originale d'une base de données, une modification génétique singulière, une façon de contourner une loi, etc. Seul, l'innovateur ne sait pas nécessairement comment agir et ne peut pas aisément se confier à ses collègues, encore moins à ses concurrents, ni à ses clients ou ses actionnaires. Toutes ces parties prenantes ne jugeront qu'à l'aune de leurs propres intérêts ou désintérêts.

Marc Aurèle avait décidé de se confier à son maître sur toutes les facettes de sa vie, autant sur la nourriture qu'il avalait que sur ses lectures en cours, ses rêves, ses échanges avec sa mère[1]. En se confiant sur chacun de ces sujets, il s'exposait à la critique objective de son maître, Fronton, et attendait de recevoir un avis. Ce qu'il a mangé lui permet-il d'être en bonne santé ? Ses lectures sont-elles pertinentes pour les

1. Armand Cassan, *Lettres inédites de Marc Aurèle et de Fronton*, Paris, A. Levasseur, 1830, t. I, livre IV, lettre 6, p. 249-251.

missions qu'il doit conduire ? Quelles interprétations donner à ses rêves ? Il ne s'agit pas de s'en remettre aveuglément à quelqu'un – ni d'ailleurs de suivre l'ensemble des conseils –, mais d'avoir un œil bienveillant auprès de soi.

La relation fusionnelle qui s'exprime dans l'échange se traduit par une parole vraie à l'égard du maître, et Marc Aurèle se rend transparent face à son maître. Il lui dit tout, lui confesse tout dans les moindres détails. En s'astreignant à cette tâche, il se dit surtout la vérité à lui-même, il ne se cache rien et, en conséquence, il peut travailler à sa propre amélioration.

Accepter d'avoir un maître, c'est accepter d'écouter, attitude déterminante pour les exercices spirituels. Nous parlons, nous communiquons, nous échangeons, mais écouter est peut-être le comportement le plus précieux. La bonne pratique de l'écoute est ancestrale, son étymologie latine est *auscultare* qui signifie « ausculter », « entendre », « faire attention » ou encore « prêter l'oreille ». L'écoute est déterminante pour agir avec bienveillance dans la mesure où cela demande un véritable engagement. C'est une manifestation de la volonté de celui qui écoute de venir chercher quelque chose, un chemin à emprunter, une voix à entendre pour éventuellement la suivre. Dès lors que l'on s'implique dans un échange avec quelqu'un, il faut considérer cet objectif de modification par l'écoute, et donc mettre en place les conditions pour que cela fonctionne : l'attention, la concentration, l'application. L'enjeu de l'écoute, c'est de saisir et de mémoriser ce que l'on entend, le message, pour que celui-ci soit intégré de façon définitive en soi. C'est entendre aussi ce que nous devons faire et réaliser un rapide examen de soi pour savoir où se situer par rapport à la parole entendue. On jette alors un regard sur soi pour mesurer l'écart entre la parole énoncée et sa propre situation.

Pour l'innovateur, l'écoute doit être son exercice spirituel quotidien. Bien sûr, écouter la parole du maître, écouter ceux à qui il destine son propre message, mais pas seulement. L'écoute de son écosystème, environnement, ou des personnes qui sont touchées indirectement par son message, de ses partenaires, de ceux avec qui il travaille quotidiennement ou moins régulièrement. L'innovateur est une éponge qui doit réussir à absorber l'ensemble des messages pour en faire son miel et veiller au respect d'autrui.

Nous n'apprenons que peu en parlant, en nous écoutant parler, nous apprenons surtout en prêtant l'oreille à celui que nous avons choisi d'entendre et qui peut être, tel le maître, le détenteur d'un certain savoir qui nous permet d'avancer. C'est une posture d'esprit que nous n'avons pas forcément l'habitude d'avoir car il s'agit d'accepter de recevoir des conseils sans les contester, de laisser filer un discours qui nous pénètre parce qu'il est bon pour nous et destiné à nous modifier. Lorsque l'on sait écouter correctement – chez les pythagoriciens, les disciples devaient rester silencieux pendant cinq ans, s'exerçant ainsi à l'art d'écouter –, nous créons en nous-mêmes une disposition d'esprit qui s'ouvre aux autres. Il faut cependant être très prudent avec l'ouïe, car c'est l'organe le plus passif que nous possédons. Plutarque, dans son *Traité de l'écoute*, précise que l'ouïe est aussi l'organe qui est le seul amenant à la vertu[1] car les autres sens peuvent induire en erreur, que ce soit une erreur de goût, de vue, de toucher. Mais, pour atteindre la vertu, nous devons entraîner notre écoute, lui apprendre à trier le bon grain de l'ivraie. Nous devons affiner notre écoute en la confrontant à la raison et faire en sorte de la former à écouter des choses bonnes pour soi, car il est facile d'écouter des choses tout à fait inutiles compte tenu du caractère passif de l'ouïe. Pratiquer l'écoute, c'est donc se confronter à ce qui nous sera dit pour nous faire grandir, changer, des grands discours autant que des conférences pertinentes, des cours modernes autant que des textes classiques. Les possibilités sont variées pour façonner notre oreille à écouter la raison autant que la sagesse. Et le choix de qui nous écoutons, de ce que nous écoutons est évidemment important. À ce titre, le choix des maîtres est important, le choix de qui nous influencera est crucial, et l'innovateur doit garder à l'esprit que celui qui doit le former doit ressembler à la mission éthique et responsable qu'il a vis-à-vis de la société. En d'autres termes, l'innovateur ne doit pas tant écouter celui qui promet gloire, succès, argent et pouvoir que celui qui montre le chemin d'une société aussi prospère que bienveillante, et si ce n'est pas le même individu, charge à l'innovateur de confronter les regards, de décaler en permanence son regard pour s'assurer de couvrir les points de vue qui lui permettront de forger le sien.

1. Plutarque, *Comment écouter ?*, in *Œuvres morales*, tome I, 2e partie, traités 3-9, trad. R. Klaerr, A. Philippon, J. Sirinelli, Paris, Les Belles Lettres, 1989.

L'innovateur doit s'interroger sur son maître : qui doit-il être ? Où le trouver ? Est-ce qu'il est déjà près de moi sans que je le voie ? Qu'est-ce que je peux attendre de lui ? Et bien sûr, suis-je prêt à l'écouter ? Me permettra-t-il de voir mes limites, mes défauts et de les dépasser ? Ces questions sont nécessaires pour qui souhaite innover en ayant une pleine conscience de ses actes et pas seulement avec un maître – dont la rigueur, la conscience morale et la rectitude sont les piliers –, mais avec l'ensemble de ce qui fait la formation de notre esprit. C'est pour cela que la qualité d'écoute d'un individu en fait un « grand » innovateur. En écoutant patients et électeurs, clients et adhérents, étudiants et professeurs, savants et philosophes, collègues et concitoyens, celui qui innove forge son esprit en absorbant les besoins, les attentes et les comportements du monde. En écoutant, il se met à la disposition d'autrui et se met en selle pour répondre aux demandes, pas à toutes, mais à certaines, pas à n'importe quel prix mais en veillant au reste de la communauté.

Déconstruire l'enseignement de l'innovation

Le processus classique d'innovation

L'enseignement de l'innovation en tant que discipline est relativement récent – à peine une vingtaine d'années – et si dans les écoles d'ingénieurs et de management, il y avait des cours sur la recherche et le développement ou des enseignements sur le développement de nouveaux produits, l'appellation « innovation » était relativement rare. Il est plus surprenant de noter que l'enseignement de l'innovation reste toujours restreint aux facultés de gestion avec les écoles de management et d'ingénieurs ; alors que l'innovation – nous l'avons vu – n'est en rien cantonnée à ces domaines exclusifs. Et les évolutions dans la médecine à travers le transhumanisme en sont une preuve, tout comme l'innovation en politique ou dans le sport, également en économie ou en sciences sociales. L'innovation est partout, et elle n'est enseignée quasiment nulle part. D'autant plus, si l'on s'intéresse au monde des affaires, que les innovateurs de nouveaux produits ou de nouveaux services ne sont pas forcément issus d'écoles où cette discipline est proposée. Rien n'empêche un étudiant en géographie ou en lettres de développer une innovation à travers un produit ou un service. Autrement dit, la nécessité de l'apprentissage des exercices spirituels dès le plus jeune âge a d'une part un intérêt, quoi que l'individu puisse le faire plus tard, mais d'autre part la question de l'innovation et de son enseignement plein et entier a besoin d'être considérée bien au-delà des sphères managériales. Néanmoins dans ces lieux d'apprentissage, comment l'innovation est-elle dispensée ?

Issue de cours essentiellement techniques, l'innovation est restée collée à des questions de méthode et de processus. De l'émergence d'idées jusqu'à la mise sur le marché en passant par des filtres qu'ils soient marketing, financiers, commerciaux, techniques, l'enseignement classique de l'innovation est parfois proche des méthodes de gestion de projet, on traite moins du contenu, du type d'idées, que du processus lui-même – appelé communément Innovation Process Management. Il s'agit donc pour les étudiants d'acquérir des méthodes qui permettent de rechercher des idées, de savoir comment évaluer des coûts, comment communiquer sur quelque chose de nouveau, apprendre à gérer une production nouvelle de produits, faire accepter une nouveauté dans l'organisation, réussir à diffuser cette nouveauté dans son écosystème, quelle démarche pédagogique pour faire comprendre son utilité, etc. Comme nous l'avons expliqué plus haut[1], le processus d'innovation s'articule autour de cinq grandes phases que sont : l'idée, la faisabilité, la capabilité, le lancement et le post-lancement ; et c'est au cœur de ces différentes phases que l'innovation responsable peut s'intégrer[2].

L'enseignement de l'innovation consiste à faire comprendre de manière détaillée l'ensemble de ce processus aux étudiants qui s'y intéressent. Et si de nombreux chapitres s'ajoutent pour le préciser, le rendre plus performant, plus actuel dans chacune des phases, il n'existe pas de chapitre dédié aux « qualités » de l'innovateur en tant qu'individu, ni de cours explicitement consacrés à la question de l'introspection que l'innovateur devrait régulièrement pratiquer. Il est sous-entendu que tout un chacun peut être inno-

1. Voir la partie décrivant le processus d'innovation, p. 65-66.

2. Voir la partie décrivant le processus d'innovation responsable, p. 173-184.

vateur, s'il réussit à bien s'entourer (créatifs, techniciens, marketing, financiers, commerciaux) et suit des processus déjà éprouvés. Bien entendu, beaucoup d'innovateurs s'interrogent sur ce qu'ils font et c'est même toute l'essence de l'innovation responsable que d'aider ceux-ci à se poser les bonnes questions. Toutefois, rien n'est vraiment fait pour que l'on s'interroge sur le but de l'innovation que l'on souhaite avoir, en tant qu'innovateur, pour se garantir un avenir humainement durable.

L'innovateur que je veux être

Il y a besoin de repenser l'enseignement de l'innovation non pas à travers le processus permettant d'innover mais au travers des individus. Le processus est en effet performant, il ne cesse de s'améliorer notamment ces dernières années souvent avec l'intégration des enjeux de la responsabilité. Mais il s'agit désormais de déconstruire l'enseignement de l'innovation en aidant ceux qui font ou vont faire à s'interroger sur eux-mêmes, leurs pratiques, leurs motivations. Aider les étudiants à s'interroger sur la raison pour laquelle ils veulent devenir innovateurs est une première question préalable importante. Est-ce pour obtenir argent et/ou gloire ? Est-ce qu'il souhaite innover pour aider des populations démunies ? Leur volonté d'innover est-elle liée à des problématiques déjà rencontrées dans leur expérience de vie ? Quelles relations ont également ces étudiants avec l'innovation ? Est-ce que la moindre nouveauté devient pour eux la chose à obtenir rapidement ? Ont-ils une attitude qui consiste à laisser l'innovation grossir sur le marché avant de se la procurer ? Par ailleurs comment les étudiants comprennent-ils les innovateurs ? Est-ce pour eux des représentants du monde des affaires ou les innovateurs peuvent être issus du sport, du monde associatif, du milieu politique ? Et à qui peuvent-ils s'identifier ? Y a-t-il une glorification de l'innovateur, tel un héros que l'on veut suivre ou au contraire l'innovateur passe après l'innovation ? Ces premières questions doivent lancer un enseignement à l'innovation car elles ont pour objectif de faire émerger une réflexion sur ce que l'on veut soi-même apporter dans la cité, être plutôt passif ou actif, plutôt accompagner l'innovation ou la proposer. Et au-delà de l'innovation, ces premières interrogations aident l'étudiant à se situer dans son propre parcours professionnel et même de vie, même s'il évoluera. Autrement dit, ces questions aident l'étudiant à se positionner sur le *bivium* et à choisir entre une vie de pionnier, d'innovateur, d'entrepreneur et une vie d'usager de l'innovation, d'accompagnateur ou même de réfractaire. Et l'un des enjeux de ces questions est de comprendre pourquoi. Sans jugement de valeur, il est important de positionner les enjeux de l'innovation en partant des motivations intrinsèques des individus.

Réapprendre à dialoguer

Au-delà de ces questions introductives, un nouvel enseignement de l'innovation doit permettre de pratiquer l'exercice spirituel du dialogue. Comme précisé plus haut, le dialogue en tant qu'exercice spirituel ne cherche pas tant à persuader l'interlocuteur, le convaincre que l'occasion d'un échange afin d'avoir raison ensemble. C'est exactement la démarche socratique. Par la succession des questions, Socrate amène ses interlocuteurs à reconnaître leur ignorance, mais aussi, et surtout, à provoquer chez eux un trouble suffisamment conséquent pour remettre en cause tout leur savoir, parfois même toute leur vie[1]. Ce moment crucial dans les dialogues socratiques de Platon s'opère quand l'interlocuteur de Socrate perd confiance et au fur et à mesure des doutes se décourage. Le dialogue pourrait même presque s'arrêter par un départ ou un abandon de l'auditeur de Socrate. Mais ce dernier repère systématiquement cet instant et maintient une tension, où il montre qu'il prend part à l'échec possible de la discussion. Il renverse le dialogue pour que son interlocuteur ne se sente pas humilié, mais plutôt épaulé dans l'adversité, qui n'est finalement pas l'individu Socrate, mais un combat à l'encontre d'un pseudo-savoir, de convictions fausses, d'erreurs...

Quand l'interlocuteur repart, il possède un savoir qui est celui de l'activité de l'esprit, une méthode d'accès au savoir, qui n'est cependant pas le savoir lui-même. C'est cela la maïeutique permettant de faire accéder les interlocuteurs à la remise en cause des savoirs en vue d'acquérir un savoir différent, méthodologique, nouveau. Paradoxalement, c'est dans cette

1. Pierre Hadot, « La figure de Socrate », in *Exercices spirituels et philosophie antique*, *op. cit.*, p. 111.

tension du dialogue que Socrate prend soin de l'autre. Le dialogue est un progrès commun, à travers des accords successifs entre les interlocuteurs. Ils se soumettent ainsi aux exigences de la cohérence rationnelle et se haussent de cette manière à un point de vue, qui n'est plus celui de leur seule individualité, mais un point de vue commun[1]. C'est dans le dialogue qu'émerge le souci des autres. Il y a prise de conscience d'un autre point de vue que le sien. Il faut que les acteurs dépassent leurs visions pour se soumettre aux exigences, à l'objectivité de la raison. Prendre soin de soi, c'est ici dépasser sa propre individualité pour accéder à une universalité objective[2].

C'est exactement ce que doit apprendre l'étudiant, apprendre à parler aux autres pour dépasser sa propre subjectivité. Parler avec autrui est un exercice fondamental que tout innovateur doit apprendre à faire. Et il ne s'agit pas de parler à un client ou à un prospect quel qu'il soit pour connaître ses besoins et proposer une innovation. Il s'agit d'aller à la rencontre de ceux qui vont vivre l'innovation de manière directe ou indirecte. Lorsqu'une innovation comme celle des nanotechnologies, des organismes génétiquement modifiés ou de l'intelligence artificielle émerge, il est plus que nécessaire d'étudier la perception, le désir, l'intérêt de telles propositions qui indubitablement changeront le monde à plus ou moins long terme. Et dans ce dialogue il ne s'agit évidemment pas de convaincre autrui

1. Michel Foucault, *Histoire de la sexualité* III, *Le Souci de soi*, *op. cit.*

2. *Id.*

sur le bien-fondé de l'innovation mais ensemble de chercher en quoi celle-ci peut être bénéfique pour tous et comment. Une innovation possible comme le revenu universel ne devrait pas être décidée unilatéralement par une personne ou un parti politique, mais à l'issue d'un échange avec des représentants de la population, avec les personnes concernées autant qu'avec celles qui ne le sont pas directement. De la même manière, il ne s'agit pas de forcer, d'imposer l'idée du revenu universel mais d'imaginer avec ses interlocuteurs qui doit en bénéficier, comment, combien de temps, pourquoi, en mesurer les conséquences, les intérêts et les risques. C'est par le dialogue que l'on réussit à faire évoluer une société vers un horizon souhaitable commun. Lorsqu'un médecin décide de prélever des cellules-souches à l'occasion d'une naissance et d'implanter celles-ci chez un autre enfant pour lui permettre de survivre, les questions que cela pose sur la pratique, les conséquences sur la société sont extrêmement importantes. Cela engendre des questions de coûts, d'équité, qui ne peuvent pas se résoudre simplement entre un médecin et un patient. C'est la société tout entière qui est concernée par l'initiative et elle doit être discutée que ce soit pour être acceptée, modifiée ou rejetée.

Dialoguer est un savoir-être à apprendre, il nécessite également un apprentissage du temps et de l'écoute. L'innovateur doit avoir en quelque sorte un rôle de médiateur entre les savants, les découvreurs et inventeurs, les scientifiques, les ingénieurs et la société civile. Il doit avoir un rôle de conciliation également, afin de ne plus laisser ceux qui font d'un côté et ceux qui reçoivent de l'autre. La société en marche se fait avec un ensemble d'acteurs variés qu'il est nécessaire de faire se rencontrer. Et si tout le monde pratique le dialogue, peu de personnes y sont véritablement formées et savent le mettre en place avec justesse : caractériser le dialogue à mettre en place, prendre le temps de l'écoute et de l'échange, apprendre l'empathie pour mieux cerner la position de l'autre, savoir reformuler pour s'assurer de la bonne compréhension et enfin savoir aider son interlocuteur comme savoir être aidé par lui pour aboutir à un accord commun.

Apprendre à méditer, une phénoménologie de l'innovation

Le terme « méditation » peut prendre différents sens, d'autant plus aujourd'hui où le terme est de plus en plus utilisé et médiatisé. La méditation à considérer ici est celle de la « méditation philosophique ». Le terme « méditation » prend sa source dans le terme grec « *melête* », qui signifie « s'exercer ». Ainsi, la méditation philosophique peut signifier très simplement s'exercer à aimer la sagesse, toutefois dans le contexte des exercices spirituels, la méditation recouvre une place singulière et se singularise par sa volonté d'être dans l'instant, dans le temps présent, dans le quotidien. La méditation philosophique peut et doit être appliquée pour l'ici et maintenant.

L'enjeu de cet exercice spirituel est de veiller à notre mieux-être face à notre environnement, face aux difficultés qui peuvent survenir, face aux situations complexes que nous rencontrons en permanence.

La méditation philosophique nous aide à l'occasion des complexités qui se présentent, et ce, en travaillant selon deux voies. Premièrement, en méditant les actes connus qu'il nous faut réaliser ou de potentielles actions à mener. Il s'agit ici d'anticiper son comportement à venir en fonction de la façon dont nous voulons qu'il soit. La question méditative préalable est donc : comment est-ce que je veux me comporter face à cette action qui est en passe d'advenir ? Autrement dit, la méditation précède l'action, que celle-ci puisse avoir lieu dans un futur très proche comme lointain.

Il est important que l'étudiant apprenne à réfléchir aux actes qu'il souhaite accomplir avant de les accomplir. Qu'il apprenne, en méditant, à réfléchir à l'innovation qu'il est en train de développer ou qu'il souhaiterait développer, à imaginer ses usages, ses conséquences, la réaction des individus, comment il se sentirait lui face à cette innovation s'il était à la place des utilisateurs, des clients, des personnes concernées par celle-ci. L'idée est proche d'une phénoménologie de l'innovation puisqu'il s'agit de réussir à penser à celle-ci, suspendre son jugement, l'analyser dans toutes ses dimensions pour mieux l'appréhender. C'est aussi l'occasion d'appliquer un autre exercice spirituel qui est celui du doute. Se questionner de nouveau et en permanence sur le bienfait et la pertinence de l'innovation par le doute. Et si nous ne lancions pas cette innovation ? Et si nous la différions pour intégrer des améliorations ? Et si nous nous rapprochions de notre concurrent pour établir quelques standards qui soient moins polluants ? Et si nous expliquions aux clients, partenaires, adhérents que ce besoin ne doit pas être satisfait pour de bonnes raisons ? Le doute est un pilier de la méditation car c'est à l'occasion de sa pratique que l'on peut avec temps et bienveillance remettre en cause les certitudes que nous avions.

La deuxième voie de la méditation philosophique consiste dans la mise en perspective d'actes réalisés. La méditation est ici *a posteriori*. Il s'agit d'une réflexion qui porte sur une action déroulée, une expérience passée et sur laquelle il s'agit de revenir pour analyser ce qui s'y est réellement joué, et d'apprendre pour une fois prochaine. L'acte méditatif *a posteriori* va chercher la chronologie des événements, repenser l'attitude, les réflexes que nous avons eus. Par exemple dans notre relation aux autres il faut se demander s'il y a eu une perte de la maîtrise de soi. Y a-t-il eu du dénigrement de soi ou des autres ? Cette forme de méditation n'a qu'un seul objectif : analyser les conséquences sur notre moi profond, notre conscience, notre esprit.

Pour l'étudiant en innovation il s'agit alors de réfléchir aux innovations qu'il a pu lui-même subir, ou vivre. S'est-il senti perturbé par une nouvelle innovation ? Comment a-t-il vécu un changement provoqué par l'arrivée d'une innovation, peu importe que celle-ci ait été technologique, du domaine du sport qu'il pratique ou du cursus scolaire ? L'enjeu est de faire réfléchir l'étudiant sur la perception de l'innovation en tant que destinataire de l'innovation. Cette posture permet d'acquérir un regard plus humble ou finalement nous ne sommes plus dans la proposition active mais nous subissons des décisions innovantes prises par d'autres. Et dès lors qu'est-ce que l'étudiant en retire, était-ce une bonne chose d'agir comme cela, quels sont les points de frictions vécus, d'inconfort ou quelles sont les sources de contentement ?

La finalité de la méditation philosophique n'est rien de moins qu'une modification du comportement à l'endroit des actions que nous accomplissons en s'interrogeant sur celles-ci, en s'y arrêtant, et c'est pourquoi il s'agit d'y être initié en tant que futurs innovateurs. Cette méditation est une modification directe, avant l'action pour mieux l'anticiper ou juste après pour mieux comprendre. C'est aussi une modification indirecte puisqu'au fur et à mesure des méditations, l'individu devient naturellement prêt face à certaines réactions à comprendre ce qu'il doit faire. Il acquiert en quelque sorte un réflexe.

Ce qui dépend de soi

Si le dialogue et la méditation sont probablement des exercices spirituels piliers, à partager pendant les cours d'innovation, d'autres exercices spirituels seraient tout aussi pertinents. Que les étudiants apprennent avec Marc Aurèle que la gloire est éphémère, que prendre soin de soi est la première des préoccupations, qu'il faut s'occuper de ce qui dépend de soi et non de ce qui n'en dépend pas. Cette dernière notion est particulièrement pertinente pour les innovateurs. C'est dans la doctrine d'Épictète qui reprend les catégories classiques stoïciennes, que se trouve le célèbre : « Il y a ce qui dépend de nous, il y a ce qui ne dépend pas de nous[1]. » C'est essentiellement le début de cette phrase qui doit être non seulement comprise mais acceptée par les étudiants. Il faut travailler à ce qui dépend de nous à travers l'innovation à mettre en place : l'environnement, le soin d'autrui, l'avenir de l'humanité, le respect des autres. L'innovation dépend de l'innovateur quand bien même celle-ci est intentionnellement mal utilisée. C'est le cas classique des armes à feu où l'innovateur doit comprendre que dépend de lui un très grand nombre de situations et il ne peut ignorer que les usages qui en seront faits peuvent être dévastateurs même si lui-même ne le souhaite certainement pas. Si tant est qu'il faille mettre ce genre d'outils sur le marché – ce que l'innovateur peut mettre en doute –, dans quelles mesures ne devrait-il pas accompagner la vente de formation à l'usage, de suivi psychologique régulier, de puce permettant de tracer l'arme, c'est-à-dire d'un grand nombre d'éléments destinés à garantir autant que possible un usage « acceptable », comme le tir sportif par exemple ? Il dépend de l'innovateur de considérer la vie de l'idée qu'il met sur le marché.

Les processus comme celui de l'innovation responsable doivent aider l'innovateur à comprendre ce qui dépend de lui, les questions qui s'y trouvent l'aident à réfléchir sur ce qu'il doit faire. Toutefois, l'innovation responsable n'est pas suffisante, les questions méthodologiques d'un processus maintiennent une distance entre l'innovateur et son innovation, une dis-

1. Épictète, *Manuel*, trad. J. Pépin, in *Les Stoïciens*, *op. cit.*, p. 1111.

tance froide faite d'objectivité, bien entendu nécessaire mais qui ne permet pas d'élaborer une compréhension de l'innovation dans tous ses aspects, et c'est cette distance qu'il s'agit de combler. Seuls l'introspection méditative, le questionnement sur son rôle, le dialogue avec les autres comme avec soi-même peuvent permettre d'avoir une relation intime avec l'innovation, une relation sur le rôle de celle-ci dans la société, dans le quotidien, dans la vie de tout un chacun.

Seules ces techniques permettent de comprendre le rôle d'un innovateur et celui-ci ne réussira à les appliquer que s'il y est formé, s'il reçoit un enseignement où l'apprentissage du processus d'innovation est encadré par une initiation aux exercices spirituels. La salle de cours doit devenir un lieu de vigilance et de bienveillance pour ces innovateurs. La précaution qu'ils doivent apprendre pour ce futur souhaitable, ils doivent la vivre et la ressentir pendant leurs études. Et la seule voie permettant d'avoir la capacité de s'interroger sur leurs actes en fonction de ce futur qui se doit d'être bienveillant pour eux comme pour l'ensemble de leur écosystème est la pratique des exercices spirituels. Dans le même temps, la compréhension du monde qu'il leur est nécessaire d'acquérir ne doit pas rester dans les carcans, dans les disciplines qu'ils connaissent que ce soit le management, la politique, la philosophie, l'art, l'éducation physique : l'innovateur doit comprendre que la transdisciplinarité dans la salle de cours comme en dehors doit constituer son quotidien.

La transdisciplinarité pour comprendre le monde

Si Aristote nous dit que la première qualité d'un philosophe est sa capacité à s'étonner, c'est parce que cette qualité est fondamentale pour qui veut diriger son existence vers la sagesse. La capacité de s'ouvrir au monde, de s'étonner de ce qu'il offre, d'observer avec un œil toujours neuf aide à changer notre regard, à modifier notre prisme pétri de certitude, et d'habitude. Le jeune enfant s'étonne facilement, le nourrisson très peu, mais rapidement il acquiert une curiosité qui l'éveille pendant ses journées : un ballon, un animal, un fruit, une musique. Son imagination va de pair et il s'imagine entrer dans le jouet avec lequel il s'amuse, il est prêt à engloutir un légume cru alors qu'il s'agit de le cuire, le grand lit des parents est parfois un océan, de temps à autre un trampoline olympique[1]. Dans le système scolaire, les objets attisant la curiosité sont nombreux : les disciplines, les enseignants, les camarades de classe. Cependant, la forme est peu propice à l'imagination : assis sur une chaise plusieurs heures par jour à ingurgiter des matières à travers des paroles et des textes. On commence déjà à tuer autant l'imagination que la curiosité, autant la créativité que le rêve. Si le collège comme le lycée ne sont pas spontanément des lieux où l'imagination peut s'épanouir, les études

1. Michel Foucault, *Le Corps utopique, les hétérotopies*, Paris, Lignes, 2009, p. 24, p. 39 et p. 61.

supérieures ne sont pas mieux adaptées. Faire des études de droit, de philosophie, de management ou de mathématiques, permettant d'appréhender la matière en long, en large et en travers par la parole du professeur, par les livres et autres exercices. L'imagination de l'étudiant par discipline est sans cesse étouffée. Pas d'imagination, pas de curiosité (outre celle nécessaire à la discipline), pas de créativité : bachotage et autres apprentissages par cœur sont souvent les tristes piliers de l'enseignement.

Ode à la transdisciplinarité[1]

La transdisciplinarité se nourrit de l'imagination, une qualité qui est spontanée chez tout le monde, mais qui demande d'être entretenue et protégée, autrement, elle disparaît. Comment faire pour rester curieux ? Comment notre imagination peut-elle être perpétuée ? La voie la plus évidente est celle de la transdisciplinarité. Il incombe à tous les étudiants d'imaginer le monde à long terme sur différentes problématiques pour qu'il soit humainement respectable et durable : la politique, la santé, l'entrepreneur, les modes de vie, l'éducation, etc. Le parcours pédagogique d'un étudiant, quel qu'il soit, doit amener à formuler des réponses concrètes sur le monde tel qu'il doit être selon lui et cela en faisant tomber les murs des disciplines. Les étudiants doivent être régulièrement confrontés à

1. Xavier Pavie, *Le Goût d'imaginer sa vie*, Paris, Manitoba, 2018, p. 7-22.

des scientifiques qu'ils soient paléontologues ou astrophysiciens, artistes, qu'ils soient chanteurs punk ou violoncellistes, ou artisans chocolatiers ou confituriers. En observant, en comprenant un homme-cyborg, les étudiants font renaître la graine d'imagination qui les habite ; en écoutant un médaillé Fields, ils se plongent dans une aventure mathématique des plus envoûtantes ; en regardant un artiste faire une performance devant leurs yeux, ils redeviennent des enfants qui s'émerveillent et ne demandent qu'à s'exprimer à leur tour ; en écoutant un astronaute, les yeux, le cerveau et le cœur sont en ébullition. C'est grâce à la confrontation à tous ces acteurs, toutes ces disciplines, toutes ces sciences et tous ces arts que les étudiants redeviennent curieux, qu'ils réapprennent à se poser des questions, qu'ils (re)vivent l'étonnement, si cher à Aristote.

La transdisciplinarité n'a pas la prétention de la discipline mais elle veut les relier toutes. Contrairement à la pluridisciplinarité (juxtaposition de différents regards experts) et à l'interdisciplinarité (dialogue entre les disciplines), la transdisciplinarité veut faire son miel de son écosystème. *Le Manifeste de la transdisciplinarité*[1] indique précisément que celle-ci, comme le préfixe trans- l'indique, est à la fois entre les disciplines, à travers les différentes disciplines et au-delà de toute discipline. Sa finalité est la compréhension du monde présent, dont un des impératifs est l'unité de la connaissance.

Ce Manifeste de la transdisciplinarité explique bien que nous avons tous ici été formés par des disciplines,

1. Nicolescu Basarab, *La Transdisciplinarité. Manifeste*, Monaco, Éditions du Rocher, 1996.

et que du point de vue de la pensée classique il n'y a strictement rien à travers les disciplines et au-delà de toute discipline. Ce qui nous oblige à penser plusieurs niveaux de réalité tous indépendants les uns des autres en négligeant les espaces entre les disciplines. La recherche disciplinaire concerne, tout au plus, un seul et même niveau de réalité ; d'ailleurs, dans la plupart des cas, elle ne concerne que des fragments d'un seul et même niveau de réalité. En revanche, la transdisciplinarité s'intéresse à la dynamique engendrée par l'action de plusieurs niveaux de réalité à la fois. La découverte de cette dynamique passe nécessairement par la connaissance disciplinaire. La transdisciplinarité, tout en n'étant pas une nouvelle discipline ou une nouvelle hyperdiscipline, se nourrit de la recherche disciplinaire, qui, à son tour, est éclairée d'une manière nouvelle et féconde par la connaissance transdisciplinaire. Dans ce sens, les recherches disciplinaires et transdisciplinaires ne sont pas antagonistes mais complémentaires.

Les trois piliers de la transdisciplinarité sont : les niveaux de réalité ; la logique du tiers inclus ; et la complexité – ils déterminent ensemble la méthodologie de la recherche transdisciplinaire. Même si à l'évidence cela n'est possible qu'avec un soupçon d'indiscipline.

Il y a plus de vingt ans, avec le Manifeste de la transdisciplinarité a été établie la Charte de la transdisciplinarité[1]. Cette charte a été établie lors du premier

1. Charte de la transdisciplinarité, adoptée au Premier Congrès mondial de la trandisciplinarité (Convento da Arrábida, Portugal, 2-6 novembre 1994).

congrès mondial sur le thème au Portugal dont l'un des porte-parole était Edgar Morin. Cette charte souligne un très grand nombre de valeurs que sont la rigueur, le respect et la tolérance. Et veille indéfectiblement à reconnaître les différentes réalités qui s'offrent à nous, et nous oblige en quelque sorte à ouvrir le dialogue avec les sciences, l'art, la littérature, la poésie et l'expérience intérieure. Elle prône la dignité de l'être humain comme citoyen du monde et considère l'éducation comme la voie authentique permettant le développement de l'intuition, de l'imaginaire, de la sensibilité du corps également. Enfin, cette charte se trouve forgée sur une éthique solide qui postule que l'économie doit être au service de l'être humain et non l'inverse.

Les étudiants aujourd'hui sont héritiers de cette charte de la transdisciplinarité et ils ont la responsabilité avec les enseignants de la rendre vivante et concrète. Le monde de demain ne peut être construit avec le cerveau d'hier, avec les méthodes de formation qui ont fait leur temps. Et si des générations entières ont été élevées avec des disciplines, il est peut-être nécessaire de faire exploser les structures normatives de l'enseignement en montrant le chemin de la transdisciplinarité.

Notre quotidien est un écosystème de la transdisciplinarité

La transdisciplinarité est avant tout une question de comportements et d'attitudes, une modification de soi pour accepter les multiples facettes du monde. Si tout un chacun se déclare facilement curieux et ouvert, se confronter à quelque chose d'inconnu rebute la plupart d'entre nous par paresse. Il est plus simple d'aller écouter le discours d'un homme politique du parti que l'on défend que d'essayer d'aller comprendre avec profondeur, densité et objectivité un opposant. Si les enfants suivent en très large majorité la religion de leurs parents, c'est d'une part à cause d'un conditionnement religieux mais aussi parce que se convertir à une autre religion nécessite une lecture importante, dense, un apprentissage et une confrontation à des pratiques inconnues.

Être curieux et viser une attitude transdisciplinaire pour comprendre et construire le monde, c'est se rendre dans des galeries d'art, ce qui est à la portée de tous, ou goûter une cuisine totalement inédite pour nos papilles. C'est autant interroger la vie que comprendre que la vie interroge, et dans tous les domaines possibles : politiques, géographiques, historiques, sociologiques. Se confronter aux existences, aux disciplines et à leurs formes d'expression est un réel mode de vie nécessaire pour l'étudiant qui construit le futur parce qu'il confronte ainsi son cerveau, son esprit, son intellect à ce qu'il ne connaît pas ; il élargit son radar de connaissances, se nourrit des disciplines qui lui permettent de se (re)modifier et de se (re)structurer. Le cerveau fonctionne comme un muscle : on peut le renforcer, l'affiner, le développer. Encore faut-il oser bousculer notre confort de pensée pour lui permettre d'aborder un nouveau paradigme. Il est si plaisant d'être confronté à ce que l'on connaît déjà. Il est plus simple pour un chanteur de rap de se rendre à un concert de rap, à un mélomane d'être assis à l'écoute d'une symphonie, mais l'on comprend facilement à quel point l'un et l'autre auraient tout à gagner à se confronter un territoire qui leur est inconnu s'ils veulent songer au futur de la musique, s'ils veulent dépasser les frontières de leur territoire musical, s'ils veulent créer une nouvelle forme de musique.

Notre vie de tous les jours est entourée de réalisations issues de la transdisciplinarité : le *machine learning*, très en vogue depuis quelques années, est un domaine de l'intelligence artificielle qui consiste à conférer à une machine la capacité d'apprendre d'elle-même et d'enrichir sa base de données ; pas de doute que les créateurs de ces « machines » se sont appuyés sur les observations et découvertes du cerveau humain, sur les sciences cognitives et la biologie.

Steve Jobs, qui avait pris un cours de calligraphie lors de ses études à l'université, a mis en perspective ce qu'il en avait appris lors du développement du premier Macintosh. C'est ainsi que sont nées les polices de caractères à chasse variable, ce qui créa pour le produit un marché de niche auprès des graphistes/webdesigners et des services de communication en entreprise.

Le martin-pêcheur est un oiseau pouvant très facilement chasser les poissons, contrairement à d'autres oiseaux, car il rentre dans l'eau sans perdre trop de vitesse grâce à son bec aérodynamique. Cette espèce a inspiré des ingénieurs japonais lors de la fabrication du nez du Shinkansen (le TGV japonais). Ce dernier a donc la forme de bec du martin-pêcheur pour entrer dans les tunnels à 400 km/h en perdant le moins de vitesse possible (10 % plus rapide, 15 % d'économie d'énergie par rapport à un train de forme classique).

Toujours dans l'aéronautique, le CRM (Crew Ressource Management) est une méthode développée dans les années 1970 pour améliorer la coopération et la rapidité d'un équipage en cas de danger. Ces techniques de « check-list » ont été jugées tout à fait appropriées pour le secteur médical qui les a adoptées et c'est ce qui est devenu le célèbre MTT (Medical Team Training) dont l'enseignement se fait dans un simulateur de vol.

L'aérospatiale inspire en effet souvent la médecine, et les pôles de compétitivité Aerospace Valley et Cancer Bio Santé se sont rapprochés pour transférer les algorithmes développés dans l'industrie aéronautique pour ajouter de la réalité augmentée dans l'imagerie médicale, ce qui permet aux médecins de mieux interpréter les images des patients.

On peut encore évoquer un autre exemple d'utilisation de la transdisciplinarité avec l'équipe de chercheurs des Mines de Saint-Étienne qui ont mis au point une innovation permettant de faire d'un bout de textile une électrode. L'objectif est de contrôler son activité cardiaque (sans contact ni fil). Pour y arriver, ils ont utilisé une technique de coloration des kimonos, nommée *yuzen*, consistant à utiliser du riz pour concentrer le colorant sur une zone précise.

Dans le domaine du biomimétisme, la transdisciplinarité est reine. Ainsi, des ingénieurs ont mis au point un bras robotique pouvant saisir des objets en s'inspirant du gecko et de sa langue extensible. En effet, lorsque la pince en silicium, remplie d'air et d'eau, touche un objet, cela provoque une pression à double chambre, exactement sur le même principe que pour le reptile. Toujours dans ce domaine, de nombreux ingénieurs travaillent sur différents mécanismes de vol pour les drones. Certains ont eu l'idée de s'inspirer des chauves-souris. Leurs ailes sont en effet très flexibles, liées entre elles, et leurs oreilles leur permettent de manœuvrer en étant quasiment immobiles.

L'art est aussi une formidable source d'inspirations. L'entreprise Willow Garage a collaboré avec l'animateur Doug Dooley du studio Pixar pour insuffler dans les robots personnels des mouvements et réactions proches d'un être vivant.

La littérature, et en particulier la science-fiction, nous pousse à imaginer des choses *a priori* impensables. Ce que l'on sait moins, c'est qu'elle est l'inspiration de nombreuses technologies utilisées aujourd'hui. Ainsi, les créateurs de Star Trek ont mis au point toute une interface graphique pour la série nommée LCARS, dont Mike Kruzeniski, concepteur du Windows Phone 7, se serait inspiré. La forme et le nom de l'iPad auraient aussi été tirés du Padd, un appareil tactile tiré du même univers. Toujours inspirés par Star Trek et son tricodeur qui permet de trouver des objets à distance, des étudiants de Stanford University ont travaillé sur un appareil détectant des objets cachés enfouis dans le sol à l'aide d'ultrasons et de micro-ondes.

Lorsque Elon Musk présente l'idée d'Hyperloop, un train supersonique permettant de relier San Francisco à Los Angeles en trente minutes, il est difficile de croire qu'il s'est inspiré du canon à propulsion électromagnétique, un système de propulsion de missiles basé sur les champs magnétiques.

Ces quelques exemples nous montrent la puissance gagnée à mêler des disciplines, à mettre en perspective des secteurs et des acteurs également. L'enjeu est de comprendre que la construction du monde se fait en multipliant les discussions avec les disciplines, en les associant. C'est en puisant dans ce que l'on ne connaît pas ou moins que l'on arrive à créer, que l'on arrive à relier des points qui *a priori* n'étaient pas faits pour s'associer. L'avenir se dessine à plusieurs, l'apprentissage doit en conséquence se faire en intégrant cette donnée. Cela ne demande ni investissement conséquent ni formation d'élites, mais nécessite de déployer un comportement inédit, une habitude nouvelle à adopter.

L'innovateur du XXIe siècle

> « Le progrès n'est que l'accomplissement des utopies. »
>
> Oscar Wilde, *Le Portrait de Dorian Gray*

Lorsque Kant en 1784 demande « Was heisst Aufklärung ? »[1], il interroge son présent, il demande à la société comme à lui-même ce qui nous arrive : que se passe-t-il aujourd'hui, en cette période, à ce moment précis ? Et pour lui le mouvement des Lumières est la sortie de l'homme de son incapacité à se servir de son entendement. L'individu a désormais le courage de savoir, *sapere aude*, de servir son propre entendement.

La façon avec laquelle Kant nous impose de servir notre propre entendement doit trouver un écho encore aujourd'hui. La période que nous sommes en train de vivre, foisonnante d'idées, de technologies, d'innovations, d'inventions, qui au lieu de créer un sentiment optimiste et positif apportent son lot

1. Emmanuel Kant, *Beantwortung der Frage : Was ist Aufklärung ?*, *op. cit.*

d'inquiétudes et de doutes, n'est pas nouvelle comme nous l'avons fait remarquer[1]. Au début du XXe siècle, au moment de l'Exposition universelle de Paris où étaient exposées de nombreuses avancées scientifiques et industrielles qui apportaient elles aussi inquiétudes et doutes, Henri Matisse réalise son célèbre tableau les *Baigneuses à la tortue*, œuvre où le peintre exprime avec pertinence notre attitude face au monde en mouvement. Y sont représentées trois attitudes dans lesquelles nous pouvons nous reconnaître : tout d'abord une attitude réticente ou craintive, représentée par la baigneuse à l'extrémité droite du tableau ; le personnage central a un comportement neutre, celui de l'observateur passif ; enfin, la troisième et dernière baigneuse sur la gauche est celle qui s'approche de ce qui leur est inconnu à toutes, ici une petite tortue située au milieu du tableau en bas. Rien ne dit que cette dernière baigneuse n'est pas elle aussi craintive, mais elle s'interroge tout en s'approchant, elle s'accroupit pour en apprendre plus sur ce qu'elles viennent de découvrir. Nous devons nous approcher de l'innovation, l'apprivoiser, la domestiquer et ne pas la redouter en la laissant se déployer sans réflexion. Nous ne pouvons pas simplement, comme dans le tableau, refuser l'innovation, se cacher et faire comme si elle n'existait pas ; nous ne pouvons pas non plus la laisser se déployer et nous contenter de la regarder faire. C'est la troisième attitude que nous devons adopter, celle qui s'approche de l'innovation pour la comprendre.

1. Voir p. 135-138.

Si le philosophe a cette obligation de penser l'innovation, de la mettre à l'épreuve ce n'est pas pour refuser l'innovation, la dénoncer, la mettre sous cloche ou à l'écart, ce serait utopique et contre-productif. Si le philosophe doit s'en approcher, c'est au contraire pour évaluer son rôle, ses actions, ses comportements et se demander dans quelle mesure celle-ci est porteuse d'un bien-être commun, préoccupation majeure de la philosophie, si l'innovation permet de dessiner un avenir humainement durable et désirable. Dans le même temps, l'innovateur et son comportement doivent être regardés, analysés et à l'évidence influencés. De toute évidence, l'innovateur d'aujourd'hui ne pense pas, il fait, il est comme écrasé par son écosystème et n'est plus capable de se porter au niveau nécessaire de la réflexion pour regarder ce qu'il fait, pourquoi il le fait et comment il le fait. L'innovateur, quel qu'il soit, doit comprendre les responsabilités qui pèsent sur ses épaules ou refuser de porter cette mission. Ce qui est attendu de lui, c'est qu'il soit un être exemplaire pour ce qu'il fait envers la communauté, qu'il soit un être pensant qui prenne soin de lui comme de son écosystème. C'est le rôle du philosophe que de sortir l'innovateur de l'aveuglement dont il fait preuve et de l'aider à se draper d'une vision bienveillante.

Peut-être que l'innovateur actuel doit disparaître, que doit s'appliquer à l'innovateur le concept de destruction créatrice, dont l'essence *in fine* est de créer quelque chose de différent, de mieux, apprenant de son passé. Cet innovateur, nécessaire au XXIe siècle, s'il est destiné à préserver un avenir et développer une humanité bienveillante et durable, ne pourra pas faire sans la philosophie. Il ne pourra pas exister avec cette finalité sans en passer par les exercices spirituels tels que les Anciens, que ce soient Épictète, Marc Aurèle, Sénèque, Épicure ou encore Diogène, les ont développés il y a bien longtemps. L'innovateur a pour mission de prendre soin des autres, ce qui n'est possible qu'en prenant soin de soi. Il s'agit ainsi d'un véritable sacerdoce que de prendre soin de soi et cela demande un véritable travail de méditation, de lecture, d'écriture, d'introspection. Et cela ne s'apprend pas en quelques heures, c'est une éducation au long cours, qui doit certainement s'apprendre dès le plus jeune âge et qui demeure un exercice quotidien tout au long de sa vie. Autrement dit, l'innovateur doit être prêt à se convertir s'il se décide à occuper une fonction qui le conduit à innover. Se convertir à un autre que celui que son environnement passé a fait, un autre, un être exemplaire qui analyse, qui voit, qui s'entoure, qui anticipe et qui prend soin. Nous ne résoudrons pas tous les problèmes de l'innovation avec la pratique des exercices spirituels pour tout un chacun et pour les innovateurs en particulier. Mais de nouveau, la loi n'y parvient pas, ni la sanction, ni les processus. La proposition veille *a minima* à s'interroger sur cette pratique qui cherche à prendre soin de soi et des autres en travaillant directement sur l'innovateur lui-même, sur qui il est, ce qu'il doit être.

Ces dimensions qui concernent les innovateurs d'aujourd'hui pour être les innovateurs de demain n'interrogent pas exclusivement ceux-ci. Tout un chacun est concerné par ces dispositifs utiles pour les innovateurs mais fondamentaux pour tous. Et nous avons aussi besoin que tout un chacun s'interroge sur lui-même face aux innovations : qui sommes-nous face aux innovations ? Comment réagissons-nous face aux innovations qui nous sont données ? Lorsque nous évoquons l'écrasement par l'innovation, la dépendance envers certaines innovations, quand nous refusons ou glorifions l'innovation c'est nous dont nous parlons, pas des innovations. Le moment que nous vivons n'est donc pas l'innovation à l'épreuve de la philosophie, mais à l'épreuve de nous-mêmes. Qui sommes-nous et que voulons-nous ? C'est cela la question que pose l'innovation, de la même façon que la philosophie la met en exergue depuis 2 500 ans.

Remerciements

Je tiens à remercier les différentes personnes qui ont influencé de près ou de loin ce travail mêlant innovation et philosophie que ce soit dans le département philosophie de l'université Paris-Nanterre ou mes collègues de l'ESSEC Business School. Également les étudiants que j'ai eu en cours avec lesquels j'ai pu confronter les différents aspects de ces recherches notamment celles sur l'innovation responsable.

Une pensée pour mes parents. À Delphine, Aurèle, Léandre et Cléante pour leur présence. À Étienne pour sa relecture.

Enfin mes remerciements aux Presses universitaires de France et plus particulièrement à Monique Labrune pour sa confiance.

Index nominum

Adler Clément, 50
Afflelou Alain, 249
Alain, 50
Alter Norbert, 217
Ampère André-Marie, 228
Anaximandre, 267
Anaximène, 267
Anders Günther, 150
Aristote, 231, 233, 237, 251, 257-258, 263, 267-268, 329, 350, 352
Aron Raymond, 91
Asimov Isaac, 17, 157

Bachelard Gaston, 50
Badiou Alain, 246
Balaudé Jean-François, 205, 269-270
Baumgarten Alexander Gottlieb, 233
Bear Greg, 157
Beckett Samuel, 68
Bell Alexander, 41, 228
Bensaude-Vincent Bernadette, 173, 219
Bergson Henri, 50, 250, 263
Bernard Williams, 198
Berthelot Marcellin, 235
Besnier Jean-Michel, 148-149
Bezos Jeff, 46, 242
Bostrom Nick, 143, 149
Boucicaut Aristide, 249
Bourg Dominique, 260
Bowen Howard, 165
Branson Richard, 46, 241, 245, 252
Brillat-Savarin Jean Anthelme, 233
Brin Sergueï, 248
Brundtland Gro Harlem, 165
Burke Edmund, 233
Burkert Walter, 269
Butor Michel, 68

Campbell Jeremy, 157
Camus Albert, 91

Cavell Stanley, 317
Chesky Brian, 88
Cicéron, 271-272
Citroën André, 50, 242
Clarke Arthur C., 157
Cléanthe, 240, 297, 328
Clément d'Alexandrie, 307
Cognacq Ernest, 249
Condorcet, 154-155
Curie Marie, 50, 228
Cyrulnik Boris, 73

Darwin Charles, 147, 156, 257
Deleuze Gilles, 246
Dell Michael, 53
Démocrite, 235
Descartes, 140, 153-155, 157, 201, 233, 237, 240, 317
Diogène, 240, 295, 364
Domanski Juliusz, 275

Edison Thomas, 41, 98, 228, 248
Einstein Albert, 50
Emerson Ralph Waldo, 38-40, 317
Empédocle, 205
Engel Laurence, 192
Épictète, 139, 284, 292, 295, 297, 299, 347, 364
Épicure, 235, 237, 292, 294, 300, 364
Ewald François, 192

Faste Rolf, 238
Faye Emmanuel, 154
Finch Janet, 221
Fisher Berenice, 197, 199
Ford Henry, 98, 242
Foucault Michel, 90, 106-107, 109, 112, 114-115, 118, 127, 217, 233, 239, 246, 251, 265, 276, 281, 283, 291, 317
Franklin Benjamin, 156
Freud Sigmund, 50
Fronton, 332

Galien, 292
Gates Bill, 242, 245
Genard Jean-Louis, 161
Gilligan Caroll, 198
Giuliani Rudolph, 252
Godin Jean-Baptiste, 242
Goethe Johann Wolfgang von, 84
Greenspan Alan, 95
Groves Dulcie, 221
Grundtvig Nikolai Frederik Severin, 324
Gutenberg Johannes, 79

Hachette Louis, 249
Hadot Pierre, 227, 233, 267, 275, 278, 282-283, 315
Haines Agatha, 258
Harbisson Neil, 157-158
Hart Herbert, 193
Hayakawa Tokuji, 242

Heidegger Martin, 148, 245
Héraclide du Pont, 271
Héraclite, 267
Herder Johann Gottfried, 84
Hésiode, 319
Hewlett William, 47
Hiéroclès, 277
Homère, 324
Horace, 318
Houziaux Alain, 285-286
Huxley Julian, 142

Jobs Steve, 61, 238, 241, 356
Jonas Hans, 165-166, 216

Kalanick Travis, 88, 100
Kant Emmanuel, 22, 202, 215-216, 317-318, 361
Kay John, 45
Kelleher Herb, 248
Kelley Thomas, 218
Kondratiev Nikolaï, 75-76
Kurzweil Raymond, 148-149, 158

La Mettrie, Julien Offray de, 155
Laruelle François, 233-234
Leclerc Édouard, 88
Lee Kuan Yew, 235
Leucippe, 235
Lombard Paul, 285
Lucas George, 238
Lumière, 50, 228

Ma Jack, 243, 252
Marc Aurèle, 240, 299, 302, 312, 329, 332-333, 347, 364
Marx Karl, 43
Merleau-Ponty Maurice, 240, 279
Michelin Édouard, 50
Miele Carl, 236
Milne Alan Alexander, 188
Monet Claude, 67
Montaigne, 237, 251, 317, 329
Moore Geoffrey, 29-30, 171, 224
More Max, 149
Morin Edgar, 354
Mulliez Gérard, 242
Musk Elon, 46, 150-151, 159, 241, 245, 358
Musonius Rufus, 292, 294

Neuberg Marc, 164
Niel Xavier, 88, 242, 252
Nietzsche Friedrich, 50, 84-88, 90, 156-157, 240

Ollier Claude, 68
Ortega y Gasset José, 89-91, 93-94
Ost François, 161

Packard David, 47
Page Larry, 242
Pagnol Marcel, 135

Paracelse, 235
Parménide, 267
Pasteur Louis, 50, 228
Peirce, 317
Pindare, 90
Pissarro Camille, 67
Pistorius Oscar, 143, 157
Platon, 195, 237, 251, 267-270, 272, 275, 305, 309, 322, 329, 341
Plotin, 239
Plutarque, 293, 334
Poincaré Henri, 50
Porsche Ferdinand, 236
Prodicos, 320
Prou Suzanne, 68
Putnam Hilary, 317
Pyrrhon, 297
Pythagore, 267, 271-273

Rabelais, 136
Radocy Bob, 157
Rand Ayn, 41, 87, 94-98
Reagan Ronald, 95
Renault Louis, 50, 242
Renoir Auguste, 67
Ricardo David, 35
Ricardou Jean, 68
Ricœur Paul, 194
Robbe-Grillet Alain, 68
Rockfeller John, 242
Romney Mitt, 252
Rousseau Jean-Jacques, 215, 317
Ruel Xavier, 249

Sahlman William, 217
Sarraute Nathalie, 68
Sartre Jean-Paul, 251
Schopenhauer Arthur, 240
Schumpeter Joseph, 28, 32-33, 35, 52, 74-76, 86, 99, 217
Sen Amartya, 44
Sénèque, 239, 264-265, 294, 299, 364
Shaftesbury, 317
Shusterman Richard, 317
Simon Claude, 68
Sisley Alfred, 67
Sloterdijk Peter, 148
Smith Adam, 33-35
Smith Frederick, 248
Socrate, 85, 198, 233, 251, 269-270, 272-275, 279, 293-294, 296-297, 309, 341-342
Sombart Werner, 74, 81, 83
Sophocle, 137
Spence Rob, 158
Spinoza Baruch, 240

Tarde Gabriel, 33
Terman Frederick, 47
Thalès, 267-268
Thiel Pieter, 95
Thoreau Henry David, 239, 259, 317
Toyoda Sakichi, 242

Tronto Joan, 196-197, 199, 201-202, 212
Truong Jean-Michel, 150

Vanderbilt Cornelius, 40, 98, 242
Vernant Jean-Pierre, 267, 271, 291
Vinci Léonard de, 63

Wahl Jean, 50
Wales Jimmy, 95
Watt James, 228
Wilde Oscar, 90, 361
Wittgenstein Ludwig, 7, 240, 317
Wozniak Steve, 245

Xénophane, 267

Zhidong Zhang, 243
Zuckerberg Mark, 73, 87

Index notionnel

Apprentissage, 79, 111-112, 116, 130, 284, 325-326, 337, 343, 349, 355, 359
Art, 67-68, 358
Autrui, 38, 42, 162-164, 188, 192, 194-195, 200-201, 211, 213, 220, 229, 244, 265, 295, 297-298, 318, 322, 329, 334, 336, 342, 348

Bien, 82, 193, 305-306, 308-310, 329, 331
Bonheur, 95, 195, 212, 300

Care, 195-202, 204, 206, 211-225
Choix, 77, 80, 123, 125, 234, 318-322, 335
Compétitivité, 185, 206, 327, 357
Connaissance, 63, 111, 138, 154, 188-189, 231, 234, 264, 267-268, 270, 288-292, 331, 352-353
Conscience, 65, 85, 103, 136, 153, 162, 201, 212, 221, 227, 283, 287-288, 290, 294, 296, 301, 311, 321, 330, 332, 336, 342, 346
Conversion, 39, 304-312, 314, 329
Création, 32, 52, 62, 74, 76, 83-85, 89, 97, 104-105, 180, 182, 184, 236
Créativité, 237-239, 252
Cyniques, 283, 294-295, 300, 307

Découverte, 27, 52, 62, 67, 235, 252
Destruction (créatrice), 74, 76-77, 81, 83, 98-100, 104-105, 228, 266, 363
Développement durable, 165, 223

Dialogue, 271, 279, 296-298, 308, 328, 341-342, 344, 347, 349, 352, 354
Disciple, 264, 276, 279, 289, 297, 320, 331-332
Discours, 225, 270, 275-276, 279, 282, 287, 298, 315, 334
Discussion, 78, 298, 305, 341
Distribution, 53-54, 66, 116, 127, 243, 250

Écoles, 51, 101-102, 112, 130, 153, 301, 336
Économie, 35, 67, 75-76, 83, 101, 122-124, 141, 216, 337, 354
Économie (cycles), 74-76
Éducation, 80, 101-103, 111, 114, 127-131, 199, 242, 266, 290, 313, 322-324, 327, 329, 331, 354
Enseignement, 101, 127, 130-133, 279, 324-325, 329, 349, 351, 354
Enseignement de l'innovation, 131-133, 336-340
Épicure/épicurien, 235, 237, 246, 265, 283, 292, 294, 300, 302, 306-307, 309
Esprit, 38, 41, 51, 86, 90, 96-97, 156, 217, 229, 239, 242, 254, 264, 284-286, 288-289, 302-303, 311, 313-314, 321, 324, 326, 334, 336, 341, 346
Éthique, 48, 95, 134, 137, 160, 162, 166, 170, 194, 198, 220-221, 276-277, 281, 304, 311, 335, 354
Exercices spirituels, 139, 227, 274, 276, 280, 282-284, 287-288, 291, 294, 298, 301, 304, 307-315, 317-318, 321-322, 324-329, 333, 337, 344, 347, 349, 364
Existence, 77, 131, 140, 142, 159, 241, 259-260, 271, 283, 286-287, 292, 295, 317, 320, 350

Formation, 40, 104, 230, 279, 324, 328, 336, 354, 359

Genre, 199

Hiérarchie, 107, 118, 124-126, 222
Humain, 27, 48, 64, 68, 85, 138, 140, 142, 144-151, 156-160, 165, 216, 261, 270, 273, 303, 306, 315, 354, 356
Humanité, 21, 67, 83, 138, 142, 149, 157, 165, 215-216, 227, 253, 259, 302, 314, 348, 363

Imagination, 350-351
Individu, 38-40, 57, 73, 77, 80-81, 84-85, 95, 104, 110, 115-117, 137, 142, 147, 157, 163-164, 170, 195, 200-201, 203, 205, 211, 215-216, 265, 273, 277, 279, 288, 295-296, 304, 306-307, 312, 323, 329, 336-338, 341, 361
Innovateur, 62, 71, 74, 76, 86-87, 93-95, 134, 150-151, 159-160, 164-165, 170-171, 176-177, 188-189, 203, 205-206, 212-213, 216, 218-220, 222, 228-230, 232, 235, 238-239, 241, 243, 247, 250, 252-254, 263-264, 266-267, 273-274, 289, 295, 298, 301, 303-304, 309-310, 312-314, 318-319, 321, 325, 327, 330, 332, 334-336, 338-340, 342-343, 348-349, 361, 363
Innovation responsable, 135-225, 298, 301, 321, 338-339, 348
Innovation sociale, 166-167
Inventer, 27, 90, 233, 236
Invention, 14, 27-32, 44, 62-63, 68, 79, 232, 248

Lutte, 42, 115-116, 206, 259

Maître, 70, 264-265, 275, 279, 281, 289-290, 297, 301, 329, 331-334, 336
Maîtrise de soi, 212, 218-219, 299, 346
Méditation, 294, 301, 311-312, 317, 326, 344-347
Méthode, 52, 56, 61, 67, 112, 119, 169, 180, 184, 188, 233, 237-238, 299, 337, 341, 357
Mythe, 152, 159, 305
Mythologie, 83-84, 98, 152-153, 157, 270

Phénoménologie, 344-345
Philosophie, 42-43, 81, 90-91, 95, 97-98, 107, 118, 153, 157, 166, 224, 230-234, 237-239, 243-245, 247, 251, 264-268, 270-275, 277-283, 286, 288, 291, 293-294, 299, 302, 308, 311, 313-315, 317, 321, 326, 330
Politique, 33, 36, 40-41, 46, 62, 106-107, 116-117, 218, 252, 273, 337, 340
Prendre soin de soi, 198, 254, 264-265, 287, 289, 291-292, 294-300, 304, 347
Processus, 30, 34, 54, 57, 65, 105, 150, 167-168,

170, 172, 179, 181-185, 187-188, 190, 206-207, 212, 216, 220, 234, 297, 304, 336-339, 348-349
Progrès, 33, 76, 85, 96, 137-138, 147, 154, 160, 186, 197, 201, 215, 219, 227, 234-235, 237-238, 250, 252, 297, 316, 342, 361

Questionnement, 194, 209, 231, 233, 285, 349

Raisonnement, 79, 93, 188
Recherche, 47-48, 63, 170, 353
Recherche & développement, 30-31, 45, 65, 337
Résistance, 86-87, 107-110, 112-116, 244
Responsabilité, 79, 137, 152, 159-164, 166-172, 176-177, 179, 181, 183-185, 187-188, 190-194, 205, 208-209, 216, 218, 221-222, 228, 254, 263, 266, 281, 313, 339, 354
Risque, 65, 89, 96, 105, 147, 160, 166, 171, 175, 182, 188, 190-191, 194, 197, 200, 204, 208, 229, 234, 252, 254, 260, 262, 298, 314, 321, 329, 343

Sagesse, 139, 220, 253, 259, 264, 266, 268-269, 271, 273, 280, 282, 301, 308-311, 313, 315, 321, 331, 335, 344, 350
Savoir, 102, 109-110, 112, 115, 128, 133, 166, 198, 216, 231, 234, 238, 250, 264, 269, 275, 281, 289, 319, 322, 334, 341, 361
Solitude, 243, 245, 252
Spiritualité, 285-286, 313, 315
Stoïciens, 219, 246, 265, 283, 294, 299, 306-307

Transdisciplinarité, 349, 351-354, 356-357
Transformation, 122, 276, 294, 304, 307-308
Transhumain/transhumanisme, 64, 138-152, 255, 257, 302, 337

Valeur, 27, 38, 41, 62, 67, 97, 100, 106, 109-110, 120-122, 134, 183, 189, 232

Bibliographie

Alexandre Laurent, *La Mort de la mort*, Paris, J.-C. Lattès, 2011.

Alter Norbert, *L'Innovation ordinaire*, Paris, Puf, 2003.

—, « Entreprise : les innovateurs au quotidien », *Futuribles*, janvier 2002.

Anders Günther, *L'Obsolescence de l'homme. Sur l'âme à l'époque de la deuxième révolution industrielle*, Paris, L'Encyclopédie des nuisances, 2002.

Aristote, *Métaphysique*, trad. Jules Tricot, Paris, Vrin, 1970.

—, *Traité de l'âme*, trad. Ingrid Auriol, Paris, Pocket, 2009.

—, *Les Parties des animaux*, trad. Frédéric Gain, Paris, Le Livre de Poche, 2011.

Arntz Melanie, Terry Gregory, Ulrich Zierahn, « The Risk of Automation for Jobs in OECD Countries : A Comparative Analysis », *OECD Social, Employment and Migration Working Papers*, 2016, n° 189.

Asimov Isaac, *Asimov on Science Fiction*, New York, Doubleday Books, 1981.

Baber Walter, *Organizing The Future : Matrix Models for the Postindustrial Policy*, Alabama, The University of Alabama Press, 1983.

Balaudé Jean-François, *Le Savoir-vivre philosophique*, Paris, Grasset, 2010.

BENSAUDE-VINCENT Bernadette, *Histoire de la chimie*, Paris, La Découverte, 2001.

BERGSON Henri, *L'Évolution créatrice* (1907), Paris, Puf, « Quadrige », 2007.

BERNARD Williams, *L'Éthique et les Limites de la philosophie*, trad. Marie-Anne Lescourret, Paris, Gallimard, 1990.

BESNIER Jean-Michel « Post-humain », *in* Gilbert Hottois, Jean-Noël Missa et Laurence Perbal (dir.), *Encyclopédie du trans/posthumanisme : l'humain et ses préfixes*, Paris, Vrin, 2015.

—, *Demain les posthumains. Le futur a-t-il encore besoin de nous ?*, Paris, Fayard, 2010.

BOSTROM Nick, *Transhumanism FAQ : A General Introduction, version 2.1* : http://humanityplus.org/philosophy/transhumanist-faq/, 2003.

—, « A History of Transhumanist Thought », *Journal of Evolution and Technology*, 2005, vol. 14, n° 1.

BOSTROM Nick et Anders SANDERS, « The Wisdom of Nature an Evolutionary Heuristic for Human Enhancement », *in* Julian Savulescu et Nick Bostrom (dir.), *Human Enhancement*, Oxford, Oxford University Press, 2008.

BOWEN Howard, *Social Responsibilities of the Businessman*, Harper & Brothers, 1953.

BRUNDTLAND Gro Harlem, « Our Common Future. Report of the World Commission on Environment and Development », New York, United Nations General Assembly, 1987.

BURKERT Walter, « Platon oder Pythagoras », *Hermes*, 1969, vol. 88.

CANCIAN Francesca, OLIKER Stacey J., *Caring and Gender*, Thousand Oaks, Pine Forge Press, 2000.

CARSON Rachel, *Silent Spring*, Mariner Books, 2002.

CASSAN Armand, *Lettres inédites de Marc Aurèle et de Fronton*, Paris, A. Levasseur, 1830.

CAVELL Stanley, *Qu'est-ce que la philosophie américaine ?*, trad. Sandra Laugier, Paris, Gallimard, 2009.

CHESBROUGH Henry, *Open Innovation : The New Imperative for Creating and Profiting from Technology*, Harvard Business School Press, 2003.

CICÉRON, *Tusculanes*, trad. Émile Bréhier, Paris, Gallimard, 1962.

CLÉMENT D'ALEXANDRIE, *Stromates*, Paris, Cerf, 2006.

CONDORCET, *Esquisse d'un tableau historique des progrès de l'esprit humain*, édition dite Prior-Belaval, Paris, Vrin, 1970.

CYRULNIK Boris *L'Ensorcellement du monde*, Paris, Odile Jacob, 2001.

DARWIN Charles, *L'Origine des espèces : au moyen de la sélection naturelle ou la préservation des races favorisées dans la lutte pour la vie*, trad. Edmond Barbier, Paris, Flammarion 2008.

DEMONT Paul (dir.), *Problèmes de morale antique*, Amiens, Université d'Amiens, 1993.

DE RUYT Franz, « L'idée du "Bivium" et le symbole pythagoricien de la lettre Y », *Revue belge de philologie et d'histoire*, t. X, fasc. 1-2, 1931

DESCARTES, *Discours de la méthode*, in *Œuvres*, Paris, Gallimard, « Bibliothèque de la Pléiade », 1953.

DESCHAMPS Jean-Philippe, *Innovation Leaders*, San Francisco, Jossey-Bass, 2008.

DOMANSKI Juliusz, *La Philosophie, théorie ou manière de vivre, controverse de l'Antiquité à la Renaissance*, Paris, Cerf, 1996.

EBERHARD Christophe, *Traduire nos responsabilités planétaires. Recomposer nos paysages juridiques*, Bruxelles, Bruylant, 2006.

EMERSON Ralph Waldo, *La Confiance en soi et autres essais*, trad. Monique Bégot, Paris, Rivages Poche, 2000.

ENGEL Laurence, « Réguler les comportements », *in* Thomas Ferenczi (dir.), *De quoi sommes-nous responsables ?*, Paris, Éditions Le Monde, 1997.

ÉPICTÈTE, *Entretiens*, trad. J. Pépin, in *Les Stoïciens*, Paris, Bibliothèque de la Pléiade, Gallimard, 1962.

—, *Manuel*, trad. Jean Pépin, in *Les Stoïciens*, Paris, Bibliothèque de la Pléiade, Gallimard, 1962.

ÉPICURE, *Lettres et maximes*, trad. Marcel Conche, Éditions de Mégare, 1977.

EWALD François, *Histoire de l'État-Providence*, Paris, Gallimard, « Folio », 1996.

—, « L'expérience de la responsabilité », *in* Thomas Ferenczi (dir.), *De quoi sommes-nous responsables ?*, Paris, Éditions Le Monde, 1997.

FAVARO Ken, Per-Ola KARLSSON et Gary L. NEILSON, « CEO Succession 2000-2009 : A Decade of Convergence and Compression », *Strategy Business*, été 2010, n° 59.

FAYE Emmanuel, *Heidegger, l'introduction du nazisme dans la philosophie : autour des séminaires inédits de 1933-1935*, Paris, Albin Michel, « Idées », 2005

FISHER Berenice et Joan TRONTO, « Toward a Feminist Theory of Caring », *in* Emily K. Able, Margaret Nelson (dir.), *Circles of Care. Work and Identity in Women's life*, Albany, State University of New York Press, 1990.

FOUCAULT Michel, *Histoire de la sexualité II. L'usage des plaisirs*, Paris, Gallimard, « Tel », 1984.

—, *Histoire de la sexualité III. Le souci de soi*, Paris, Gallimard, « Tel », 1984.

—, « À propos de la généalogie de l'éthique », in *Dits et écrits II*, Gallimard, « Quarto », 2001.

—, « Des supplices aux cellules », in *Dits et écrits I*, Paris, Gallimard, « Quarto », 2001.

—, « L'écriture de soi », in *Dits et écrits II*, Paris, Gallimard, « Quarto », 2001.

—, « Le sujet et le pouvoir », in *Dits et écrits II*, Paris, Gallimard, « Quarto », 2001.

—, « Le triomphe social du plaisir sexuel : une conversation avec Michel Foucault », in *Dits et écrits, II*, Paris, Gallimard, « Quarto », 2001

—, « Usage des plaisirs et techniques de soi », in *Dits et écrits II*, Gallimard, « Quarto », 2001.

—, *Dits et écrits I*, Paris, Gallimard, « Quarto », 2001.

—, *Dits et écrits II*, Paris, Gallimard, « Quarto », 2001.

—, *L'Herméneutique du sujet, Cours au Collège de France (1981-1982)*, Paris, Gallimard/Seuil, 2001.

—, *Le Corps utopique, les hétérotopies*, Paris, Lignes, 2009.

—, *Le Courage de la vérité, Le gouvernement de soi et des autres II, Cours au Collège de France, 1984*, Paris, Gallimard/Seuil, 2009.

—, *Le Gouvernement de soi et des autres, cours au Collège de France, 1981-1982*, Paris, Gallimard/Seuil, 2008.

Friedman Thomas, *The World Is Flat : A Brief History of the Twenty-first Century*, Farrar, Straus and Giroux, 2005.

Gagnepain Laurent, « La climatisation automobile. Impacts consommation et pollution », *Repères*, 2006.

Garbarinoa Ellen, Michal Strahilevitzb, « Gender Differences in the Perceived Risk of Buying Online and the Effects of Receiving a Site Recommendation », *Journal of Business Research*, 2004, n° 57.

Genard Jean-Louis, « Le temps de la responsabilité », *in* Gérard Philippe, Ost François et Van de Kerchove Michel (dir.), *L'Accélération du temps juridique*, Bruxelles, Facultés universitaires de Saint-Louis, 2000.

Gilligan Carol, *Une voix différente, pour une éthique du care* (1982), trad. Annick Kwiatek, revue par Vanessa Nurock, Paris, Flammarion, « Champs », 2008.

Godin Benoît, « Innovation : The History of a Category », Working Paper, 2008.

GORGONI Guido, « La responsabilité comme projet », *in* Christophe Eberhard, *Traduire nos responsabilités planétaires. Recomposer nos paysages juridiques*, Bruxelles, Bruylant, 2006.

GRANGE Juliette, « Au XIXe siècle. La république sociale et ses critiques », in *L'Idée de République*, Paris, Pocket, 2008.

GRIMAL Pierre, *Marc Aurèle*, Paris, Fayard, 1991.

GRININ Leonid E., Tessaleno C. DEVEZAS, Andrey V. KOROTAYEV (dir.), *Kondratiev Waves in the World System Perspective. Kondratiev Waves. Dimensions and Perspectives at the Dawn of the 21st Century*, Volgograd, Uchitel, 2012.

GÜZIN Mazman, Yasemin Koçak USLUEL et Vildan ÇEVIK « Social Influence in the Adoption Process and Usage of Innovation : Gender Differences », *World Academy of Science, Engineering and Technology*, 2009, n° 49.

HADOT Pierre, « L'histoire de la pensée hellénistique et romaine. Leçon inaugurale au Collège de France », *Annuaire du Collège de France, 1988-1989*, Paris, Collège de France, 1989.

—, « La philosophie antique : une éthique ou une pratique », *in* Paul Demont (dir.), *Problèmes de morale antique*, université d'Amiens, 1993.

—, *Qu'est-ce que la philosophie antique ?*, Paris, Gallimard, 1995.

—, « La figure de Socrate », in *Exercices spirituels et philosophie antique*, Paris, Albin Michel, 2002.

—, *La Philosophie comme manière de vivre*, Paris, Albin Michel, 2001.

—, « Qu'est-ce que l'éthique ? », *Cités*, 2001, n° 5.

HART Herbert, *Punishment and responsibility*, Oxford University Press, 1968.

HÉSIODE, *Les Travaux et les Jours*, trad. Paul Mazon, Paris, Les Belles Lettres, « Collection des Universités de France », 2002.

HIÉROCLÈS, *Les Vers d'or*, trad. Mario Meunier, Paris, Guy Trédaniel Éditeur, 1979.

HIMANEN Pekka, *L'Éthique Hacker et l'Esprit de l'ère de l'information*, Paris, Exils, 2001.

HOMÈRE, *Odyssée*, trad. Robert Flacelière et Victor Bérard, Paris, Gallimard, « Bibliothèque de la Pléiade », 1955.

HORACE, *Épîtres*, in *Œuvres*, trad. François Richard, Paris, Garnier-Flammarion, 1993.

HOTTOIS Gilbert, Jean-Noël MISSA et Laurence PERBAL (dir.), *Encyclopédie du trans/posthumanisme : L'humain et ses préfixes*, Paris, Vrin, 2015.

HOUZIAUX Alain (dir.), *Existe-t-il une spiritualité sans Dieu ?*, Paris, Éditions de l'Atelier, 2006.

HUXLEY Julian, *La Religion sans révélation*, trad. Alice Godel, Paris, Stock, 1958.

Introduction to Responsible Innovation Criteria, Interreg IV B-207G – KARIM Project

JONAS Hans, *Le Principe responsabilité. Une éthique pour la civilisation technologique*, trad. Jean Greisch, Paris, Flammarion, 1998.

KANT Emmanuel, *Logique*, trad. Louis Guillermit, Paris, Vrin, 1965.

—, *Beantwortung der Frage : Was ist Aufklärung ?* [« Réponse à la question : "Qu'est-ce que les Lumières ?" »] (1784), trad. Stéphane Piobetta, in *La Philosophie de l'Histoire*, Paris, Aubier, 1947, revue Par Cyril Morana, *in Qu'est-ce que les Lumières ?*, Paris, Mille et une nuits, 2006.

—, *Fondation de la métaphysique des mœurs*, in *Métaphysique des mœurs*, trad. Alain Renaut, Paris, Flammarion, « GF », 1994.

KELLEY Thomas, *The Ten Faces of Innovation : IDEO's Strategies for Defeating the Devil's Advocate and Driving Creativity Throughout Your Organization*, Broadway Business, 2005.

KURZWEIL Raymond, *The Age of Spiritual Machines*, New York, Viking Adult, 1999.

—, *Humanité 2.0 : la bible du changement*, Paris, M21 Éditions, 2007.

LA METTRIE Julien Offray de, *L'Homme-machine*, éd. présentée et établie par Paul-Laurent Assoun, Paris, Denoël, 1981.

LAËRCE DIOGÈNE, *Vies et sentences des philosophes illustres*, trad. Jacques Brunschwig, Paris, Le Livre de poche, 1999.

LAPIED André et Sophie SWATON, « Sélection naturelle ou volonté de puissance : comment interpréter le processus de destruction créatrice », *Revue de philosophie économique*, 2013, vol. 14.

LARUELLE François, *En tant qu'Un*, Paris, Aubier, 1991.

LAUGIER Sandra, *Recommencer la philosophie, la philosophie américaine aujourd'hui*, Paris, Puf, 1999.

– (dir.), *La Voix et la Vertu*, Paris, Puf, 2010.

LAUGIER Sandra et Patricia PAPERMAN, « La voix différente et les éthiques du care », *in* Carol Gilligan, *Une voix différente, pour une éthique du care* (1982), trad. Annick Kwiatek, revue par Vanessa Nurock, Paris, Flammarion, « Champs », 2008.

Lee Kuan Yew, *From Third World to First*, Harper, 2000

Les Stoïciens, trad. Émile Bréhier, Paris, Gallimard, « Bibliothèque de la Pléiade », 1962

LOMBARD Paul, « Existe-t-il une spiritualité sans Dieu ? », *in* Alain Houziaux (dir.), *Existe-t-il une spiritualité sans Dieu ?*, Paris, Éditions de l'Atelier, 2006.

MALINGREY Anne-Marie, *Philosophia. Étude d'un groupe de mots dans la littérature grecque, des présocratiques au IVe siècle après J.-C.*, Paris, Klincksieck, « Études et commentaires », 1961.

MANTOUX Paul, *La Révolution industrielle au XVIIIe siècle*, Paris, Société nouvelle de librairie et d'édition, 1906.

MARC AURÈLE, *Pensées pour moi-même*, trad. Frédérique Vervliet, Paris, Arléa, 1995.

—, *Écrits pour lui-même*, tome I : *Introduction générale*, Livre I, trad. Pierre Hadot, Paris, Les Belles Lettres, 1998.

MARTIN Roger, *Virtue Matrix : Calculating the Return on Corporate Responsibility*, Harvard Business Review, 2002.

MARX Karl et Friedrich ENGELS, *Manifeste du parti communiste*, trad. Émile Bottigelli, Paris, Flammarion, 1999.

MERLEAU-PONTY Maurice, *Éloge de la philosophie, leçon inaugurale au Collège de France*, Paris, Gallimard, 1960.

MILNE, Alexander A., *Winnie the Pooh*, Londres, Methuen & Co/Ltd., 1926.

MOLINIER Pascale, Sandra LAUGIER, Patricia PAPERMAN, *Qu'est-ce que le care ?*, Paris, Petite Bibliothèque Payot, 2009.

MONK Ray, *Wittgenstein, le devoir de génie*, trad. Abel Gerschenfeld, Paris, Flammarion, 2009.

MOORE Geoffrey, *Crossing the Chasm : Marketing and Selling High-Tech Products to Mainstream Customers*, Harper Business, 2006.

MONTAIGNE Michel de, *Les Essais*, mis en français moderne et présentés par Claude Pinganaud, Paris, Arléa, 2002.

NEUBERG Marc, *La Responsabilité : questions philosophiques*, Paris, Puf, 1997.

NICOLESCU Basarab, *La Transdisciplinarité. Manifeste*, Monaco, Éditions du Rocher, 1996.

NIDUMOLU R., PRAHALAD C.K. et RANGASWAMI M.R., « Why Sustainability is Now the Key Driver of Innovation », *Harvard Business Review*, septembre 2009, Issue, 57-64.

NIETZSCHE Friedrich, *Fragments posthumes*, trad. Jean-Claude Hémery, Paris, Gallimard, 1977

—, *Ainsi parlait Zarathoustra*, trad. Geneviève Bianquis, Paris, Flammarion, 1996.

—, *Fragments posthumes sur l'éternel retour*, Paris, Allia, 2003.

Ortega y Gasset José, *La Révolte des masses*, Paris, Les Belles Lettres, 2011.

Ost François, *La Nature hors la loi*, Paris, La Découverte, 1995.

Owen Richard, John Bessant, Maggy Heintz (dir.), *Responsible Innovation : Managing the Responsible Emergence of Science and Innovation in Society*, Wiley, 2013.

Pagnol Marcel, *Critique des critiques*, Paris, Nagel, 1987.

Paquet Léonce, *Les Cyniques grecs, fragments et témoignages*, Paris, Le Livre de Poche, 1992.

Pavie Xavier, *Exercices spirituels. Leçons de la philosophie antique*, Paris, Les Belles Lettres, 2012.

—, *L'Innovation responsable, levier stratégique pour les organisations*, Eyrolles, 2012

—, *Exercices spirituels. Leçons de la philosophie contemporaine*, Paris, Les Belles Lettres, Paris, 2013 ;

Pavie Xavier, Corinne Jouanny, Daphné Carthy et François Verez, *Le Design thinking au service de l'innovation responsable*, Paris, Maxima, 2014.

Pavie Xavier, Victor Scholten et Daphné Carthy, *Responsible Innovation, from Concept to Practice*, World Scientific 2014.

Pedersen Esben Rahbek, « Modelling CSR : How managers understand the responsibilities on business toward society », *Journal of Business Ethics*, 2010.

Perroux François, *La pensée économique de Joseph Schumpeter : les dynamiques du capitalisme*, Genève, Librairie Droz, 1965.

Pinçon Michel et Monique Pinçon-Charlot, *Voyage en grande bourgeoisie*, Paris, Puf, 2005.

Pindare, *Pythiques*, in *Œuvres complètes*, trad. Jean-Paul Savignac, Paris, La Différence, 1990.

PLATON, *Œuvres complètes*, tomes I et II, trad. Léon Robin, Paris, Gallimard, « Bibliothèque de la Pléiade », 1950.

PLOTIN, *Ennéades*, trad. Émile Bréhier, Paris, Les Belles Lettres, 1924.

PLUTARQUE, *Comment écouter ?*, in *Œuvres morales*, tome I, 2e partie, trad. R. Klaerr, André Philippon, Jean Sirinelli, Paris, Les Belles Lettres, 1989.

—, *Œuvres morales*, tome IX, trad. François Fuhrmann, Paris, Les Belles Lettres, 1988.

RABELAIS François, *Pantagruel*, Paris, Gallimard, 1964.

RAND Ayn, *Atlas Shrugged*, New York, Random House, 1957.

—, *La Grève*, trad. Sophie Bastide-Foltz, Paris, Les Belles Lettres, 2011.

—, *La Vertu d'égoïsme*, trad. Marc Meunier et Alain Laurent, Paris, Les Belles Lettres, 2008.

RAOUL Daniel, « Les effets sur la santé et l'environnement des champs électromagnétiques produits par les lignes à haute et très haute tension » remis à l'office parlementaire d'évaluation des choix scientifiques et technologiques, mai 2010.

RAYMOND Jonathan, « La Ford Pinto : le contre-exemple américain », *Le Polyscope, journal de l'École polytechnique de Montréal*, mars 2003, vol. 36.

REINERT Hugo, REINERT E. S, « Creative Destruction in Economics : Nietzsche, Sombart, Schumpeter », *in* Jürgen Backhaus, Wolfgang Drechsler (dir.), *Friedrich Nietzsche (1844-1900). Economy and Society*, Springer, 2006.

RENELLE Guichard et Laurence SERVEL, « Qui sont les innovateurs ? Une lecture socio-économique des acteurs de l'innovation », *Sociétal*, 2006, n° 52.

Esprit, « Le temps des religions sans Dieu », juin 1997, n° 233.

Études augustiniennes, 1981.

Ricœur Paul, « Le concept de responsabilité. Essai d'analyse sémantique », in *Le Juste*, Paris, Seuil, 1995.

Robert Edward, *Entrepreneurship in High Technology : Lessons from MIT Beyond*, New York, 1991.

Rousseau Jean-Jacques, *Discours sur l'origine et les fondements de l'inégalité parmi les hommes*, Paris, Flammarion, « GF », 1989.

—, *Discours sur les sciences et les arts*, Paris, Flammarion, « GF », 1992.

Sahlman William, « How to Write a Great Business Plan », *Harvard Business Review*, 1997, n° 75, vol. 4.

Saint Girons Baldine, « Du caractère héroïque chez Shaftesbury et Vico : Hercule et le trouble de mémoire de Shaftesbury », in *Shaftesbury, philosophie et politesse* (actes du colloque de Nantes, 1996), sous la dir. de Michel Malherbe et Fabienne Brugère, Paris, Champion, 2000.

Schumpeter Joseph, *Capitalisme, socialisme, démocratie*, trad. Gaël Fain, Paris, Payot, 1951.

—, *Théorie de l'évolution économique*, trad. Jean-Jacques Askett, Paris, Dalloz, 1999.

Schwartz Mark, « Universal Moral Values for Corporate Codes of Ethics », *Journal of Business Ethics*, 2005, vol. 59.

Sen Amartya, « Health in Development », Keynote address to the 52nd World Health Assembly, *Bulletin of the World Health Organization*, mai 1999, vol. 77.

Sénèque, *De la tranquillité de l'âme*, trad. Cyril Morana, Paris, Mille et une nuits, 2003.

Shionoya Yuichi, *Schumpeter and the Idea of Social Sciences*, Cambridge University Press, 1997.

Shusterman Richard, *Vivre la philosophie – Pragmatisme et art de vivre*, trad. Christian Fournier et Jean-Pierre Cometti, Paris, Klincksieck, 2001.

Smith Adam, *Recherches sur la nature et les causes de la richesse des nations*, trad. Gilles-Gaston Granger, Paris, Flammarion, « GF », 1991.

SOMBART Werner, *Krieg und Kapitalismus*, Duncker & Humblot, 1913.

SOPHOCLE, *Antigone*, trad. Paul Mazon, Paris, Les Belles Lettres, 1955.

TARDE Gabriel, *Les Lois de l'imitation*, Paris, Seuil, 2001.

THOREAU Henry David, *L'Esprit commercial des temps modernes et son influence sur le caractère politique, littéraire et moral d'une nation*, trad. Didier Bazy, Le Grand Souffle, 2007.

—, *Walden ou La vie dans les bois*, trad. par Louis Fabulet, Paris, Gallimard, 2007

Joan TRONTO, *Moral Boundaries. A Political Argument for an Ethic of Care*, New York, Routledge, 1993.

—, « *Care* démocratique et démocraties du *care* », trad. B. Ambroise, *in* Pascale Molinier, Sandra Laugier et Patricia Paperman, *Qu'est-ce que le care ?*, Paris, Petite Bibliothèque Payot, 2009.

TRUONG Jean-Michel, *Totalement inhumaine*, Paris, Les empêcheurs de penser en rond, 2003.

VERNANT Jean-Pierre, *Mythe et pensée chez les Grecs*, Paris, La Découverte, 1996.

VINCENT Bernard (dir.), *Histoire des États-Unis*, Paris, Flammarion, « Champs », 1997.

VON SCHOMBERG René, « Prospects for Technology Assessment in a Framework of Responsible Research and Innovation », in *Technikfolgen abschaetzen lehren : Bildungspotenziale transdisziplinaerer Methode*, Wiesbaden, Springer, 2011.

WILDE Oscar, *Le Portrait de Dorian Gray*, trad. Vladimir Volkoff, Paris, Le Livre de Poche, 1972.

WITTGENSTEIN Ludwig, *Tractatus logico-philosophicus*, trad. Gilles-Gaston Granger, Paris, Gallimard, 1993.

XÉNOPHON, *Mémorables*, trad. Louis-André Dorion, Paris, Les Belles Lettres, « Collection des universités de France », 2003.

Table

Mettre à l'épreuve l'innovation 7

Chapitre I – Qu'est-ce que l'innovation ? 17

Pourquoi innovons-nous ? 17
Innover, c'est changer................................ 20
Tout est innovation 22

Innover, inventer, découvrir 27
Innover n'est pas inventer 27
Découvrir n'est pas innover........................ 30

Le terreau fertile de l'innovation 32
Politique et innovation,
politique d'innovation 36

Les voies de l'innovation 51
Les typologies de l'innovation 51
Les degrés d'innovation 59
Le processus d'innovation 65

Comprendre et accepter l'innovation.................. 66

Chapitre II – La destruction créatrice
et l'innovateur, le héros et son mythe 73

Création et destruction,
des racines mythologiques 74

Création et destruction des cycles économiques 74
Le cerveau, prochaine destruction créatrice ? 77
L'origine de la destruction créatrice 81
De Nietzsche à Ayn Rand, protéger les plus faibles contre les plus forts 87
L'homme-minorité vs l'homme-masse selon Ortega y Gasset 89
Ayn Rand, parangon de l'innovateur du XXe siècle 94
La destruction créatrice, une démonstration contemporaine 98
La destruction créatrice de soi 104
Innovation, révolution politique et pouvoir 106
Luttes et résistances 115
Une redistribution de la valeur 120
De la fin de la hiérarchie au développement de la circularité : l'avènement d'un monde plat 124
Déconstruction d'anciens mondes et construction de son propre monde : le cas de l'éducation 127

Chapitre III – La nécessité de l'innovation responsable 135

Innover jusqu'où ? 135
Le cas du transhumanisme 138
L'émergence du transhumanisme 139
Comprendre le transhumanisme et le posthumain 142
L'innovateur et le transhumanisme 150
L'émergence de l'innovation responsable 160

Être responsable de ses actes 160
Principe de responsabilité
– Principe d'innovation responsable 164
Innovation responsable et innovation sociale..... 166

Réduire l'incertitude de l'innovation 171
Les axes de l'innovation responsable........... 173
Le processus d'innovation responsable........ 179
Les limites de l'innovation responsable 184

La voie de l'innovation-*care* 190
Critique de la responsabilité....................... 190
Qu'est-ce que le *care ?*............................... 196
Caractériser l'innovation-*care*..................... 199
Les champs d'expression du *care* 201
Les sphères de l'individu 203
Compétitivité, interdépendance
et vision court terme 206
Compréhension de l'interdépendance
comme pondération des conditions
exogènes et endogènes................................ 210
Innovation-*care* et maîtrise de soi 212
De l'innovateur à l'innovateur-*care ?*.......... 216
Stigmatisation de l'innovation,
de l'innovateur et maîtrise de soi 218
Care et performance................................... 221

Chapitre IV – L'individu innovateur au cœur
du questionnement... 227

Les qualités de l'innovateur 227
L'innovateur et le philosophe,
mode d'être et similitudes........................... 230
Le questionnement...................................... 231
La recherche du progrès 234
La créativité.. 236
L'engagement.. 239

La solitude 243
L'ego 245
Le foisonnement 250
Le philosophe et l'innovateur, un même mode de vie 252

Le choix philosophique d'un avenir humainement durable 255

Comprendre la philosophie ? 266
L'origine grecque de la philosophie 267
La pratique de la philosophie : articulation *theôria/praxis* 274

L'enjeu des exercices spirituels 281
Les exercices spirituels, l'essence de la philosophie 282
Élever son existence 287
La nécessité de prendre soin de soi 291
Prendre soin d'autrui 295
La nécessité de se préparer 298

Se convertir 305
La conversion de l'innovateur 309
L'actualité brûlante des exercices spirituels 314
Le choix d'innover 318
L'éducation aux exercices spirituels pour les innovateurs ? 322
La question du maître 329

Déconstruire l'enseignement de l'innovation 336
Le processus classique d'innovation 336
L'innovateur que je veux être 339
Réapprendre à dialoguer 340
Apprendre à méditer, une phénoménologie de l'innovation 344
Ce qui dépend de soi 347

La transdisciplinarité
pour comprendre le monde 350
Ode à la transdisciplinarité 351
Notre quotidien est un écosystème
de la transdisciplinarité 354

L'innovateur du XXIe siècle 361

Remerciements 367
Index nominum 369
Index notionnel 375
Bibliographie 379

DU MÊME AUTEUR

(Extrait)

Le Goût d'imaginer sa vie (sous la dir. de), Manitoba, 2018.

Le Choix d'exister, Les Belles Lettres, 2015.

Le Design Thinking au service de l'innovation responsable (coauteur), Maxima, 2015.

Pierre Hadot, *Discours et mode de vie philosophique* (édition), Les Belles Lettres, 2014.

L'Innovation, élan du XXI*e siècle* (coauteur), L'Harmattan, 2014.

Responsible Innovation : From Concept to Practice (coauteur), World Scientific, 2014.

Exercices spirituels, leçons de la philosophie contemporaine, Les Belles Lettres, 2013.

L'Influence du dialogue sur les relations et l'expérience client (coauteur), L'Harmattan, 2013.

Exercices spirituels, leçons de la philosophie antique, Les Belles Lettres, 2012.

Innovation responsable – Stratégie et levier de croissance des organisations, Eyrolles, 2012.

Valuing People to Create Value : an Innovative Approach to Leveraging Motivation at Work (coauteur), World Scientific, 2011.

Management stratégique des services et innovation : complexités et nécessité (sous la dir. de), L'Harmattan, 2010.

La Méditation philosophique, Eyrolles, 2010.

L'Apprentissage de soi, Eyrolles, 2009.

Exercices spirituels dans la phénoménologie de Husserl, L'Harmattan, 2008.

Composition et mise en pages
Nord Compo à Villeneuve-d'Ascq

Imprimé en France. - JOUVE, 1, rue du Docteur Sauvé, 53100 MAYENNE
N° 2716916Z - Dépôt légal : avril 2018